CORRESPONDANCE

DE P. LANFREY

II

PARIS. — IMPRIMERIE E. CAPIOMONT ET V. RENAULT
6, RUE DES POITEVINS, 6

ŒUVRES COMPLÈTES

DE P. LANFREY

CORRESPONDANCE

AVEC UN PORTRAIT DE L'AUTEUR

ET UNE INTRODUCTION

PAR M. LE COMTE D'HAUSSONVILLE

TOME SECOND

PARIS

G. CHARPENTIER ET Cie, ÉDITEURS

13, RUE DE GRENELLE, 13

1885

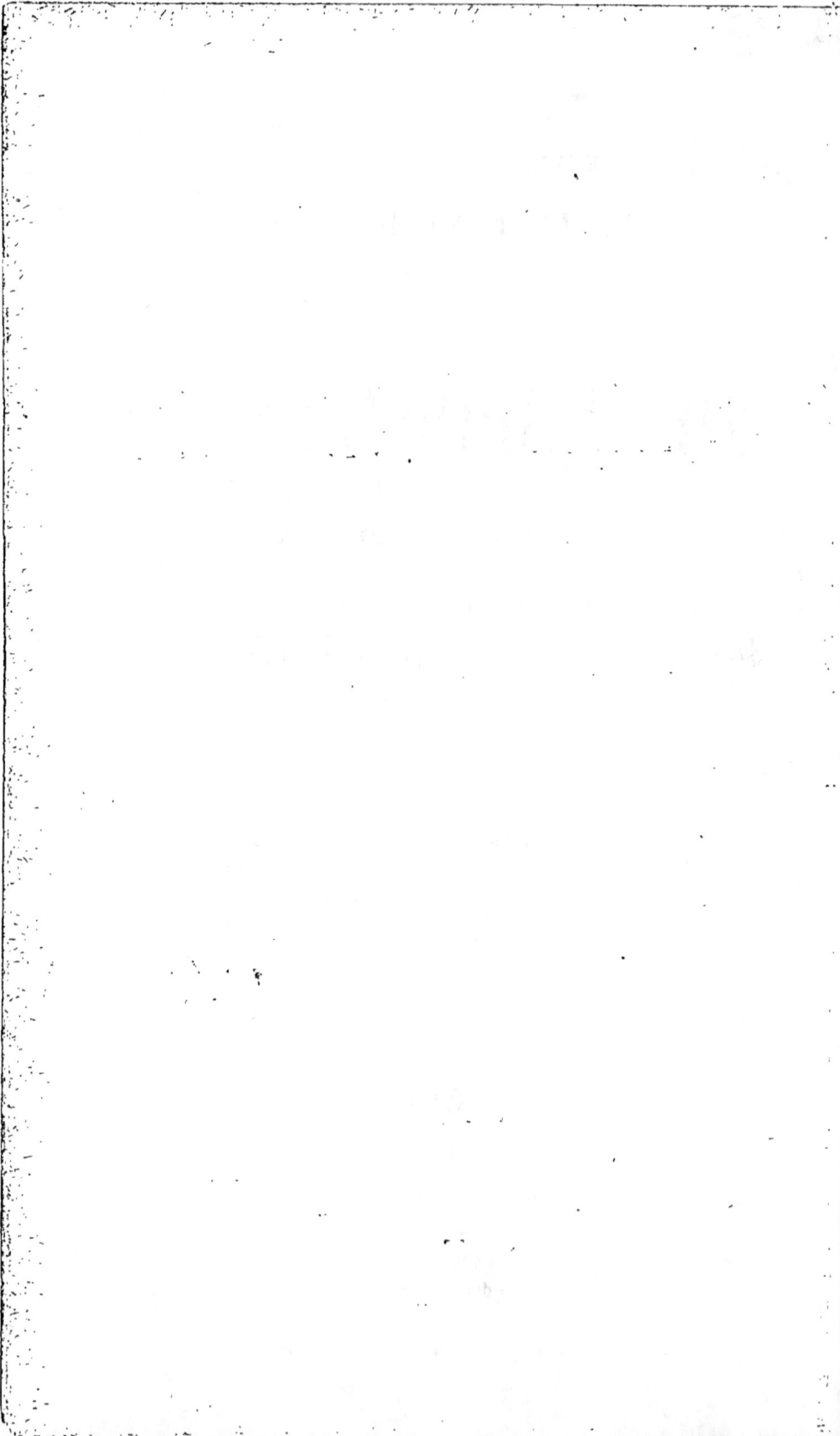

CORRESPONDANCE

DE

P. LANFREY

A MADAME LA COMTESSE D'AGOULT

Paris, ce 10 avril 1855.

J'implore votre clémence, Daniel ; j'ai laissé passer un jour sans répondre à votre bonne et gracieuse lettre. Pardonnez-moi, mais surtout plaignez-moi. Ma vie devient de plus en plus la proie et le jouet des importuns, et je vois avec consternation qu'à moins de me porter à des extrémités funestes, je serai forcé d'entreprendre un voyage au long cours ou de mettre en œuvre des ruses d'ondine peau-rouge si je veux leur faire perdre ma piste. Les filles d'enfer passent pour avoir rendu la vie dure au déplorable Oreste, mais elles me paraissent auprès de mes persécuteurs de bien honnêtes personnes. J'oserai même dire que ces bonnes dames en étaient à l'enfance de l'art. Oreste avait d'ailleurs sur moi l'avantage inestimable de la tirade dont il connaissait à fond toutes les ressources et toutes les gammes

— aujourd'hui les Euménides ont changé d'allure et de façons, elles forcent tout doucement votre porte, vous saluent d'un air gauche, presque timide, puis. après un sourire doucereux, elles tirent de leur poche un fouet? — non, un manuscrit et elles vous le lisent.

Madame, je prends tout ce monde en horreur. Il est faux. — Il est méchant. — Il est vil. Pis encore, il est ennuyeux! N'avez-vous jamais maudit la vie qui vous tient enchaînée, côte à côte, avec des êtres méprisés, dans ce réseau de fer qu'on nomme les convenances, la sociabilité, la camaraderie, l'amitié même, tant ce grand nom a été profané? Pour moi, depuis quelques semaines, j'y suis pris par la gorge et j'en pousse des rugissements, étant né homme libre.

Mais je vois d'ici sourire votre objectivité. Des hauteurs sereines où vous êtes parvenue, ces luttes vous paraissent des jeux d'enfants.

Souriez donc, heureux Daniel! Souriez, mais tendez-moi la main.

Je vous baise respectueusement la main.

A MADAME LA COMTESSE D'AGOULT.

Paris, 15 avril 1855.

Ce déplorable malentendu dont je suis la victime innocente, et dont je rejette hautement la responsabilité, me donne un double regret : celui d'avoir manqué l'occasion de ce matin et celui d'être forcé de renoncer au plaisir de vous voir demain soir, puisqu'il ne m'est malheureusement plus permis de disposer de ma soirée.

J'ai le droit, madame, de vous adresser des interpellations ou tout au moins des remontrances (êtes-vous reine absolue ou bien tolérez-vous une constitution ? C'est à votre discrétion), car mes souvenirs sont de la plus accablante précision. Vous m'avez averti très formellement, madame, que vous vous réserviez de me prévenir vendredi soir s'il vous serait possible de me recevoir samedi. Or vendredi, lorsque j'ai eu l'honneur de prendre congé de vous en vous souhaitant une bonne nuit, comme un honnête et paisible bourgeois que je suis, votre majesté a à peine daigné laisser tomber un regard distrait sur le plus humble de ses sujets. Elle était visiblement préoccupée par des affaires d'état de la nature la plus absorbante et j'ai dû respecter cette contemplation muette et les austères soucis de la royauté. Où était votre pensée ? Déjouait-elle les trames de cet odieux Ninus ? Ou bien vos flottes dispersaient-elles les vaisseaux de l'invincible Armada ? Ou bien encore ajoutiez-vous un codicille au testament de votre prédécesseur Pierre Ier de glorieuse mémoire? Toute affirmation serait téméraire. N'ayant pas reçu d'ordre, je me suis abstenu comme c'était mon devoir, il me reste à vous supplier, chère et bien aimée souveraine, de vouloir bien m'en faire parvenir de nouveaux.

Entre dimanche et samedi.

A MADAME LA COMTESSE D'AGOULT.

Paris, 25 avril 1855.

Je vous remercie bien sincèrement, madame, de vos gracieuses prévenances, dont mes brusques variations me rendraient tout à fait indigne, si mon cœur en était moins pénétré. Tout bien examiné, j'ai résolu de m'abstenir ce soir. J'ai la certitude de rencontrer dans ce salon trois ou quatre personnages pour lesquels je ressens un mépris que je n'aurais peut-être pas la force de dissimuler et une antipathie que la curiosité ne saurait balancer un seul instant. Je réserve l'étude de ces physionomies pour l'époque heureuse où je serai arrivé à cette triomphante objectivité dont je vous envie la possession. Pour le moment la question esthétique, je veux dire la question de plaisir l'emporte encore sur l'amour désintéressé de la science. Vous ne serez pas trop sévère pour mes scrupules si vous vous rappelez qu'il n'y a pas huit jours, P.... traitait dans sa feuille le vieux Béranger d'homme *vil et ignoble.* J'éviterai toujours de respirer le même air que les pieds plats et les lâches.

Je vous salue, Marie pleine de grâces.

A MADAME LA COMTESSE D'AGOULT.

Paris, 26 avril 1855.

Cette insignifiante aventure vous a rendue bien sévère pour mon amitié, Daniel.

Etes-vous bien sûre de ne pas lui imputer les défaillances que la vôtre a seule éprouvées? Que vous importent des variations où vous savez bien que vous n'êtes pour rien? Si je vous laisse ainsi voir sans détour ni précaution oratoire le fond de ce cœur tourmenté, c'est que je ne crains pas que vous y surpreniez jamais, même dans ses plus secrètes agitations et ses plus intimes déchirements, un sentiment indigne de vous ou infidèle à l'affection que je vous ai vouée. Peut-être n'est-ce pas fort diplomatique? Peut-être aussi vous dois-je des excuses pour ces apparentes contradictions d'une volonté qui se cherche encore elle-même, bien qu'elles aient pour objet des personnes qui vous sont complètement étrangères. En ce cas, que l'amitié me pardonne! Car, je l'avoue à ma honte, cette politique est encore la seule qui me paraisse compatible avec une entière sincérité; et j'ai bien peur de mourir dans l'impénitence finale. Mais que ce malheur se réalise ou non, je n'en aurai pas moins vécu en vous aimant.

A M. ARTHUR LEROY.

Paris, mai 1855.

Tu as vraiment bien raison de me gronder, mon cher Arthur. N'est-il pas souverainement ridicule de ne pas écrire à un ami qu'on aime, lorsque d'ailleurs on pense à lui vingt fois par jour ? Pourquoi ne l'ai-je pas fait plus tôt ? Je passerais huit jours à en chercher le motif et je ne le trouverais pas, parce qu'en effet c'est une chose sans aucune raison d'être, c'est-à-dire absurde.

Tu veux que je te dise ma vie. Elle est aujourd'hui grâce à Dieu bien simplifiée. J'ai rompu avec beaucoup de relations qui m'envahissaient et me dévoraient mon temps et n'ai absolument gardé que celles où mon cœur est sincèrement engagé. Je mets au premier rang une amitié qui date de deux mois et qui a pour moi un charme infini.

Je veux parler de celle dont m'honore Ary Scheffer, la plus noble nature, le plus beau caractère et l'intelligence la plus élevée peut-être de tous les hommes avec qui je me suis trouvé en contact. Ce grand et rare artiste me traite avec une bonté qui me rend confus — comme un fils — et je puis te dire combien je l'admire et je l'aime. Toutes les personnes que je rencontre chez lui me sont extrêmement sympathiques. Je ne parle pas de sa fille qui est un idéal de beauté, de bonté et d'intelligence, ni de sa femme qui est une partie de lui-même. Je vois là Manin et Montanelli, grandes âmes italiennes, fils du soleil emprisonnés dans nos brouillards — natures d'ailleurs si différentes l'une de l'autre, l'un l'action, le mouvement, l'impétuosité ; l'autre, la rêverie, la poésie, le sentiment ; Henri Martin, esprit ardent et généreux ; Ferdinand de Lasteyrie, Bethmont, La Fayette, Renan, jeune écrivain des *Débats*, qui a à lui seul plus de talent que le journal tout entier — et beaucoup d'autres dont les noms ne me reviennent pas. C'est là mon coin du ciel, je me suis logé tout près, rue Saint-Georges, et j'y vais plusieurs fois la semaine. J'y passe quelquefois la journée entière. Ary Scheffer, qui est une vraie providence, connaissant ma passion pour la belle musique, vient de temps en temps me prendre et m'emmène avec sa fille et sa femme, soit au Conservatoire, soit aux concerts de Franchomme et Allard, qui sont des concerts vraiment célestes et où je voudrais te voir, mon cher Arthur. Sache que j'ai enfin compris Beethoven et que je l'aime de tout mon cœur. Seulement les œuvres de ce grand maître exigent dans l'exécution une perfection sans laquelle il ne reste rien de sa pensée. Je ne l'avais jamais entendu. Ceci soit dit sans blesser ta susceptibilité de virtuose.

J'ai passé ces jours-ci de longues heures, en tête-à-tête chez une dame avec MM. Villemain, Dupin aîné et Odilon Barrot et j'ai fait mon possible pour les étudier jusqu'au fond — *intus et in cute*. Nous verrons plus tard si j'y ai réussi. Ils m'ont fait tous trois beaucoup de caresses, et moi je les ai fait beaucoup causer. Dupin est le vrai représentant du règne de Louis-Philippe, beaucoup plus que Guizot et Thiers. Il a, au suprême degré, toutes les qualités et tous les défauts de la race bourgeoise. Villemain m'a donné beaucoup de conseils et quelques-uns très singuliers[1]. Il a infiniment d'esprit et de charme dans la causerie, bien que son geste soit d'un gamin et sa voix d'une portière. Quant à Barrot, il est plus grave. Il a dans toute sa personne quelque chose d'humilié et de contraint — il vous parle sans regarder en face. — On sent qu'il souffre et expie. Roule ton rocher, misérable Sisyphe. C'est bien lourd et bien écrasant le siège de Rome !

J'espère maintenant que tu me parleras aussi un peu de toi, bien cher Arthur. Vacquant va bien et te remercie de ton souvenir.

Mes travaux n'ont pas très bien marché parce que, malgré l'apparente prospérité de ma vie, j'ai éprouvé mille contrariétés intimes qui m'ont plusieurs fois arrêté en chemin.

Je t'attends pour la Pentecôte et en attendant je t'embrasse du fond du cœur.

Ton ami dévoué.

1. De se défier des femmes et du succès.

A MADAME LA COMTESSE D'AGOULT.

Paris, le 10 mai 1855.

Je vois bien, madame, que j'ai irréparablement perdu votre amitié, puisque vous m'avez laissé ignorer pendant plus de huit jours la maladie dont votre visage portait hier soir si visiblement l'empreinte, et que ce n'est pas même de votre bouche que j'en ai appris la nouvelle. Je ne viens pas vous importuner de mes plaintes. Si sévère que soit cette punition, j'y ai donné lieu sans doute par des torts involontaires et des contradictions apparentes que vous jugeriez peut-être avec plus d'indulgence si la cause vous en était connue. Mais en perdant votre amitié, j'ai perdu le droit de me justifier aussi bien que celui de me plaindre. Il en est un pourtant que vous ne m'interdirez jamais je l'espère. — C'est celui de venir m'informer à votre porte de l'état d'une santé qui m'est encore et me sera toujours plus chère que la mienne propre et de faire des vœux dans le secret de mon cœur pour votre rétablissement si nécessaire à tous ceux qui vous aiment.

Agréez, madame, l'expression de mon dévouement.

A SA MÈRE.

Merci, chère et bonne mère, de la joie que vous m'avez donnée; n'eussions-nous qu'un morceau de pain notre devoir serait encore de le partager avec ceux qui sont plus malheureux que nous; à plus forte raison devons nous le faire avec des personnes qui nous tiennent de si près. Dites à ma chère Blanche que sa détermination ne peut rien ajouter à l'affection et à l'estime que j'ai pour elle, mais que je lui baise les mains et la prie de penser quelquefois à son filleul.

Mon livre est fini depuis quinze jours, et depuis quinze jours, chère mère, je fais le métier le plus infernal auquel un homme qui se respecte puisse être soumis; celui de solliciteur. Je sue tout le sang que je tiens de mon père et de vous — sang indépendant et généreux, s'il en fût, et qui s'indigne de cette humiliation nouvelle pour lui. Malgré ma bonne volonté, je suis si peu taillé pour cette vile besogne que je n'ai réussi jusqu'à présent qu'à me faire un ennemi, et cela d'un homme à qui j'étais recommandé et qui était plein de bienveillance pour moi. Voici le commerce récréatif auquel je me livre: je me présente en grande tenue chez un éditeur, c'est-à-dire la plupart du temps un butor, sans instinct et sans éducation, poli tout juste : puis je lui déclare l'objet de ma visite. Il regarde ma mine et comme j'ai l'air beaucoup plus jeune encore que je ne suis, il sourit d'un air obligeant, puis il me répond qu'il serait extrêmement flatté de publier mon ouvrage s'il n'imprimait en ce moment même un travail de M. *** sur le même sujet et dans un sens tout à fait contraire au mien. Là-dessus, je lui tire ma révérence d'un air aussi impertinent que possible, et lui me reconduit jusqu'à la porte avec de grandes salutations ironiques..... Aucun d'eux jusqu'ici n'a lu une seule ligne de moi. Ils sont trop occupés.

Si vous n'aviez pas fait votre voyage de Lyon je vous aurais vue et vous aurais déterminée en vingt minutes d'entretien à une résolution que, par écrit, et avec le peu de confiance que vous avez en moi, je ne vous ferai jamais adopter : celle d'imprimer l'ouvrage à nos frais comme le font beaucoup d'auteurs pour se dérober à la tyrannie et à l'exploitation des éditeurs. J'ai sur ce mode de publication les renseignements les plus complets par un de mes amis qui a fait paraître ainsi, il y a trois mois, un discours couronné par l'Académie. Il est allé tout bonnement chez un imprimeur, a fait son prix de deux mille francs pour une édition de deux mille exemplaires. L'ouvrage imprimé a été déposé chez les principaux libraires et s'est vendu à raison de trois francs le volume. Total six mille francs. Là-dessus, étant prélevé une somme de deux mille francs pour les frais d'impression et une remise de quinze pour cent aux libraires vendeurs, il lui est resté un bénéfice net de trois mille francs; et il est en train en ce moment-ci de vendre fort cher sa deuxième édition aux éditeurs qui courent après lui. Avec ce système je ne perdrais pas une minute et avant un mois mon ouvrage serait mis en vente. De plus j'aurais un bénéfice certain sur ma première édition tandis que, en m'adressant aux éditeurs, je n'en puis espérer un centime, n'étant pas encore connu.

Adieu, réfléchissez là-dessus. Moi je cours recommencer mon pèlerinage et mes salamalecs.

Je vous embrasse.

A M. GOJON.

Chambéry, 16 juillet 1853.

Raillez tant qu'il vous plaira, rieur indécrottable! Je m'y résigne d'autant mieux qu'à dire vrai je comptais là-dessus, Mon grand but, en ceci comme en tout autre chose, est de vous égayer un peu. Vous avez ri, j'ai donc réussi. Eh bien, oui! Je suis berger et je reste berger malgré vos ironies. Je devrais être bien privé pourtant, n'est-il pas vrai? Mais que voulez-vous? Je suis un peu comme la femme de Sganarelle qui aimait mieux être battue et qui y trouvait son compte apparemment. J'ai le mauvais goût de préférer les lignes nobles et sévères de mes montagnes à vos alignements de vespasiennes et à vos doubles rangées de réverbères, le chant de mes rossignols à la complainte mélancolique de vos marchands d'habits galonnés, la vue de mon lac bleu à votre Seine boueuse et puante, l'aspect rude et hérissé de mes sauvages butors à vos éternelles processions de provinciaux endimanchés; oui, j'ai ce goût, hélas! Et non seulement je n'en rougis pas, mais : « j'en fais vanité ! » Ceci est du Baden. Pauvre Baden! J'ai retrouvé l'autre jour sa place toute chaude au coin de ma cheminée. Je l'ai revu. Il m'a parlé. Pauvre Baden! Sous quel ciel lointain erres-tu? Où dors-tu? O notre ami! J'ai reçu la visite de Crepet qui a passé trois ou quatre jours dans ma chaumière. Toujours toqué d'agriculture et de mariage. Ne soyez pas étonné si d'ici quelques mois vous le rencontrez ici, surveillant, la houlette à la main et sous ma direction spéciale, la propagation des moutons sans os du père V... Mais avant tout je tiens à ce que sa propre race ne se perde pas; et pour ce, je l'ai dépêché à Turin avec mission d'y chercher une italienne. Que nous donnera d'étrange ce croisement? Comptez que je vous garderai des petits. Que vous dirai-je de Chambéry, mon très cher? Rien et vous ne vous en plaindrez pas. J'y ai retrouvé mon procès et tous mes amis. Je suis un peu revenu de mes préjugés à l'endroit des jeunes gens de Chambéry. Ils ont du bon quoi qu'on dise, seulement il faut les voir dans leur jour et à leur point; ainsi vus de la Motte ils font très bien.

Ti baiso di tutto amore.

P.-S. — Notre ami Grand m'a demandé si vous

n'ébréchiez pas un peu votre fortune. Je lui ai repondu que vous avez gagné *cent cinquante-cinq mille francs* dans le crédit mobilier. Il m'a demandé s'il était vrai que M. Caffe gagnait plus de dix mille francs par an. J'ai répondu que l'année dernière (une de ses mauvaises années) avait été de soixante-dix-sept mille francs, sans compter les centimes.

Veuillez, je vous prie, me rappeler au souvenir de M. Caffe et présenter mes salutations respectueuses à madame votre mère. Mille et mille amitiés à M. Jeanron : dites-lui bien que je le prie de me conserver la fraîche et cordiale sympathie dont il m'a honoré et dont le souvenir m'est si cher. Ne viendrez-vous pas me voir un instant, mon cher Gojon?

A SA MÈRE.

1855.

Je suis enfin délivré, chère mère, des embarras qui m'ont si longtemps empêché de vous écrire et dont je n'ai pas cru devoir vous parler de peur d'effrayer votre imagination déjà si inquiète et si susceptible. Mon livre une fois imprimé, voilà la difficulté qui se présentait : trouver un libraire qui voulût bien se charger de le vendre et d'y mettre son nom comme éditeur : deux choses également nécessaires. J'ai longtemps cherché. Aucun *n'osait se risquer*. Jugez de mon embêtement à la pensée de me voir chargé de deux mille volumes sans aucun moyen de m'en défaire. Enfin hier j'en ai accroché un à la baïonnette (car c'était mon Sébastopol : il fallait vaincre ou périr) et il est tout bonnement le premier libraire de Paris. Il m'a fort bien accueilli et augure beaucoup de mon œuvre. Si je n'avais imprimé qu'à quinze cents exemplaires au lieu de deux mille, il m'aurait acheté la chose en bloc et payé d'avance en me faisant un bénéfice de douze cents francs. Mais je suis persuadé qu'en le lui vendant, comme nous sommes convenus, au fur et à mesure, j'y gagnerai beaucoup plus. Mon ouvrage ne sera mis en vente qu'après le premier janvier parce que les libraires ne mettent en montre pendant ces quinze jours que des livres d'étrennes reliés et dorés sur tranche.

Ainsi, chère mère, l'horizon s'éclaircit, et à moins d'un malheur impossible à prévoir me voilà en bon chemin.

Vous vous êtes méprise sur le sens de mes dernières lettres. Je vous ai toujours indiqué la somme de 2,300 comme nécessaire pour couvrir mes frais d'impression. Vous me l'avez envoyée et c'est fort bien à vous, mais comment voulez-vous que je prélève là-dessus mon terme et la pension d'Adèle? Allons, chère mère, encore un dernier effort vers le premier janvier et à l'avenir, au lieu de vous demander de l'argent, je vous en enverrai. J'ai dû disposer d'une partie de ces 300 francs pour quelques achats de la plus extrême nécessité. Tous mes effets sont dans un état pitoyable et il va falloir que je fasse des visites.

Je vous embrasse de tout mon cœur.

A SA MÈRE.

1855.

Ma chère mère,

Si je ne vous écris pas, c'est que je n'ai rien de nouveau à vous dire. J'en suis à la répétition monotone et souvent fastidieuse de ce que je vous ai annoncé, il y a quinze jours; des compliments et puis des compliments. Des présentations, des invitations, des visites, des soirées où je joue uniformément le rôle de petit prodige que chacun vient regarder sous le nez. Somme toute, beaucoup de poignées de main et beaucoup de gants usés.

Il n'y a guère là, comme vous voyez, de quoi faire de moi *le plus heureux des hommes*. Mais c'est toujours une amélioration dans ma position. Je vais faire mon choix au milieu de tout ce monde et circonscrire mes relations. Puis je reprendrai mon travail au point même où je l'ai laissé et planterai un second clou à l'endroit où j'ai enfoncé le premier.

Je vois par votre lettre que vous vous préoccupez toujours des cancans de Chambéry. Faites-moi la grâce de n'y attacher aucune importance et de ne m'en plus parler. Ce qu'on peut dire de moi dans *les maisons* de Chambéry m'est absolument indifférent.

Quant à l'issue de notre procès, vous savez bien que ma présence là-bas n'y peut rien. D'ailleurs j'ai un procès plus important à gagner ici. J'irai probablement vous faire une visite cet été, mais je compte ne mettre que très rarement les pieds à la ville, justement à cause *des maisons* dont vous me parlez et qui me sont en exécration. Je dois ajouter aussi que, dans l'intérêt de mes travaux, je compte louer d'ici là un petit coin à la campagne.

Ma santé va toujours cahin-caha, mais en somme elle est supportable,

Adieu, ma chère mère, ayez bien soin de vous. Conservez-vous à l'affection d'un fils qui vous aime plus que lui-même et ne vivra désormais que pour vous rendre heureuse.

P.-S. — Veuillez je vous prie me rappeler au souvenir de ma chère et bonne Blanche, de mon excellent cousin Héraut, de sa femme et de leur fils. Donnez-moi des nouvelles de mon oncle Boldin et dites-lui bien que je compte boire à sa santé et trinquer d'ici peu avec lui. Je lui enverrai un exemplaire de mon livre, mais à la condition qu'il ne le lira que les soirs où il ne pourra pas s'endormir.

A SA MÈRE.

1855.

Donnez-moi de vos nouvelles, chère mère, j'en ai eu tous ces jours-ci de plusieurs côtés à la fois, mais je suis impatient d'en recevoir directement de vous.

Ne soyez ni surprise, ni inquiète, si mes lettres se font un peu attendre. Je suis accablé de choses imprévues et je remets toujours au lendemain le plaisir de vous écrire dans l'espoir d'en jouir plus à mon aise et de pouvoir allonger le chapitre des confidences. Aujourd'hui que je prends la plume dans l'intention d'aborder ce sujet, je m'aperçois que pour mille motifs il m'est impossible de le faire dans une lettre. Qu'il vous suffise de savoir en gros que mon succès va toujours croissant, que je suis recherché et flatté par de très grands personnages et que j'ai refusé des positions extrêmement brillantes. Dans quel but? Ce serait un peu long à vous l'expliquer ici, mais je crois que ma politique a acquis quelques droits à votre confiance depuis trois mois et je vous demande de suspendre votre jugement jusqu'à l'époque où je vous dirai mes plans. Tous les partis sans exception qui ont gouverné la France depuis dix ans m'ont fait faire des avances très évidentes dans le but de m'attirer à eux. Je n'en ai accepté aucune. Je veux conserver mon indépendance à tout prix. (Gardez tout ceci pour vous. On n'y verrait que des forfanteries très invraisemblables. En règle générale, ne montrez jamais mes lettres à personne.)

J'ai reçu il y a huit jours une lettre fort aimable de votre frère Louis. Vous lui direz que je l'en remercie bien cordialement et que je fais des vœux sincères pour sa santé.

La situation de Bassin dont vous me parlez pour mon séjour à la campagne ne me convient pas du tout. J'ai ce coin-là en horreur. Il est d'ailleurs beaucoup trop près de Chambéry, autant vaudrait rester place Saint-Léger. Il faudrait chercher de préférence dans les localités que je vous ai indiquées.

Adieu, chère mère, il me tarde de vous embrasser. Et pourtant il m'en coûtera beaucoup, je le sens, de me séparer des amitiés anciennes et éprouvées et des affections nouvelles que je laisserai ici. Ne me sera-t-il donc jamais accordé de réunir dans un même lieu les deux moitiés de mon cœur?

Ma santé n'est pas mauvaise, mais elle a bien besoin de l'air des montagnes et du lait de nos vaches.

Je baise vos mains maternelles.

A SA MÈRE.

1855.

Le succès dépasse toutes mes espérances. Les journaux n'ont pas encore parlé, parce qu'il a fallu le temps de me lire et que, comme me le disait l'autre jour un homme illustre, il répugne aux journalistes de délivrer un brevet de supériorité à un inconnu, qui n'était rien hier et qui demain sera plus fort qu'eux tous. — Mais j'ai reçu, des hommes les plus célèbres de la littérature, des lettres on ne peut plus flatteuses et plus sympathiques. Mon livre est déjà un événement dans le monde des salons. Il y est très vivement patronné par les hommes les plus à la mode par leur esprit. Dimanche soir, un critique bien connu, M. Jules Janin, a dit dans un salon : « Messieurs, nous sommes ici quarante hommes de lettres et journalistes, tous célèbres à divers titres ; eh bien, pas un de nous n'aurait fait ce livre. »

Et il disait vrai.

J'ai été le voir chez lui. — Il m'a fait un accueil extrêmement chaleureux, et sa première question a été pour me demander mon âge. — Il s'attendait, d'après mon livre, à voir un homme dans la maturité de l'âge. Il m'a prédit les plus hautes destinées.

Je ne vous dis pas tout, mais je vous en dis assez pour vous montrer que je ne puis partir.

Pas un mot de tout ceci à personne.

On m'a fait des offres très brillantes. — Mais je ne suis pas pressé de me faire absorber dans une coterie quelconque. Je me sens assez fort pour garder mon indépendance et ma liberté d'action.

Je vous embrasse de tout mon cœur.

A SA MÈRE.

1856.

Chère mère,

Je me suis peut-être un peu trop pressé de chanter victoire, enivré que j'étais des sympathies des hommes les plus éminents de cette époque, qui m'ont comblé d'éloges et de caresses. Maintenant que ce premier feu est passé, je vois très clairement que si les journaux ne se décident pas soit à m'attaquer, soit à me défendre, les choses iront moins vite que je ne pensais. J'ai pour moi l'élite des gens intelligents, mais ils ne sont pas très nombreux, comme vous savez; et les imbéciles, qui sont le grand nombre, attendent pour se prononcer qu'un journal leur ait fait leur opinion.

D'autre part, je suis très vivement invectivé par mes bons amis les républicains, qui ne peuvent me pardonner d'avoir montré qu'ils ne sont pas infaillibles et qu'ils ont fait quelques bévues. J'ai déjà trouvé un nouveau sujet d'études, et, avant huit jours, je me serai remis au travail. Je préparerai la besogne ici et j'achèverai le livre en Savoie, cet été, auprès de vous, et si c'est possible, à la campagne. J'ai un besoin énorme de marcher sur l'herbe à quatre pattes.

Adieu, chère mère.

A M. GOJON.

Paris, 26 janvier 1856.

Mon cher Gojon,

Je ne me croirai rentré en grâce auprès de vous que le jour où nous aurons poussé ensemble un bois forcené pendant plusieurs heures de suite. Vous plaît-il que ce soit pour demain vers deux heures, au café de la Régence? J'aurais été vous le demander de vive voix si je n'étais depuis trois jours en quête d'un logement qui me fuit et que je n'atteindrai probablement jamais.

Tout à vous et de tout cœur.

A M. GOJON.

1856.

Cher petit scélérat,

Je suis forcé de sortir après avoir longtemps soupiré après vous. Je suis attendu à une heure chez le colonel de Foissy, pour aller voir madame Cavaignac. Je vous donne rendez-vous pour huit heures, au café de Tivoli. Tâchez de vous y trouver au grand complet, ou bien ça se passera mal. Vous entendez.

A M. LE COMTE DE MONCADE, MARQUIS D'AYTONA.

Paris, 1856.

Cher ami,

Vous ne m'avez pas compris, puisque ma lettre ne vous a pas convaincu. — D'ailleurs vous n'avez fait que parcourir mon livre, cela ne suffit pas pour juger aussi sévèrement. Encore un coup, il n'est pas d'un athée.

En un mot, j'ai voulu défendre le vrai Dieu, *le Dieu unique,* contre les conspirations de vils intrigants qui l'ont divisé pour mieux le diminuer afin de le mettre à leur niveau. . . . .

. . . .

Je méprise les fables ridicules, mais j'adore la morale chrétienne.

Je vous en prie, cher excellent ami, au nom du Dieu devant lequel vous et moi nous nous inclinons, ne me retirez pas la meilleure et la seule affection *paternelle* que j'ai rencontrée quand toutes les autres m'ont fait défaut.

Quoi qu'il arrive, je resterai toujours

Votre affectionné et reconnaissant.

A M. GOJON.

Paris, 14 avril 185 .

Pas trop mal — je vous remercie. Vous êtes bien bon — et vous? Je reviens, mon cher Gojon, de chez madame Mohl, où m'ont entraîné, après beaucoup de tentatives infructueuses, les insistances, devenues décidément irrésistibles, de madame Jeanron, et j'ai été victime, pendant trois heures d'horloge, de la plus odieuse mystification. Nous sommes tombés, le Jeanron, Saint-John et moi, au milieu d'une plate-bande de miss et de ladies, disposées en rang et écoutant avec leurs airs penchés un proverbe ou une charade débités par la petite Ida et deux ou trois autres Ophélies sur un théatre improvisé. Et ça a été lamentable de tous points. J'oubliais un détail;

le susdit proverbe était débité en *anglais*. Le père Jeanron, qui a la folle prétention de connaître et de parler cette langue, depuis son voyage à Calais, a fait d'abord bonne contenance et a souri aux bons endroits d'un air connaisseur. Mais ce rôle n'a pas pu se soutenir longtemps et c'est moi qui ai dû lui expliquer la fin de la pièce et les beautés du dialogue. C'est tout dire. La jeune Ida allait, trottait, se démenait, prenait des attitudes tantôt sentimentales, tantôt étourdies et provoquantes, et lançait des œillades à faire fondre toutes les glaces du pôle. Le premier amoureux chantait l'éternelle romance, et l'oncle inévitable, dont les cheveux blancs auraient fait envie à la quenouille d'une fileuse de chanvre, étendait ses mains paternelles sur la tête du jeune couple. Touchant tableau de famille!

J'ai fait la connaissance de Laugel, que j'avais rencontré vingt fois à droite et à gauche, sans savoir que c'était lui, et étudié pendant une demi-heure de causerie M. Mérimée, que je n'avais pas encore vu. Je trouve qu'il ne ressemble en rien aux portraits qu'on fait de lui. On a voulu voir en lui une espèce de don Juan, homme du monde, hautain et pervers. Rien de tout cela, selon moi. Nature sèche, froide et vulgaire, séduction aucune, à moins qu'elle ne réside dans cette réserve et cette immobilité, qui souvent attire et magnétise les faibles.

Revenez-nous vite, mon cher Gojon, et que le diable emporte la..... Savoie! Vous êtes attendu et désiré.

Revenez.

Vacquant est venu se mettre en cage sous ma main et je le tyrannise à mon aise. Il vous remercie de votre souvenir.

Tutto vestro.

Mes amitiés à Python.

A M. ARTHUR LEROY.

Chambéry, 1855.

Eh bien, mon cher Arthur, comment prenons-nous cette bonne petite chicane? Y a-t-il encore des constitutions d'avoués à Châtillon-sur-Seine? Gardons-nous quelques plaideurs pour la soif? Heureux garçon! d'avoir toujours sous la main des partis à turlupiner! Moi, je péris de mélancolie et cela au milieu du paradis terrestre, dans le plus beau site que la nature ait formé. Il pleut si souvent. Il ne pleut pas pour un avoué! Voilà quatre jours que je n'ai pu mettre le nez à la porte. Joins à la pluie une centaine de poules qui passent leur vie à faire des œufs et à le crier sur les toits, — des veaux pleurnicheurs qui mettent en élégies leurs pressentiments et leurs craintes du rôtisseur, — des vaches qui leur meuglent de maternelles consolations, — des moutons qui leur répondent dans leur langue sur un ton désespéré, — et tu devineras combien avec ma sensibilité je dois compatir à l'universelle tristesse. Bons animaux, que l'éternel cuisinier ait vos âmes! Mais de grâce laissez-moi écrire un mot à ce bon Arthur.

Je suis parti de Paris, mon très cher, tout à fait à l'improviste, sommé de comparaître ici pour une conciliation relative à mon procès et je n'ai pu ni voir tes parents, ni faire mes adieux à aucun de mes amis, pas même à Vaquant. J'ai été très fâché surtout de ne pas serrer la main à ton excellent ami Théodore, que je n'avais pas vu depuis fort longtemps, et de ne pas remercier une nouvelle fois son père de ses bontés pour moi. Je serais désolé qu'ils vissent là un oubli ou de la négligence, fais-moi l'amitié de l'écrire à Théodore.

Écris-moi, mon cher Arthur, dis-moi tes espérances et aussi tes ennuis. Ils sont inévitables pour les premiers jours. Mais tu verras qu'une fois marié tu prendras goût à ta vie. La vie de famille est partout la même, parce que les affections qui en sont le fondement ont partout la même force. Sur ce point Paris perd ses droits. D'ailleurs Paris est maintenant à ta porte. Le chemin de fer en a fait un faubourg de Châtillon-sur-Seine.

Je t'embrasse de tout mon cœur.

A M. GOJON.

Paris, 5 septembre 1836.

« Nous verrons lever le soleil, nous nous promè-
« nerons, nous courrons, nous chasserons; vous
« oubliez le plus essentiel, mon cher Gojon, mais
« moi je ne l'oublie point: Et nous *irons en barque!!!* »

Nous *irons en barque*. — Nous regarderons face à face la fée ondine dans ses grands yeux bleus profonds comme le ciel, pleins de mystères, de fascination et de larmes. Nous la poursuivrons dans ses retraites les plus inaccessibles. Nous la surprendrons à l'heure de minuit, lorsqu'elle se montre sans voile et enveloppée seulement des gazes transparentes du clair de lune. — Nous prêterons l'oreille à ses mélodies nocturnes et pendant notre sommeil nous entendrons la voix flatteuse des petites vagues qui nous dira : Dormez, amis, dormez ; nous vous aimons parce que vous nous aimez, nous pauvres délaissées ; vous ne dédaignez pas d'écouter nos plaintes lorsque le vent nous brise sans pitié sur les rochers ; aussi nous vous gardons fidèlement votre seuil et demain nous vous bercerons dans nos bras.

Merci, chères petites musiciennes! Ainsi ce chœur charmant enchantera notre sommeil et lui ouvrira en souriant les portes d'or du royaume des songes.

Fiat! Fiat! Fiat!

J'étais bien loin, mon cher ami, de soupçonner

votre infortune. Il faut convenir que vous jouez vraiment du malheur cette année-ci. Heureusement elle n'est pas loin d'aller rejoindre ses aînées et il n'est pas à croire que votre mauvaise chance lui survive.

J'ai vu ces jours-ci Saint-John et Jeanron, qui tous deux m'ont demandé de vos nouvelles. Jeanron est plus extraordinaire que jamais. Il s'occupe beaucoup en ce moment de l'harmonie des êtres considérée au point de vue des nombres. C'est le dada qu'il chevauche pour le quart d'heure. Quant à son tableau de Raphaël il a pris le sage parti d'en délivrer sa vue. Il l'a retourné contre le mur dans l'attitude à la fois piteuse et pudique d'un homme qui veut y faire quelque chose et qui tient essentiellement à ne pas éveiller l'attention du prochain.

Saint-John revient d'Angleterre où son livre sur le Piémont a eu un grand succès. Il se propose de recevoir et de donner un thé le samedi. Mon ennui ira y serrer la main à son spleen, et ce sera peut-être un soulagement.

Ary Scheffer est revenu d'Allemagne et marie sa nièce à Renan. Ce sera l'union de deux purs esprits et jamais autre chose, je pense. Renan, qui est un des êtres les plus intelligents que le bon Dieu ait faits en ce siècle, a été affublé par la nature d'un corps tout à fait dérisoire, et je ne vois pas ce que mademoiselle Cornélie pourra tirer de là pour ses jouissances esthétiques. Enfin, avec de l'imagination, il y a toujours moyen de tourner les choses.

Trapadoux vient régulièrement passer ses dimanches avec moi et nous parlons souvent de vous. Il est en train d'arriver aux honneurs. Il signor Crepetto, l'impressario d'un journal encore inédit qui se nommera : *la Presse populaire,* et se vendra deux sous. On lui en a déjà par mes soins décerné la gérance, à des appointements inconnus jusqu'à présent, mais qui, combinés avec le produit de ses articles, lui procureront une honnête aisance. Il signor Crepetto est plus toqué que jamais. Il a rassemblé autour de lui une élite de jeune démagogues dont il patronne les débuts et encourage les aboiements avec cet air plein de noblesse et de désinvolture que vous lui connaissez. En un mot, notre pauvre Trapadoux est dans une vrai Cré-pétaudière, mais il s'y démène de son mieux et a déjà formé une Gironde, qui fait son possible pour ne pas se laisser terroriser.

Adieu, mon cher Gojon. Que je vous envie d'avoir vu Durham écumer et se cabrer sous le fouet de la déesse Colique! Il aura donc galopé une fois en sa vie! Ça devait être bien beau. Tâchez donc de m'apporter dans une outre quelconque quelques litres de l'air pur et vivifiant de nos montagnes. Mes pauvres poumons en ont bien besoin.

Guérissez-vous promptement, mon cher ami, et pensez quelquefois à moi qui suis tout à vous.

A SA MÈRE.

Paris, 25 mars 1857.

Ma chère mère,

Mon travail sera fini vers le 15 avril ainsi que je vous l'ai promis; il contiendra près du double de ce que je comptais y mettre d'abord. Cette augmentation vous explique le retard. Il mettra beaucoup de gens en fureur et je m'attends à un charivari des plus distingués. Il est impossible de dire son mot en ce monde sans se faire vouer aux dieux infernaux, il faut en prendre son parti.

J'ai beaucoup souffert ces temps derniers d'un mal que je ne connaissais que par ouï-dire, d'une inflammation d'entrailles causée par les veilles, à ce que m'a dit le médecin.

J'ai fait en même temps que mon ouvrage deux articles pour un journal dont j'ai eu beaucoup de belles promesses, mais pas un sou jusqu'à présent. On me promet de m'y faire une bonne position, et aussitôt ma publication terminée je leur mettrai le marché en main.

Adieu, chère mère, ayez bien soin de vous.

Votre fils affectueux.

A M. GOJON.

Paris, 22 août 1837.

Il faut, mon cher Gojon, que vous soyez bien acharné pour vous obstiner à boire ainsi de l'eau sulfureuse malgré le dégoût qu'elle vous inspire et l'inutilité de son action comme remède sur les maux que vous souffrez. J'ai consulté plusieurs médecins et ils ont été unanimes. Il est constaté que l'eau sulfureuse ne guérit : ni l'ongle incarné — ni le vaudeville chronique — ni le spleen constitutionnel. Renoncez donc à cette folle entreprise. Milan est de retour ici depuis plusieurs jours — mais nous n'avons pas encore pu nous rencontrer. Je sais pourtant que son séjour ne doit pas se prolonger longtemps; si vous voulez le voir il faut revenir.

De la Palme est délivré de son ver rongeur. Il se dispose aussi à partir pour la Savoie. Il prétend souffrir beaucoup de l'absence de l'hôte incommode qu'il hébergeait. Ses intestins murmurent et menacent de s'insurger; ils ne peuvent s'habituer à leur situation nouvelle. Je croirais plutôt qu'il n'a fait que changer de tyran. C'est le remords qui a succédé au ténia. Ainsi nous revenez-vous, bon petit Gojon, c'est une chose convenue. Vingt fois par jour j'ai la tentation de courir après vous et d'aller vous accrocher par un pan de votre redingote — Mais. . . . . .

La succession de mon paîre ! ! ! . . . .

Je vous soupçonne véhémentement d'être en Espagne et d'y avoir acheté une guitare, et d'y boire non pas du soufre mais de la lave incandescente sur les lèvres de la plus incendiaire des Andalouses... Petit sournois ! « Dunque fa presto ! et rèviens vite. »

Les Salons du père Valferdin paraîtront non dans l'*Artiste* mais dans la *Revue de Paris*. Il a été forcé de faire plusieurs retranchements.

Notre pauvre ami...... est dans une situation des plus lamentables depuis que sa leçon lui manque et surtout depuis que vous lui manquez. Il est venu l'autre jour chez moi chassé de son quartier par la disette et la faim aux dents. Je n'avais malheureusement pas un sou vaillant en ce moment (la succession de mon paîre!!!) et je n'ai pu que le faire manger le plus possible. Mais ça n'a pas dû le mener loin. Il vous désire ardemment.

A M. GOJON.

Paris, ce 26 août 1857.

Mon cher Gojon,

Votre dernière lettre m'est arrivée quelques instants après que j'ai eu jeté la mienne à la poste. Est-ce à cela que je dois attribuer mon oubli à l'endroit de la *Revue de Paris* ou à tous les événements imprévus qui me sont survenus ces jours derniers, comme le retour de Scheffer, le départ de la Palme, la visite de Milan que j'ai enfin pu voir — et un embêtement de haute futaie qui m'est tombé inopinément sur la tête hier matin (une lettre de change égarée). C'est sans doute tout cela à la fois. Mon oubli me revient à l'instant même et je me précipite hors de mon repaire pour le réparer ou mourir.

J'implore votre puissance et j'embrasse vos sacrés genoux (sacrés).

Notre ami Milan part très probablement demain ou après demain, furieux contre vous et vos belles promesses. Le ciel m'est témoin que j'ai tout fait pour l'apaiser. Je suis allé jusqu'à lui dire que vous étiez parti d'ici dans l'état le plus alarmant. Il ne veut rien croire et me charge de vous transmettre sa malédiction.

A M. GOJON.

Paris, 15 septembre 1857.

Rien de tout ça — mon cher Gojon. Je ne vous ai pas écrit pour deux raisons : 1° parce que j'ai vu l'inutilité de mes représentations et de mes remontrances en présence des intrigues du docteur et de l'empire qu'il a su prendre sur votre imagination — parce que j'ai compris qu'insister plus longtemps n'aurait fait qu'aggraver votre situation et qu'il fallait attendre qu'il lâchât lui-même sa proie. 2° parce que j'écris tellement depuis deux mois que, lorsque je veux prendre ma plume en dehors de mes travaux quotidiens, il me semble saisir entre mes doigts le grand mât d'un vaisseau de cent vingt canons ou la colonne Vendôme en personne. Vous verrez cela quand vous rédigerez le fameux vaudeville.

Vous me demandez des nouvelles — Je ne vois absolument personne. Sauf Scheffer qui est malade, aucun de mes amis n'est à Paris. Je vis donc très solitairement et très absorbé. Depuis que vous n'êtes plus ici je vais prendre régulièrement mon café tous les soirs à Tivoli. Je m'assieds à côté de votre place vide et après avoir ainsi causé un moment avec votre ombre bienveillante, tout en parcourant les journaux, je vais fumer un cigare et traîner ma flânerie le long du boulevard. Sur ce que vous me dites de « puisa toi dir via, » il faudra aller en Savoie. Seulement il faudra annoncer la chose un mois et demi d'avance, faire valoir votre voyage comme une simple visite et le faire aussi court qu'une vérité. Au reste nous parlerons longuement de cela à votre retour — si toutefois le docteur vous laisse revenir !

Je me mets aux pieds du docteur. Embrassez le docteur pour moi.

Tout à vous, docteur de mon cœur.

A SA MÈRE.

1858.

Votre lettre, ma chère mère, m'a fait faire de tristes et sérieuses réflexions sur ma mauvaise destinée et l'influence funeste qu'elle exerce sur la vôtre. Il est évident pour moi que depuis plusieurs années, malgré tous mes efforts, je suis un obstacle à votre repos, et que la première cause de ce malheur est la carrière que j'ai choisie ou plutôt vers laquelle m'a poussé une vocation irrésistible et aveugle. Dans toute autre profession il y a longtemps que je me serais créé, avec moins de travail, une existence indépendante et que loin de vous être à charge je pourrais contribuer à vous rendre l'existence plus aisée. Que mon choix ait donc été très regrettable à ce point de vue, cela n'est pas douteux. Mais m'est-il possible aujourd'hui de quitter cette carrière et de recommencer ma vie comme vous semblez m'y inviter, je ne le crois pas. Voilà le résultat auquel je suis arrivé après y avoir beaucoup réfléchi depuis quinze jours. Toute profession nouvelle me demanderait un long apprentissage avant de me mettre à même d'en retenir des profits; et d'un autre côté tout ce que j'ai acquis dans celle que j'ai embrassée serait perdu pour l'avenir.

J'ai donc forcément écarté l'idée d'abandonner la carrière à laquelle je dois le peu que je suis.

Cela admis, la question que je me suis posée a été de chercher la manière d'en tirer tout le parti possible dans la situation où je me trouve et je suis arrivé à cette conclusion :

Mes livres m'ont peu rapporté jusqu'ici surtout pour deux motifs : 1° ils s'adressent à un petit nombre de lecteurs parce qu'ils embrassent des sujets peu à la portée du plus grand nombre. — 2° par leur nature même ils demandent trop de temps et de travail. Si dans le même espace de temps je parvenais à faire deux volumes au lieu d'un, le profit serait double.

Or je viens de faire le plan d'un grand ouvrage en douze ou quinze gros volumes qui échappera à tous ces inconvénients et dont chaque volume me rapportera cinq ou six mille francs au moins, tout en me coûtant la moitié moins de travail. Il sera d'une lecture accessible à tout le monde, et comme j'en publierai les volumes successivement (un pour la première année et deux par an pour les suivantes), tous les lecteurs qui auront acheté le premier seront obligés d'acheter les suivants pour compléter l'ouvrage, et ceux qui achèteront les derniers seront forcés par la même raison d'acheter les premiers. C'est la seule manière d'écrire qui rapporte de l'argent aujourd'hui. L'ouvrage sera l'histoire de la monarchie de Juillet. Je connais tous les anciens ministres de Louis-Philippe et j'aurai à ma disposition tous les documents les plus originaux. Je me suis déjà entendu avec un écrivain anglais qui traduira et publiera à mesure en Angleterre, ce qui doublera presque le profit. On n'a encore rien fait de sérieux sur ce sujet, et la curiosité sera à elle seule un élément de succès presque assuré.

Répondez-moi de suite, chère mère, si cette idée vous convient, et je me mettrai au travail avec toute l'ardeur dont je suis capable. Je suis sûr de la réussite. Mon dernier livre m'aurait suffi, bien que le succès en ait été entravé, si tout le produit n'avait été absorbé d'avance par mille petits arriérés. Que sera-ce d'un ouvrage qui s'adressera à un nombre immense de lecteurs en France et à l'étranger et dont l'annonce seule aura un grand retentissement?

Ayez confiance et faites courage. Songez que je ne puis pas reculer sans honte. Que diraient mes bons amis de Chambéry et d'ailleurs ?

Je vous embrasse.

A SA MÈRE.

Paris, juin 1858.

Ma chère mère, s'il ne tenait qu'à moi de partir pour la Savoie, il y a longtemps que je ne serais plus ici, car j'ai grand besoin et de vous revoir et de respirer un air plus pur ; mais je suis forcé d'attendre la conclusion d'arrangements très importants pour moi. D'autre part, mon ami Vacquant se marie vers la fin du mois et je ne puis lui faire défaut dans cette circonstance. Tout cela et les préparatifs nécessaires à mon travail reportent forcément mon voyage aux premiers jours de juillet, à moins que quelque incident imprévu ne vienne le retarder encore.

J'ai eu la douleur de perdre ces jours derniers l'ami le plus cher et le plus respecté dans la personne d'Ary Scheffer, cet artiste illustre dont je vous ai quelquefois parlé. C'est une amitié et une protection que je ne remplacerai jamais.

Je vous embrasse du fond du cœur.

A M. GOJON.

Paris, 22 juin 1858.

Vous avez sans doute appris par les journaux, mon cher Gojon, la perte que j'ai faite ces jours derniers dans la personne d'Ary Scheffer. Il est revenu d'Angleterre dans un état désespéré et je n'ai pas eu la consolation de le voir avant sa mort. Il était expirant lorsque je suis arrivé à Argenteuil par une des plus lugubres soirées qui se puissent imaginer. Jamais homme n'a été pleuré avec des larmes plus sincères. Je m'aperçois par votre lettre, cher ami, que quelque chose du guignon qui me poursuit s'attache aux démarches que vous avez commencées pour moi. Vous verrez que, quoi que vous fassiez, tout tournera de travers. Je vous suis du regard avec stupeur et consternation comme on contemple un dévouement inutile, une entreprise impossible, un insuccès qu'on redoute et dont on est soi-même la cause involontaire.

Quant au prix de location de la villa je désirerais qu'il ne dépassât pas 250 à 300 francs. Si pourtant elle était inséparable d'un jardin dont il fût possible de tirer quelque chose on pourrait aller un peu plus loin. Je vis ici très solitaire, très morne et physiquement très accablé; nous avons eu des chaleurs inénarrables et vous savez qu'elles ne me valent rien de bon. Ma pauvre chambrette est devenue une fournaise inhabitable et je n'y reçois plus que la visite de quelques très rares amis et de loin en loin d'un créancier, dont les ardeurs de la canicule ont monté la tête. Je l'accueille en souriant, je lui donne en raison de sa portion congrue un morceau de la peau de l'ours et il s'en va tout réconforté.

On vient de découvrir, en creusant les fondements d'une maison au boulevard Sébastopol, la principale sépulture des victimes de la Saint-Barthélemy. C'était l'emplacement sous l'ancien passage de la Trinité. J'ai vu cela avant-hier et je suis étonné que les journaux n'en aient rien dit, car il est difficile d'imaginer quelque chose de plus émouvant. Figurez-vous un immense espace rectangulaire de vingt à trente pieds de profondeur comme on les creuse pour les caves des maisons de Paris ; des tombereaux emportant une vraie montagne d'ossements qu'on a retirés de là en creusant, des couches de squelettes ressortant en saillies à l'endroit de la section du terrain, de telle façon qu'on peut les compter comme des couches géologiques. — Nous en avons compté sept avec M. de la Combardière. Elles sont séparées les unes des autres par deux pieds de terre à peu près. Enfants, hommes, femmes, tous ces martyrs sont par milliers empilés et serrés les uns contre les autres, comme les épis sous la faux, dans la même attitude où ils ont été mis là il y a trois cents ans.

On dirait que le massacre est d'hier. Cela saisit, parle et crie vengeance comme un flagrant délit. C'est le crime pris sur le fait.

Saint-John est en Angleterre depuis près de quinze jours et je ne suis pas encore allé prendre de ses nouvelles chez sa femme.

Vacquant vous remercie de vos bons souhaits et vous souhaite une villégiature. Il se marie le 28. L'heureux garçon ne touche plus terre. Il frappe les astres avec son front.

Adieu, cher ami, ne vous découragez pas encore en dépit des mauvais présages. Votre heureuse influence viendra peut-être à bout de la malignité de mon étoile.

Tutto suo.

Mes amitiés à Revel et à Python.

A M. GOJON.

Paris, 5 juillet 1848.

Je vous adresse, cher ami, le second bulletin de vos loteries en vous souhaitant tous les gros lots que vous méritez.

Le mariage de Vacquant a été célébré en présence d'un immense concours de peuple et avec une pompe à la fois noble et touchante. Je ne dirai rien encore de la mariée que je n'ai fait qu'entrevoir. Aussitôt la cérémonie achevée les deux époux sont partis pour le castel de Blanchampagne.

Je vis ici au jour le jour comme l'oiseau sur la branche et en proie à tant d'incertitude à la fois qu'il m'est impossible d'employer mon temps d'une manière utile, ce qui fait que je prends médecine en attendant mieux.

Pourtant, il y a quelques jours, nous avons fait avec Pelletan une petite expédition entre Sèvres et Ville-d'Avray et nous nous sommes perdus exactement dans les mêmes parages où je m'étais égaré en votre compagnie il y a dix mois, lorsque, avec votre aplomb habituel, vous rejetiez tous les torts sur les chemins, les poteaux, la lune et les étoiles, accusant les quatre points cardinaux d'avoir par la plus noire conspiration déplacé sournoisement les pôles et faussé le son des vents pour dérouter votre infaillibilité topographique.

Pelletan rentre à la *Presse*, qui est revenue à lui parce qu'elle perdait tous ses abonnés. Il va faire une série d'articles sous le titre de *Testament d'un journaliste*. Ce sera une revue de tous les hommes remarquables qu'il a eu occasion de connaître dans le courant de sa carrière. Il commence par Béranger et se propose de frapper de son mieux sur cet impérialiste déguisé en libéral (sa biographie posthume ne laisse subsister aucun doute à cet égard).

Adieu, mon cher Gojon. Faites retarder les moissons si voulez que je les voie.

Votre ami affectionné.

Le 15 juillet est une échéance terrible pour moi.

Avertissez M. Marchand que la patrie est en danger.

A M. GOJON.

Paris, 15 juillet 1858.

Mille fois merci, cher et excellent ami. Je vous envoie ci-joint le bon rédigé conformément à vos instructions. C'est laconique mais c'est expressif. Je voudrais pouvoir l'être autant pour vous dire combien je vous suis reconnaissant du service que vous venez de me rendre et de toute la peine que vous vous êtes donnée pour moi.

Je me fais un devoir de vous informer dès aujourd'hui du décès de la chienne de Lesueur. Il y a deux jours, étant sortie après dîner selon son habitude et probablement dans un état d'ivresse déterminé par des libations de café immodérées (vous savez quel abus elle faisait de cette boisson !), au lieu de s'attaquer aux gâte-sauces et autres polissons du voisinage, elle est allée mordre la roue d'un fiacre qui passait sans penser à mal, et s'est acharnée après elle avec les plus furieux aboiements.

La roue allait son petit bonhomme de chemin sans rien répondre à ses provocations, — puis tout à coup elle lui a pris la tête et la lui a écrasée sur un pavé.

A bientôt, mon cher Gojon. Je vous embrasse du fond du cœur.

A M. GOJON.

Chambéry, 22 juillet 1858.

Mon cher ami,

Je suis arrivé avant-hier à onze heures du soir. Il me tarde de vous serrer la main, et je serais parti dès hier malgré la pluie si je n'avais craint de tomber un peu trop à l'improviste chez madame votre grand'mère. Venez à Chambéry ou écrivez-moi un mot et indiquez-moi un rendez-vous.

Madame votre mère et M. Caffe que j'ai vus avant mon départ sont en parfaite santé et arrivent *aujourd'hui* ou *demain*.

Adieu, cher ami, tout à vous et du fond du cœur.

Je pars demain vendredi pour Turin par le train express pour aller y représenter avec M. Ferdinand de Lasteyrie le comité français de souscription au monument Manin. — Ce sera une absence de trois ou quatre jours.

A M. PLANAT DE LA FAYE.

Chambéry, 27 juillet 1858.

Monsieur,

Vous avez déjà dû apprendre, soit par les journaux italiens, soit par une lettre de M. de Lasteyrie l'heureux succès de notre mission. Nous avons reçu à Turin un accueil parfait à tous égards et non seulement notre programme a été adopté presque sans discussion, mais on a voulu nous donner un gage pour ainsi dire matériel de sa mise à exécution en nous nommant membres de la Commission qui en a été chargée. Quelles que soient donc les difficultés qui peuvent survenir, vous pouvez être assuré que rien ne sera fait sans l'assentiment du comité français.

Votre nom, comme vous devez le penser, monsieur, a été souvent prononcé dans ces réunions; et la vénération qu'il inspire à tous les cœurs italiens est une récompense dont il vous serait bien doux de jouir si le voyage vous devenait possible.

J'ai remis votre souscription à M. de la Farina qui a dû vous écrire à ce sujet. De toute l'émigration, c'est l'homme qui m'a paru le mieux conserver la mémoire et les idées de Manin. M. Tommaseo ressemble beaucoup au portrait que nous en avait tracé madame Planat de la Faye.

M. Pallavicino étant absent de Turin, je n'ai pu lui remettre la lettre du général Ulloa, mais j'ai eu l'honneur de voir M. Cosenza, qui, tout jeune encore, m'a paru un homme supérieur et d'une modestie antique, ainsi qu'un homme qui a combattu sous ses ordres, le colonel Carrano. Ces messieurs, et la plupart des hommes politiques qui se trouvaient à Turin ont voulu honorer en nous les recommandations illustres que nous leur apportions et les sympathies si généreuses que nous venions représenter parmi eux; mais c'est à vous, monsieur, et aux amis qui vous ont aidé dans votre noble tâche que nous en avons reporté tout l'honneur.

Veuillez je vous prie, monsieur, présenter mes hommages respectueux à madame Planat de la Faye, mes remerciements les plus vifs à M. le général Ulloa, et agréez l'expression sincère de ma vénération et de mon dévouement.

A M. PLANAT DE LA FAYE.

Chambéry, 9 août 1858.

Monsieur,

Je vous adresse, suivant le désir que vous m'en avez exprimé, un compte rendu de la réunion relative au monument Manin. Il n'y a pas été prononcé de discours proprement dit et la discussion a été peu mêlée d'incidents, tout le monde étant, sans le savoir, d'accord d'avance. Du reste, un grand nombre des hommes politiques de Turin se trouvaient absents et n'ont pu y assister.

Je vous remercie, monsieur, et du fond de mon cœur des bonnes paroles et des encouragements si bienveillants que vous me faites l'honneur de m'adresser. Je les accepte comme un engagement pour l'avenir et je mettrai mon orgueil à m'en rendre digne.

Veuillez, je vous prie, présenter mes hommages à madame Planat de la Faye et agréer l'expression du plus respectueux attachement.

A SA MÈRE.

Paris, le 2 février 1859.

Ma chère mère,

Je me suis débarrassé de toutes mes visites, j'ai repris mon petit train de vie, je me suis remis au travail et ça marche. J'ai eu deux fois de vos nouvelles depuis mon arrivée ici, ce qui fait que je ne me suis pas pressé de vous écrire. J'ai opéré sur mon genre d'existence deux ou trois réformes dont je me trouve très bien! Je ne reçois plus personne chez moi, ce qui fait que je ne suis jamais dérangé. Je ne fume plus, économie d'argent et de santé. J'espère que vous voilà contente. Je ne parle pas des espérances dont on me flatte en ce moment, parce que ce sont des espérances. Si cela ne s'arrange pas, j'ai en réserve une ressource infaillible, c'est la guerre qui est déclarée pour le printemps. Vous savez que j'ai toujours eu un faible pour les batailles, c'est de famille. Avec cela, j'ai passionnément désiré de voir l'Italie. C'est une occasion superbe de satisfaire ces deux goûts. Je vois souvent le général Ulloa qui a défendu Venise en 1848; il m'aime beaucoup et sera charmé de veiller sur mon avancement qui, dans un corps de volontaires, ne sera ni long, ni difficile.

J'ai toujours aspiré à un double laurier, ça coûte si peu de désirer.

Adieu, chère mère, soignez bien votre santé.

Votre fils affectueux et dévoué.

Plus de nouvelles de ma dent depuis que je suis ici. On dirait qu'elle a compris le danger.

A SA MÈRE.

1859.

Ma chère mère,

Je me disposais à vous écrire lorsque j'ai reçu votre bonne lettre. Si je ne l'ai pas fait plus tôt, c'est que je n'ai pas voulu vous affliger de mes tourments. D'abord la publication de mon livre a été retardée à cause de la guerre et de l'état de ruine où se trouve la librairie. Ensuite, tous mes efforts pour écrire dans deux ou trois journaux où je puis le faire sans être déshonoré ont échoué les uns après les autres. C'est dans ces moments que l'on s'aperçoit qu'on a des ennemis. Un seul journal me reste ouvert, mais je ne puis y mettre d'article que très rarement et il me paye d'une façon dérisoire.

Dans ces circonstances, j'ai pensé que le mieux était de commencer un second volume en attendant que le premier puisse paraître, ce qui ne peut tarder plus de trois ou quatre mois en mettant les choses au pis. Je me suis arrangé de manière à pouvoir tenir bon ici pendant ce temps, pourvu que vous m'envoyiez ma pension tous les deux mois seulement. Cela vaut mieux que d'aller passer l'été à Chambéry, car le seul déplacement me coûterait fort cher et j'y perdrais mon temps.

Vous dire les ennuis par lesquels j'ai passé depuis un mois serait vous attrister inutilement. La plainte est toujours inutile. Mon malheur est d'être venu au monde trop tard.

Je n'ai besoin d'aucune des choses dont vous me parlez si ce n'est des gants. Les gants sont ma perdition. Si vous m'en envoyez par Gojon, remettez-les-lui ostensiblement sans les cacher parmi d'autres effets, parce que cela pourrait lui créer des embarras à la douane.

Mes cousines se portent bien et vivent paisibles dans leur petit coin.

Adieu, chère mère, je vous embrasse affectueusement, ayez bien soin de votre santé.

A MADAME M. S.

Paris, 1859.

J'ai fait de mon mieux pour vous obéir, chère madame, malgré les nouveaux traits dont il vous plaît de percer un cœur qui vous est tout dévoué. Malheureusement, le numéro de mon journal qu'on nomme le *Courrier du dimanche*, parce qu'il paraît le vendredi soir, s'est trouvé presque entièrement composé et je n'y ai pu faire entrer qu'une très courte annonce. Encore ne suis-je pas absolument certain qu'elle sera insérée, n'ayant pas rencontré le rédacteur en chef. J'ai écrit dès mardi à D. L. F. et lui ai recommandé très vivement cette affaire.

Je ne dois pas vous dissimuler que la parfaite sécurité avec laquelle vous parlez de vous venger sur mes épreuves de *toutes celles* que, selon vous, je vous ai fait subir m'inspire un sentiment de commisération mêlée de remords. Veuillez remarquer, madame, qu'il y a là une lacune de raisonnement peu digne — j'ose le dire — d'une personne aussi judicieuse que vous. N'est-ce pas, en effet, comme si vous pensiez vous venger d'une médecine en l'avalant! Voilà une médecine qui serait, ma foi, bien attrapée.

Je n'exercerai aucunes représailles contre votre gracieuse malice, féconde en feintes charmantes et en retours imprévus, bien que, en cherchant bien,... passons là-dessus. Je suis et prétends rester votre victime et ce supplice m'est infiniment doux. — Mais ce que je ne souffrirai pas, c'est que vous osiez prendre la défense d'un sexe ennemi du genre humain, en vous donnant l'air de le plaindre comme si vous ne connaissiez pas toute la perversité dont il est doué, vous qui, après tout, en faites partie!

J'ai bien voulu admettre, il est vrai, que vous formiez une glorieuse exception, — mais cette supposition commence à me sembler passablement suspecte. Pour plaider sa cause avec tant de chaleur il faut qu'on se sente solidaire avec lui. Quoi qu'il en soit, n'espérez point m'attendrir avec vos ironiques gémissements sur le sort « des pauvres opprimées. » Ces opprimées-là nous ont réduit, nous autres, pauvres tyrans, à la condition d'animaux domestiques. Et tout muselés, tout bridés et sellés que nous sommes, nous avons encore la naïveté de pleurer comme des veaux lorsqu'elles nous parlent de leur sujétion et de leur faiblesse. Par bonheur pour les races futures, il se trouve que moi-même j'ai été quelque peu femme dans mes existences antérieures, ce qui me permettra de dévoiler entièrement une conspiration qui n'a pas d'autre but que de consommer notre abêtissement en développant outre mesure, chez nous, le sens admiratif et par là de déterminer notre servitude.

Mais tout ceci sera exposé en temps et lieu avec les pièces et documents à l'appui — il serait imprudent d'en dire plus long là-dessus aujourd'hui. Je m'arrête ici car c'est vous qui allez trouver que mes lettres n'en finissent pas. — Quant aux vôtres, elles peuvent n'avoir pas ce qu'on nomme une fin, mais, hélas ! je suis trop certain qu'elles finissent !

Ce qui ne finira qu'avec moi, chère madame ce sont les sentiments de respectueuse et profonde amitié dans lesquels je vous associe à une mémoire qui me sera à jamais chère et sacrée.

A MADAME M. S.

Août.

Enfin ! le ciel soit loué. Il y a donc encore des remords en ce monde et ce n'est pas seulement pour la triste innocence. Je commençais à croire que vous iriez jusqu'au bout sans me donner une seule fois de vos nouvelles et ç'aurait été un joli procédé envers un pauvre garçon qui ne passe pas une heure sans penser à vous et sans soupirer après votre retour ! — Eh bien, vous me rendez si heureux que je vous pardonne tout, jusqu'aux noires méchancetés dont vous assaisonnez votre lettre dans l'espoir de tempérer mon mécontentement. — Elles-mêmes me sont chères, je ne les donnerais pas pour tout au monde, et pour ma vengeance je veux adorer la main qui fait de si douces blessures. — Essayez de m'en empêcher si vous pouvez.

Pourquoi cette obstination à ne pas vouloir vous laisser guérir, âme capricieuse et rebelle ? Quel attrait mystérieux a pour vous la souffrance ? Est-ce l'orgueil de la braver et de la vaincre ? Est-ce le dédain des joies du monde que vous jugez ne valoir ni un de vos désirs ni un de vos regrets ? Vous plaît-elle par les voluptés secrètes qu'elle donne, dit-on, à ceux qui ne la craignent pas, — ou bien est-ce le plaisir cruel de voir ceux qui vous aiment suspendus à cette inquiétude et de leur faire mieux sentir ainsi le prix de tout ce qu'ils admirent et chérissent en vous ?

Peut-être n'y a-t-il là que de l'esprit de contradiction, et, dans ce cas, il faut avouer que vous le poussez fort loin. Quoi qu'il en soit, je ne puis m'empêcher de penser que cette immobilité mahométane où vous vivez ne soit pour beaucoup dans la persistance d'une maladie qui réclame essentiellement du mouvement et de l'exercice. Que vous ne sortiez pas le jour, cela se conçoit, par de telles chaleurs, mais la nuit, si vous saviez comme c'est bon !

Il est vrai qu'étant seule avec une personne de votre sexe (mon Dieu, que je vous plains!) cela ne vous est guère possible; — mais c'est grâce à votre entêtement ordinaire, car si vous m'aviez emporté avec vos autres effets dans votre sac de voyage comme je vous l'ai conseillé inutilement, vous pourriez sortir le soir et prendre le frais du bon Dieu sans craindre les mauvaises rencontres.

Cette paix est une grande infamie, et il faut avoir ce *dilettantisme* de lâcheté qu'on possède aux *Débats*, pour s'en réjouir en présence des douleurs et des déceptions de tant de nobles cœurs. Néanmoins, elle est, je crois, ce qu'on pouvait redouter de moins fâcheux d'une telle situation et d'un tel homme. Elle aura, en somme, plus d'un résultat utile. Le Deux-Décembre n'en est nullement consolidé, comme on le croyait, — il y a plutôt perdu que gagné. En France, il est moins populaire qu'avant la guerre. En Europe, il est déconsidéré et par une défection si pusillanime après de si formels engagements, et par de si pauvres avantages achetés aux prix de si grands sacrifices et par la solution pitoyable, chimérique, impossible que cette pauvre tête a imaginée aux difficultés de la question italienne. En outre, les Italiens auront acquis un noyau ferme et résistant qui leur permettra bientôt de recommencer l'entreprise à leurs propres frais. — Ils auront appris à ne plus compter que sur eux-mêmes, et l'idée de l'unité nationale ne pourra que faire de grands progrès en présence de l'impuissance de nouvelles combinaisons. Quelque regrettables que soient leurs mécomptes, il y eût eu de grands inconvénients à ce que leur libération s'accomplît par des mains étrangères et trop vite. Les peuples ne tiennent qu'à ce qu'ils ont payé très cher. Songez, en revanche, quel deuil et quel outrage ç'aurait été pour le malheur, la vertu, le génie, pour tout ce qui pense, souffre, aime, espère, croit à la justice et à la vérité, si ce misérable avait pu, à si bon marché, passer grand homme! Songez au mal qu'il aurait fait à la liberté en Europe, une fois qu'il aurait eu entre les mains cet énorme accroissement de puissance! Alors, il vous sera difficile de ne pas accepter cet ajournement, non comme un bienfait, mais comme un pis-aller, qui, loin de compromettre l'avenir, le prépare et lui ouvre la voie.

Je n'ai pas encore osé affronter la terrible Mme P... Vous en parlez bien à votre aise, vous qui êtes protégée par cent cinquante bonnes lieues! mais je vous attends à votre retour, et si vous n'êtes pas exemplaire pour moi, vous verrez si je sais tirer parti des fléaux que j'ai sous la main. *Je ne vous dis que ça!*

On dit que notre pauvre Henri Martin est comme fou de désappointement. Il y a quinze jours, il voulait absolument m'emmener avec lui à Venise.

La dame avec qui je n'ai pas réussi à me brouiller, et qui m'adore depuis que je lui ai dit des méchancetés, m'écrit de Vichy qu'elle vient de recevoir une lettre du général Ulloa. Il est entièrement découragé et parle de revenir à Paris. Il méritait mieux que cela, ce pauvre homme de cœur, si simple, si intelligent et si modeste.

Vous devriez bien écrire à Renan qu'il montre trop de zèle et qu'il fait des platitudes — ce qui est dommage — car lorsqu'on a son talent on peut s'en dispenser. Son article sur Guizot est lamentable. Je crois que Mgr A. S. a eu sur lui une influence très heureuse à laquelle il se repentira un jour d'avoir été infidèle. C'est depuis qu'il l'a perdue qu'on a vu se prononcer chez lui ces tendances fâcheuses.

Adieu, madame et bien chère amie. — Pardonnez-moi cette interminable lettre. Pendant que je vous écris, il me semble que je vous vois, et je ne puis me résoudre à me séparer de vous. Hélas ! je ne vous ai encore rien dit de ce que j'aurais voulu vous dire ! Adieu, tous mes vœux sont avec vous. Guérissez-vous pour vos amis ; ne savez-vous pas qu'ils ne peuvent vivre sans vous ?

LETTRE A X...

1859.

Monsieur,

Bien que je n'aie pas l'honneur de connaître la personne qui vous a témoigné le regret de ne pas me rencontrer aux soirées du prince Czartoryski, je ne puis être qu'infiniment flatté de ce bon sentiment. Je ne suis pas moins touché de celui que vous voulez bien m'exprimer vous-même à cet égard, mais je ne puis le considérer que comme une opinion qui vous est personnelle. Je connais beaucoup de princes, monsieur; quand ils veulent me parler, ils viennent me voir, et quand ils veulent m'engager à leurs soirées, ils me le disent ou me l'écrivent.

Agréez, monsieur, mes salutations distinguées.

A SA MÈRE.

Paris, 2 mai 1859.

Chère mère,

En dépit de tous mes efforts, ce n'est qu'aujourd'hui, deux mois, que je suis arrivé à ma dernière page. Tout ce que je puis vous dire, c'est que je suis épuisé de fatigue et qu'il m'a été impossible de finir plus vite. Il me reste maintenant à corriger et à recopier près de quatre cents pages pour les donner à l'imprimerie. Cette dernière tentative est d'une immense importance pour moi, parce que je m'adresse, cette fois, au gros du public qui ne me connaît encore que de nom. C'est ma campagne d'Italie. Si je ne réussis pas, ce qui est à craindre à cause des circonstances actuelles, il ne me restera plus qu'à briser ma plume.

Adieu, chère mère, ne m'abandonnez pas encore. Soutenez-moi jusqu'au bout.

La guerre actuelle aura au moins un bon résultat pour nous, celui de nous faire Français.

A M. ARTHUR LEROY.

Paris, juin 1859.

Merci, mon cher et bon Arthur. — Tu me rends un service inappréciable. Je paye tous les jours bien cher la malheureuse vocation qui m'a poussé à prendre la plume dans un temps comme celui-ci et en dépit de la triste évidence depuis si longtemps manifeste pour moi. Si à ces déboires inévitables pour quiconque veut rester fidèle à ses convictions et n'est pas né avec une grande fortune, on ajoute celui de ne pouvoir pas exprimer sa pensée, on arrive à une combinaison d'amertume, de colère et d'humiliation qui forme un des supplices les plus complets qui aient jamais été imaginés. Voici en deux mots où j'en suis arrivé après ce long noviciat auquel tu as assisté : le livre (*Lettres d'Éverard*), où je me suis donné un mal infini pour faire entendre ce que personne n'ose dire, ne peut pas paraître à cause de la guerre, et, cette raison écartée, il ne le pourra probablement pas à cause de son sujet même. Et tous les journaux où j'aurais pu écrire me sont fermés à l'unanimité. A vrai dire, je le regrette peu. Quelles idées aurais-je eu le droit d'y exprimer?

Beau et glorieux résultat! Pas même la consolation de pouvoir se faire exiler ou, comme à d'autres époques, de se faire envoyer à la guillotine en dénonçant la tyrannie au mépris et à l'exécration des siècles. Qui oserait imprimer un mot de blâme à l'heure qu'il est? Tu me parles de censure — que m'importe celle des tribunaux et de tous les suppôts de cet infâme régime? Il n'y en a qu'une que je redoute, c'est celle de l'imprimeur.

Si je savais l'anglais, mon parti serait bientôt pris.

Adieu, cher ami, tu m'excuseras si je ne t'écris pas plus longuement pour le moment. Tu vois que j'ai peu de choses gaies à raconter.

Ton ami.

A M. X...

Paris, 27 août 1859.

Quoique je sois loin de vous avoir pardonné votre mystification épistolaire, mon cher X... et que j'éprouve encore une violente tentation de vous envoyer au lieu de lettre quelques vieux numéros de la *Gazette des Tribunaux*, néanmoins, par commisération pour la situation mentale où vous vous trouvez, en ce moment, je veux bien vous adresser quelques lignes de bonne amitié, ce qui vous paraîtrait une grande marque de dévouement de ma part si vous saviez de quelle besogne variée je suis accablé en ce moment. Je suis tout courbaturé de travail de toute espèce, y compris celui qui est cause de votre malheureuse aliénation et qui a fait de vous un pauvre insensé! Aussi vos paroles (touchantes dans leur égarement même) m'ont-elles fait faire un douloureux retour sur moi-même. Quoi! me suis-je dit, est-ce donc à cet état de dégradation que je dois en arriver un jour? Ne le permets pas, ciel juste! car je n'ai pas abusé de tes dons comme ce petit malheureux! Il faut que votre folie ait un effet bien contagieux pour me faire plaisanter aujourd'hui, mon cher X... Je n'ai pourtant guère envie de rire et j'ai une triste nouvelle à vous annoncer, bien que je ne sois pas absolument sûr de son authenticité. J'ai vu annoncer dans un journal français, il y a peu de jours, la mort de notre cher et excellent ami Bayle St-John. Ne pouvant me résigner à croire qu'il s'agissait de lui, mais plutôt de son père qui est très âgé ou de tout autre membre de la famille, j'ai aussitôt écrit à sa femme pour la prier de me rassurer et de démentir la nouvelle; mais je n'ai reçu d'elle aucune réponse, bien que je sois sûr d'avoir envoyé à son adresse exacte.

J'ai conservé plusieurs jours l'espérance de recevoir le démenti de notre ami lui-même, mais ce silence est d'un bien triste augure, et maintenant je redouterais plutôt un éclaircissement que je n'irai au-devant de lui.

Que de choses depuis que nous ne nous sommes pas vus! Mais n'abordons pas ce chapitre, ce serait trop long — et d'ailleurs pour vous il n'y en a eu qu'une seule, qui sans doute, je l'espère, remplira encore un long espace de temps. — Avez-vous vu Jeanron à son passage là-bas? Pour moi, j'ai appris son retour avant d'avoir appris son départ, et c'est tout ce que j'en sais; avec deux articles très spirituels mais un peu visionnaires, je crois, sur sa découverte d'un Vinci à Milan et qui ont paru dans la *Presse*.

Dites-moi un peu ce qui se passe là-bas (en dehors de l'accident qui est venu troubler vos facultés). On dit que les personnes atteintes de ces perturbations cérébrales ont souvent des instants très lucides pourvu qu'on ne fasse aucune allusion à l'objet qui leur fait battre la campagne. Profitez d'un de ces moments-là pour me dire par exemple ce qu'est devenu notre ami Filliard.

Je n'ai aucune nouvelle de la Savoie depuis des siècles.

J'ai passé, il y a quelque temps, une huitaine délicieuse chez Viardot à Courtavenel — seul avec sa femme, ses enfants et Tourgueneff le chasseur. C'est un séjour des plus romantiques. Figurez-vous une plaine à perte de vue parfaitement déserte, avec des bois et quelques champs cultivés d'une immense étendue, mais sans une seule habitation. Tout à coup, derrière des massifs de beaux arbres, vous voyez sortir de terre un vaste château du temps de Henri IV, complètement entouré d'un fossé de cinquante pieds de large sur trente de profondeur. On y circule en bâteau. On y pêche à la ligne du haut des tours. C'est d'un effet merveilleux. Je suis allé passer quelques jours, ... mais chut! taisons-nous, ô mon âme! pas un mot là-dessus. — Suffit! Je m'entends

— Je veux dire seulement, mon cher ami, que je vous dis adieu pour aujourd'hui — en vous prévenant que ma malédiction reste sur vous et votre postérité jusqu'à ce que vous ayez réparé l'abominable plaisanterie dont vous m'avez rendu victime.

A M. GOJON.

Paris, 11 octobre 1859.

Cher ami, le père Ruas est allé déjà deux ou trois fois chez M. Vauquelin pour avoir l'adresse que vous me demandez, mais on lui répond invariablement qu'il est allé à la campagne et qu'il arrivera *demain*. Comme ce demain pourrait se faire attendre encore fort longtemps, je vous écris aujourd'hui.

La perte que vous venez de faire était, je pense, depuis longtemps prévue pour vous et ce sera, j'espère, un grand adoucissement à votre douleur de songer que, dans aucun cas probable, cette vie ne pouvait avoir été ni plus longue ni plus prospère. Plût au ciel que notre jeunesse fût aussi sereine et aussi gaie que le déclin de ces heureux vieillards !

Pour vous, à qui tous les dieux sourient, mon cher Gojon, ce souhait ne peut être que très superflu ; mais quant à moi qui passe ma vie à expier quelques minutes de bonheur par des ennuis inimaginables qui me dévorent et me tuent incessamment, je vous assure que c'est du fond du cœur que j'envie le repos définitif qui succède à la vieillesse.

J'arrive enfin à l'impression de mon malheureux ouvrage à travers mille cahin-caha, tous plus lamentables les uns que les autres. C'est la Librairie nouvelle qui s'est chargée de faire ce coup. J'ai été obligé de passer par où elle a voulu et mon traité me met complètement à sa discrétion. Soyez heureux, vous, mon cher ami, puisque c'est là votre spécialité de choix et de vocation. C'est le genre de composition le plus délicat qui existe et celui qui demande le plus d'esprit. Vous en avez assez pour parvenir à votre cent-unième édition.

J'ai vu ces jours derniers notre ami Henry, de Chambéry. Il m'a dit qu'on ne vous apercevait jamais à la ville. Cela m'a paru d'un excellent augure. Cependant, si vous m'en croyez, vous viendrez ici cet hiver dormir sur vos lauriers. Il ne faut pas épuiser sa veine. — C'est une règle en amour comme au jeu.

J'ai eu la confirmation de la mort de notre pauvre ami Saint-John par un article nécrologique de l'*Athenæum* anglais qu'on a eu la bonté de me traduire. Il paraît que ce cher garçon s'est littéralement tué de travail. Qu'elle chose terrible que d'avoir une femme et des enfants !

Je n'ai pu encore revoir Jeanron depuis sa campagne d'Italie et sa découverte d'un Vinci.

Je me plais à penser que vous n'êtes pas sans aller de temps en temps faire un tour de promenade du côté de la Motte — Histoire de voir si le printemps s'avance — Ce passage est si charmant !

Adieu, mon cher ami. — J'essaye de rire, mais vous le voyez, pas moyen! Écrivez-moi une longue lettre pour me remettre l'âme en équilibre. Aussitôt que j'aurai l'adresse en question, je vous l'enverrai.

Je déménage d'ici au mois de janvier parce que j'ai rossé mon portier et son épouse — bien malgré moi! mais il le fallait!...

T'abraccio di tutto cuore.

A M. GOJON.

Paris, 28 octobre 1859.

Cher Gojon,

Après cinquante voyages chez votre ami Isidore aux yeux de rubis, on a enfin pu obtenir de lui l'adresse à peu près exacte de votre marchand de cigarettes. C'est 8 ou 10 rue de la Michodière que gîte cet industriel!

Vous avez l'amabilité de m'engager à aller passer quelques jours chez vous. — C'est maintenant trop tard. Je suis rivé ici par une chaîne de plus, celle du journalisme. — Je me suis engagé au *Courrier du Dimanche* pour un traitement fixe et très mince, mais susceptible d'augmentation. — Malheureusement, il y a déjà des tiraillements et je crains fort que Pelletan et moi nous ne puissions pas y rester.

Il est question toutefois d'en fonder un autre sur des bases beaucoup plus considérables — où l'on me ferait une place honnête et où je n'aurais plus affaire à un intrigant.

Voilà où j'en suis, cher Gojon, toujours furieux, toujours tourmenté et en proie à des embarras mortels et sans cesse renaissants.

Malgré tout, il y a encore de bons moments et si vous étiez ici je vous ferais rire quelquefois de bons coups. Mais vous êtes un petit volage à qui pour punition l'Amour a passé un anneau dans le nez par où on vous tient captif, sous prétexte de plantations et de jument grise! Allez! Vous ne l'avez pas volé! Voyons, montrez pour deux sous de cœur et venez manger avec moi une douzaine d'huîtres chez madame Lesueur! Elles sont exquises et elle a un saint-émilion étourdissant. Je ne vous dis que ça.

Mais vous n'êtes pas un homme! Continuez donc à croupir dans votre ignominie et prenez du ventre, je serai assez vengé.

A SA MÈRE.

Paris, 15 décembre 1859.

Chère mère,

Je pense que quelqu'un de nos amis vous aura fait lire les journaux où il a été question de moi, entre autres la *Presse* du 2 décembre. Je ne vous l'ai pas envoyée non plus que les autres parce que je vous crois très blasée sur cette monnaie-là, mais vous aurez pu en conclure que, si je n'ai pas un succès confortable, ce n'aura pas été du moins sans consolation.

Je suis toujours assez tourmenté. Je suis en négociation pour rentrer avec tous les honneurs de la guerre au journal que j'avais été obligé d'abandonner.

Les femmes s'arrachent mon livre malgré tout le mal que je dis d'elles, mais le *docteur Pamphile* n'est pas content.

En Savoie toutes ces choses-là n'auront guère été comprises. — Mais cela m'est fort égal.

J'ai reçu tout ce que vous avez eu la bonté de m'envoyer par le petit phoque, — et je vous en remercie de tout mon cœur. — Gojon doit venir dans le courant du mois de décembre. — Si vous pouviez m'envoyer par son entremise des gants d'hiver — fussent-ils comme ceux de l'année dernière, vous me rendriez un véritable service.

Adieu, chère mère, soignez-bien votre santé.

A SA MÈRE.

Paris, 31 décembre 1859.

Voici deux mois que je passe, chère mère, dans les plus mortels embarras et dans tous les tourments d'une incertitude qui ne me laisse pas une minute de repos. La négociation dont je vous ai parlé a encore échoué. — Alors on est venu me faire des propositions pour le journal que je vous ai dit devoir se fonder en décembre ; on m'y fait un traitement fixe de *six mille francs* pour une besogne déterminée qui ne me prendra que huit jours sur quinze. Je pourrai y gagner jusqu'à neuf ou dix mille francs, si cela me fait plaisir, par des travaux en dehors de ma tâche ordinaire. Tout est organisé et prêt. La plupart des articles qui doivent remplir les premiers numéros sont écrits ; il ne manque que l'autorisation du gouvernement qui nous fait traîner en longueur pour nous décourager de l'entreprise. Mais il y a derrière nous de gros capitalistes qui ont le temps d'attendre et qui sont bien décidés à aller jusqu'au bout. Malheureusement je ne suis nullement dans cette catégorie comme vous le savez, et vous devinez dans quelle anxiété je vis, attendant sans cesse un lendemain qui ne vient pas, perdant mon temps en allées et venues, dévoré de mille inquiétudes. Il est évident pourtant que je touche au port, et lâcher pied maintenant serait la dernière des folies. Pour comble de malheur, voici la semaine des étrennes et l'instant de mon déménagement. Ainsi je n'ai jamais été si près d'arriver à une solution brillante relativement ni si près de mourir de faim. A supposer que notre journal paraisse ces jours-ci (on nous a fait dire de nous tenir prêts), je ne puis rien attendre de ce côté-là avant la fin du mois, terme fixé pour les payements. Je n'ai pu obtenir de mon libraire qu'une somme dérisoire. Ces alternatives font de ma vie un supplice.

Adieu, chère mère, soignez-vous bien.

A M. GOJON.

Paris, 3 janvier 1860.

J'ai lu votre lettre avec un véritable sentiment de peine, mon cher ami ! S'il est toujours triste de voir souffrir ceux qu'on aime, il est plus affligeant encore de les voir malheureux avec tous les éléments qui font le bonheur. J'ignore si vous vous rendez bien compte de votre mal et si vous aviez, le jour où vous m'avez écrit, un sujet particulier de tristesse, mais ce qui est bien démontré pour moi c'est qu'il en était l'*occasion* et non la *cause*. Vous êtes malheureux parce que votre vie manque de but, et qu'en dehors de ce qui la remplit en ce moment, sans lui suffire même pour aujourd'hui, vous n'apercevez qu'un avenir vide et décoloré. Soyez persuadé que toutes vos peines viennent de là. Vous avez adopté un genre d'existence qui n'est pas en rapport avec votre intelligence. Toutes les diversions que vous cherchez à lui donner ne lui feront pas prendre le change. Elle empruntera de son côté toutes les formes de l'impatience et de l'ennui pour vous tourmenter. Ne vous en plaignez pas, mon cher Gojon, c'est votre esprit qui se venge. Vous montez à cheval, mais lui n'y monte pas. Vous faites l'amour, mais lui (à ce que vous me laissez voir) ne s'en mêle guère. Il proteste à sa façon et réclame sa place au soleil. Que ne l'écoutez-vous ! Vous êtes encore mille et mille fois a temps, je ne saurais trop vous le répéter. Vous êtes à temps pour entreprendre n'importe quelle étude et vous êtes dans des conditions exceptionnelles, admirables pour y réussir. Que ne donnerais-je pas pour vous voir mordu d'une ambition, d'un goût, d'une manie quelconque, qui vous intéresse à la vie et donne un objet à vos désirs ! Je veux vous montrer lorsque vous serez ici un de mes amis — un garçon qui a trois ou quatre ans de plus que vous, — qui s'est trouvé tout jeune dans une situation analogue à la votre et a débuté par la vie la plus décousue. Un beau matin l'ennui l'a pris à la gorge et, de désespoir, il s'est jeté tête baissée dans la sculpture. Il y a fait des progrès très remarquables et il vous dira lui-même comme son existence s'est illuminée depuis ce coup de tête. Il est positivement heureux et n'est nullement effrayé de la perspective d'un travail de plusieurs années pour arriver à réaliser son rêve d'idéal. Que je voudrais que cet exemple si frappant fût contagieux pour vous !

S'il m'est permis de me citer, que serais-je devenu sans cette force au milieu des atroces détresses que j'ai eues à traverser cette année et des mécomptes et difficultés de tout genre que je subis encore en ce moment ? Ce n'est pas sortir de ce sujet, mon cher Gojon, que de vous dire que j'ai eu maintes fois l'occasion de reconnaître cette année combien sont rares les amis qui vous ressemblent. — Ceci vous aidera à comprendre combien partent du cœur les vœux que je viens d'exprimer.

L'expérience a au moins cela de bon au milieu de tant de sources de dégoût et d'amertume : elle fait qu'on aime et qu'on estime davantage ceux qui en sont dignes.

J'ai reçu une bien bonne lettre de Trapadoux qui me demande de vos nouvelles. Il sera ici en même temps que vous.

Le colonel de Foissy, qui m'a écrit aussi très spontanément de la retraite où il habite auprès de madame Cavaignac, me charge de ses compliments affectueux pour vous.

Je suis bien fâché que Filliard n'ait pas réussi autant qu'il le mérite et je ne doute pas qu'il ne prenne une revanche éclatante. Cela n'a en réalité aucune signification, car il n'est rien de si aléatoire qu'un cours. Mais il faut prendre garde d'humilier sa pensée devant les béotiens, c'est cela qui est grave. Un échec pour un homme d'esprit, c'est un triomphe pour eux, et, j'entends d'ici leurs commentaires. Je suis persuadé que Filliard a manqué son effet pour les avoir trop dédaignés et faute d'une préparation suffisante. Il n'a pas réfléchi que, moins l'auditoire est intelligent, plus on doit être sûr de soi-même, car au lieu de vous soutenir, il vous paralyse.

Adieu, cher Gojon, je vous serre affectueusement les deux mains.

A M. GOJON.

Paris, 9 janvier 1860.

Cher ami,

Faites-moi envoyer de suite chez moi, rue de Calais, 7, — où je suis depuis ce matin, vos quatre volumes de Leopardi. Il faut qu'en deux mois j'en aie traduit la valeur d'un volume en le faisant précéder d'une étude préliminaire que seul je signerai de mon nom. Je viens de perdre trois mois à attendre le succès de la combinaison d'Haussonville, dont vous avez dû entendre parler et dans laquelle j'ai eu de magnifiques appointements (sur le papier.) — J. Simon vient de m'écrire que c'est une affaire ratée et il faut que je puisse gagner du temps en attendant une autre occasion.

J'ai passé une partie de ma nuit à pleurer sur une lettre de mon ami César. C'est l'agonie la plus navrante ! Il épuise, avant de mourir, toutes les formes de la souffrance et du malheur.

Adieu, cher Gojon, pardonnez-moi de vous presser pour cet envoi, mais je ne sais où donner de la tête. — Je vous embrasse affectueusement.

P.-S. Everard vient de faire une drôle de conquête : M. Guizot ! Il y a cependant des choses dures pour lui.

A M. LE COMTE D'HAUSSONVILLE.

1860.

Je vous remercie, mon cher monsieur, d'avoir bien voulu songer à moi pour votre collection d'auteurs contemporains. Je m'estimerais fort honoré d'y être admis, mais je ne puis vous promettre ce concours que pour une époque encore assez éloignée, étant occupé pour près de trois mois encore par un travail qui me demande tout mon temps. Je me propose de faire alors une étude sur les écoles libérales en France au dix-neuvième siècle, qui rentrerait, je crois, dans le cadre de vos publications; mais s'il faut parler franchement, je n'ose guère me flatter qu'il vous convienne sous d'autres rapports; vous en jugerez lorsqu'il sera terminé. Je vois avec un profond regret s'élargir chaque jour davantage l'abîme qui sépare maintenant les opinions que personne n'était mieux fait que vous pour réconcilier, et il y a tout lieu de craindre que les événements qui se préparent ne rendent cette scission irréparable. Dans cet état de choses, les ménagements, les atténuations, les réticences, tous les sacrifices, en un mot, qu'on s'impose dans l'intérêt de l'action commune ne sont plus qu'un affaiblissement sans compensation, dont la vérité souffre sans que personne en profite. Malgré ces trop justes sujets de découragement, je n'en serais pas moins heureux de contribuer dans la mesure de mes forces au succès d'une entreprise que je considère désormais comme désespérée, mais qui m'aura valu du moins la bonne forfortune de rencontrer un homme dont j'estime le caractère à l'égal de l'intelligence.

Agréez, je vous prie, monsieur, l'assurance de ma très respectueuse considération.

A SA MÈRE.

Paris, 12 janvier 1860.

Comment pourrais-je vous en vouloir, chère mère ? Je souffre trop moi-même pour ne pas comprendre vos tourments. Le malheur me poursuit avec un acharnement incroyable. L'affaire dont je vous ai parlé, qui était très sérieuse et dont tous les journaux se sont entretenus, vient d'échouer devant un refus formel du conseil des ministres. C'est une situation pécuniairement très brillante qui m'échappe encore. Mais je viens de conclure un traité avec un libraire pour un travail qui me sera payé d'avance et à mesure qu'il se fera — ce qui m'assure quelques mois de répit. — Toutefois je ne vous annonce cela qu'en tremblant parce que tout me craque dans les mains.

Il suffit que j'entreprenne une chose pour qu'elle tourne mal, même dans les conditions les plus favorables.

Adieu, ne m'accusez pas et aimez-moi. Je demeure maintenant, 7, rue de Calais.

A SA MÈRE.

Paris, 4 mars 1860.

Il y a bien longtemps que je n'ai eu de vos nouvelles, chère mère. Parlez-moi un peu de vous, de votre santé et de nos amis de Chambéry. Je travaille beaucoup et tâche en même temps de prendre le plus de plaisir possible, mais cela est assez difficile à faire marcher de front. Je ne sors guère avant six heures du soir, je cours le monde jusqu'à minuit, et je retravaille jusqu'à trois heures du matin, après quoi je me couche. Ce qui est singulier, c'est que cette vie ne me fatigue pas du tout et que je me porte merveilleusement depuis je suis débarrassé de mes gros soucis.

Mon dernier éditeur m'a volé comme dans un bois; quant à celui que j'ai pris maintenant, il me paye d'avance, ce qui est d'une galanterie rare dans ce métier-là. Pourquoi n'a-t-il pas cent mille volumes à me demander?

Adieu, chère mère, je vous embrasse de tout mon cœur. Aimez-moi comme je vous aime.

A M. GOJON.

Paris, 15 avril 1860.

Je vous autorise par les présentes, mon cher Gojon, à répondre pour moi sans recourir au télégraphe toutes les fois que l'occasion s'en présentera. Suivez en cela votre premier mouvement, qui est toujours bon. Même pour les cas douteux, je n'hésite pas à m'en rapporter à votre nez que j'ai toujours trouvé sur la piste de l'honneur et de la vertu! N'ayez aucune crainte d'articuler trop vivement les démentis, surtout lorsqu'il s'agit de suppositions comme celles de l'autre jour : un « vous en avez menti » n'aurait pas été trop mal placé. Vous pouvez y mettre hardiment ma signature à côté de la vôtre et être sûr que j'y ferai honneur.

Paris regorge de démocrates savoyards en quête de fonctions impériales; on en rencontre à chaque instant sous ses pieds. Ils lèchent les bottes de cet homme avec autant de zèle qu'ils en mettaient, il y a un mois, à crier : « A bas la France! » Ce parti avait déjà fourni beaucoup de domestiques au régime actuel, mais eux, ils en seront les décrotteurs!

Adieu, mon cher. Rien de nouveau ici. Je suis toujours passablement assassiné de besogne.

Recevez ma bénédiction paternelle.

Rappelez-moi au souvenir de Filliard.

A. M. GOJON.

Paris, 17 juillet 1860.

Mon cher petit Gojon,

Est-ce que dans le cas où le hasard voudrait que j'opère une descente chez vous, en Savoie, vous seriez toujours homme à me donner un asile de deux ou trois jours dans votre repaire? Je tiens fort, avant de prendre une détermination, à savoir où vous en êtes et si je ne cours pas le risque de tomber au milieu de votre lune de miel. Cela me désolerait sous tous les rapports. Écrivez-moi un petit bout de lettre gentil, comme vous savez les écrire, et donnez-moi beaucoup de vos nouvelles.

Le père Lesueur, où je ne vais plus très souvent depuis qu'on ne vous y rencontre plus, m'en a demandé il n'y a pas huit jours. Il paraissait en proie à l'inquiétude la plus extraordinaire à votre endroit; je l'ai rassuré.

J'arrive à la fin de ma besogne sur les papes. — Elle a été très rude et je suis sur les dents. Je paraîtrai d'ici quinze jours.

Que cela vous rende indulgent pour ce billet si court.

Adieu, cher ami, je vous embrasse affectueusement.

A M. ULBACH.

Octobre 1860.

Mon cher ami,

Il est très vrai que j'ai été sérieusement malade, mais il est encore plus vrai que j'en ai réchappé en quelques jours et contre toutes les règles, au grand ébouriffement de mon médecin qui est de l'école classique. Vous êtes bien gentil d'avoir parlé ainsi pour la *Revue nationale*. D'après le nom de M. Charpentier, j'imagine que cette revue n'est autre chose que le *Magasin de librairie* accommodé à une sauce nouvelle. Je ne demande pas mieux que de m'engager comme marmiton politique ; mais je voudrais avoir quelques renseignements sur le personnel de cette entreprise humanitaire.

Au reste, puisque vous en faites partie et puisqu'on m'y accepte, ou du moins qu'on est disposé à m'y accepter, je puis bien y aller à yeux fermés. Ma façon de voir et d'agir est assez claire pour ceux qui ont pris la peine d'y regarder.

Si donc il y a urgence, donnez vous-même mon consentement, en supposant, bien entendu, que les autres conditions soient raisonnables. Je puis être à Paris avant le 30 novembre, car je suis parfaitement rétabli. Écrivez-moi là-dessus quelques détails et dites-moi si l'affaire tient ; je partirai au plus vite.

Je vous ai regretté bien souvent, mon cher ami,

vous et votre aimable voisin de la rue du Rocher, au sein de ce déplorable pays, désolé par l'annexion. C'est vous qui me traitez en étranger, puisque vous ne me parlez ni de madame Ulbach, ni de votre petite fille. Je proteste, et je les prends l'une et l'autre à témoin que c'est là une exclusion imméritée. Vous voyez que vous me forcez à avoir beaucoup de fatuité. Mais on dit que ça réussit.

Et la confrérie du Trente-et-un, comment va-t-elle? Quel bon laisser-aller et quels bons rires! C'est un carnaval perpétuel et sans faux nez. Veillez bien à ne pas laisser corrompre l'esprit de cette excellente institution.

Adieu, mon cher Ulbach, et mille fois merci de ne m'avoir pas oublié. Faites-moi l'amitié de voir ces messieurs de la *Revue nationale* et de savoir quelles sont leurs dispositions définitives à mon égard. — J'attends un mot de vous pour avancer mon départ.

Votre affectionné.

A M. ULBACH.

1860.

Mon cher ami,

J'ai lu, hier, dans les *Débats*, une annonce sur le premier numéro de la *Revue nationale*, et ce journal me paraît fait dans d'excellentes conditions de succès. D'autre part, les conditions que vous avez stipulées pour moi me conviennent parfaitement. Vous pourrez donner mon acceptation comme certaine et définitive. Je ne puis que vous remercier de nouveau et du fond du cœur de votre amicale et obligeante intervention en ma faveur. C'est un véritable service que vous m'avez rendu, je ne l'oublierai pas.

Je compte partir incessamment pour Paris. Ma première visite sera pour vous.

A bientôt, mon cher ami. Croyez bien à mes sentiments affectueux. Je regrette d'apprendre que madame Ulbach ait été souffrante; vous me parlez heureusement au passé et j'espère qu'il ne lui en reste plus rien aujourd'hui.

Faites-lui agréer, je vous prie, mes amitiés respectueuses. Je vous serre les deux mains.

A MADAME PLANAT DE LA FAYE.

Chambéry, novembre 1860.

Une maladie assez courte mais très douloureuse que j'ai faite, par suite d'un coup de froid, est la cause qui m'a empêché, chère madame, de répondre aussitôt que je l'aurais désiré à votre bonne lettre et à votre précieux envoi que j'ai reçus avec un égal plaisir. Je profite de la première trêve qui m'est accordée pour vous en remercier. J'espère que vous ne refuserez pas de me croire, chère madame, si je vous dis que j'ai bien souvent pensé à vous durant ces trois derniers mois si décisifs pour la cause italienne. A mes yeux, comme pour tous ceux qui vous connaissent, vous êtes maintenant tellement identifiée avec cette noble idée, que vos amis ont à se réjouir doublement de ses succès comme d'un triomphe pour elle et d'une victoire pour vous. Cette association, dont vous avez le droit d'être fière, est la récompense bien méritée d'un dévouement si précieux et si intelligent. Soyez sûre que l'Italie n'oubliera pas votre nom.

Je suis heureux de voir si bien achevé le monument que vous avez voulu élever à la mémoire de votre illustre ami. Quelle plus belle louange pouvait-il ambitionner? Les hommes vraiment grands veulent moins être glorifiés que connus, parce qu'ils savent bien que leur meilleur éloge est toujours dans ce qu'ils ont fait et pensé. C'est cette lumière que vous apportez aujourd'hui sur le tombeau de Manin — celle de la vraie gloire. J'ai relu avec une admiration toute nouvelle les titres de cette belle existence, qui sont encore les plus légitimes que sa patrie puisse invoquer pour être libre. Il aurait pu lui léguer sa mémoire comme le gage le plus sûr de son affranchissement. C'est ce que vous avez compris mieux que personne, chère madame, et grâce en grande partie à vous, la cause de Venise est déjà gagnée dans tous les cœurs. Le reste viendra de soi.

Faites agréer, je vous prie, tous les sentiments de la plus respectueuse amitié à M. Planat et recevez, chère madame, l'hommage d'un profond dévouement.

A M. GOJON.

Chambéry, 16 novembre 1860.

Mon cher ami, j'espérais aller vous voir aujourd'hui, mais l'horrible temps qu'il fait et le petit renouveau de douleurs qu'il me procure me forcent à y renoncer. Il faut que je reparte pour Paris sans vous avoir vu, à mon grand déplaisir et au désappointement de ma mère, qui espérait que je profiterais de cette occasion pour aller vous réclamer son parapluie. Je comptais vous attendre pour faire le voyage avec vous et pour achever de me rétablir ici ; mais on m'offre 5,000 francs pour aller faire la revue politique dans une revue qui vient de se fonder, et comme ce travail me convient sous tous les rapports, je saisis l'occasion aux cheveux. Cela s'appelle la *Revue nationale*. — Adieu donc, mon cher Gojon, je vous serre les deux mains et vous prie de me pardonner cette infidélité forcée. Excusez-moi auprès de M. Raet, à qui j'avais promis de vous mener chez lui, et faites-lui agréer toutes mes amitiés. Venez bientôt. Je pars demain samedi, à trois heures.

Tout à vous.

A M. GOJON.

Paris, 29 décembre 1860.

Je vous en prie, mon cher petit Gojon, donnez-moi une autre impossibilité à chercher que ce gobelet d'honneur, car il est absolument introuvable, et on me rit au nez chez tous les marchands de bibelots où j'expose ma requête. L'exhibition même du splendide dessin que vous m'avez envoyé comme spécimen ne paraît leur causer aucune impression de respect. Ils m'écoutent d'un air de commisération et d'incrédulité en me reconduisant vers la porte. Pourquoi, au lieu de ce gobelet, n'offririez-vous pas à votre illustre viticulteur une statue en pied de l'animalcule qui a produit l'oïdium. Ce serait beaucoup plus flatteur et plus économique.

J'ai dîné il y a quelques jours avec Filliard et il a été fortement question de vous. Il admire beaucoup vos transformations de Francin. Vous en ferez une vraie francinière. Ce sera, quoi que vous en disiez, votre seul roman. J'admire votre aplomb de me parler encore de ce roman, vous n'écrirez jamais que pour Reteur et Rigoletto.

J'ai revu la femme de notre pauvre Saint-John dans une triste situation !

Adieu mon cher ami, écrivez-moi et tâchez de passer quelques jours ici.

Votre ami affectionné.

A MADAME PLANAT DE LA FAYE.

Paris, 30 janvier 1861.

J'ai été bien heureux, chère madame, de recevoir votre volume et de voir enfin achevé le monument que vous avez élevé à la mémoire de votre ami. C'est le plus beau qu'il ait jamais pu ambitionner puisqu'il n'y est loué que par ses propres actions. Croyez bien aussi que votre travail ne sera pas perdu pour la cause vénitienne. Le spectacle de tant de sagesse et de grandeur, venant se placer en regard de l'horrible oppression qui les écrase, ne peut manquer de frapper les esprits qui pensent en Europe, et plus le poids de ces infortunes imméritées s'aggravera, plus l'heure de la protestation sera prochaine et décisive.

Je vous remercie du fond du cœur, chère madame, des bonnes paroles dont vous avez accompagné un présent qui m'est si cher. Vous vous exagérez ce que je puis avec toute la bienveillance que vous avez pour vos amis. Le triste régime qu'il me faut subir énerve le peu de forces et de fierté que j'aurais pu mettre dans mes écrits ; mais une chose dont je vous prie de ne jamais douter c'est de mon amour et de mon dévouement pour les opprimés mes frères. Je suis honteux seulement que ma mauvaise fortune ne m'ait jamais permis de verser pour eux autre chose que de l'encre.

Adieu, chère madame, j'espère avoir le plaisir de vous voir prochainement. Conservez-moi, je vous prie, vos bontés et agréez l'expression de mes sentiments très affectionnés et tout dévoués.

A MADAME M. S.

1861.

Combien vous avez raison ! Il n'y a de vraiment beau en ce monde que les sentiments calmes et pour ma part j'en raffolle ! Ils sont commodes, portatifs, point compromettants ni gênants. Ce sont les seuls en un mot que puisse avouer une personne prudente et tenant comme il convient au repos de son existence. Hors de là, il n'y a qu'inquiétude, combat et déception. Les malheureux que la tendresse a choisis pour ses victimes assurent, il est vrai, qu'ils lui doivent des heures qui résumaient pour eux l'infini et ils l'adorent jusque dans les tourments qu'elle leur inflige, mais il faut les plaindre, car ils ne savent ce qu'ils disent. S'ils pouvaient goûter un seul instant les délices qu'une âme bien faite trouve dans une estime partagée, ils n'en voudraient plus connaître d'autres. Les affections déréglées sont — comme dit le psalmiste — semblables à ces fruits remplis de vers que le voyageur cueille sur les rivages de la mer Morte. Elles sont en outre, ainsi que vous me le faites remarquer, avec non moins de philosophie, destinées à finir tôt ou tard, ce qui leur donne un caractère tout à fait à part au milieu des choses humaines. — Quant aux sentiments calmes, s'ils prennent fin, c'est par pur accident.

En effet, il n'y a guère de raison pour qu'ils finissent. Ils se comportent avec une si sage économie qu'on ne conçoit pas qu'ils puissent jamais dépenser leur capital.

A cela j'ajoute avec les saints Pères que les passions font rendre à la créature un culte qui n'est dû qu'au créateur. — Concurrence criminelle ! et qu'elles reposent invariablement sur la très fausse idée qu'on a des perfections de la personne aimée, qui n'est que mensonge, poussière et fragilité, comme nous le voyons par l'écriture. — Quelle est l'amante et quel est l'amoureux dont les illusions n'aient été emportées par le temps implacable ? Dès lors ne vaut-il pas mieux commencer par la fin, devancer la destinée, voir les choses d'un œil impartial et froid, devenir vieux avant d'avoir été jeune, aimer avec la modération d'un esprit positif et, selon votre méthode, mettre son cœur dans le bain-marie dont la température d'une éternelle tiédeur est à l'abri des variations du ciel capricieux et où il n'aura jamais à craindre ni les orages de l'oiseau, ni les fascinations de l'abîme ? Oui, vous avez raison : le monde est un tombeau, l'amour une effroyable mystification, et la sagesse consiste à ne pas vivre.

Je vois cela très clairement, et je vois aussi que je suis très malheureux parce que j'aime et parce que je vis.

A MADAME M. S.

1861.

Je persiste dans mon humble préférence pour Mozart après l'avoir de nouveau comparé samedi à celui que vous mettez au-dessus de lui. Je serai toujours du parti de la lumière, de la proportion et de la mélodie contre le brouillard et les digavations; de la simplicité contre les choses compliquées; de l'inspiration contre la science pure. J'ai la petitesse de croire que la musique est plutôt faite pour le sentiment que pour la métaphysique et les descriptions.

Autant j'aime et j'admire Beethoven dans ses œuvres nettement dessinées, autant il m'est insupportable lorsqu'il fait de l'algèbre.

A MADAME M. S.

1861.

Si vous ne m'avez pas compris, tant mieux. — Soyez assez charitable pour faire allumer votre feu avec ma lettre et oubliez de même les âneries plus ou moins sentimentales dont je vous ai ennuyée depuis six mois. Vous avez été avec moi d'une patience admirable et je suis humilié d'y avoir si mal répondu. Heureusement je sais que vous ne prenez pas toutes ces puérilités au tragique, sans quoi je serais parfois très embarrassé vis-à-vis d'une personne aussi sensée et aussi raisonnable que vous.

A M. LE COMTE D'HAUSSONVILLE.

1861.

Monsieur,

J'ai reçu ces jours derniers seulement la brochure que vous m'avez fait l'honneur de m'adresser. J'ai été doublement heureux que vous m'ayez à la fois procuré le plaisir de la relire et donné le droit de vous en remercier, privilège que n'ont pas tous ceux qui vous en sont reconnaissants, et je sais combien ils sont nombreux. Mes félicitations viennent bien tard après le retentissement européen qui l'a accueillie et vous a si bien vengé du silence honteux de la presse française. Aussi me contenterai-je de de vous répéter ce que j'ai dit dès le premier moment de son apparition, qu'elle est à mes yeux le seul manifeste politique virilement senti et pensé qui ait paru en France depuis 1852. C'est la première fois qu'on regarde en face le Deux-Décembre avec le calme et la fermeté d'un ennemi qui pourrait être un juge. Il en a été visiblement troublé. A quel autre motif attribuer le subit abandon des nouvelles mesures de clémence qu'il se préparait à nous infliger? L'effet moral a été immense : il m'a été donné de l'observer sur les esprits les moins disposés à partager quelques-unes de vos vues.

Ce succès éclatant, celui qui a répondu au récent article de M. Villemain ne vous semblent-ils pas, monsieur, un appel d'autant plus significatif qu'il est moins prévu, adressé aux hommes éminents du parti auquel vous appartenez ? N'est-ce pas une démonstration sans réplique de la supériorité d'une opposition nette et courageuse sur la politique d'épigrammes et d'allusions ? Cette autorité morale qu'ils retrouvent presque intacte sous tant de ruines ne leur fait-elle pas un devoir de sortir enfin de l'abstention à laquelle ils se résignent depuis dix ans ? Si l'esprit public qu'on croit mort n'était qu'endormi, quelle force lui rendraient quelques-unes de ces heureuses audaces ! L'intérêt de parti se confond ici merveilleusement avec le soin de leur propre gloire. Quel prestige ne gagneraient-ils pas à se montrer aujourd'hui sur le champ de bataille, que leurs anciens adversaires ont pour la plupart déserté ? Ceux-ci auraient peut-être bien encore assez d'esprit politique pour applaudir à leur succès, c'est à peu près le seul emploi dont ils se montrent capables à l'heure qu'il est.

Agréez, monsieur, l'expression de ma très haute et très respectueuse considération.

A MADAME M. S.

1861.

Il est convenu que vous êtes une personne incommensurablement angélique et que je suis un être malfaisant et indigne de l'énorme affection que vous avez pour moi. Pourquoi laissez-vous supposer que cela puisse faire l'objet d'un doute ? C'est le premier article de foi de ma religion. Le second c'est que vous êtes infiniment bonne et infiniment aimable. Le troisième c'est que je suis un imbécile. Je m'en console en pensant que j'étais nécessaire pour exercer vos vertus et faire ressortir toutes vos perfections, que j'ai le plaisir de vous révéler à vous-même comme l'ombre enseigne au soleil qu'il est un corps lumineux. Cette comparaison, qui n'est pas absolument neuve, me plaît beaucoup pour un motif ; c'est que cet astre soi-disant bienfaisant qui incendie autour de lui toutes les pauvres petites planètes qui s'éprennent de sa lumière est, à ce que disent les astronomes, un corps parfaitement froid, qui brûle son prochain sans s'être jamais douté lui-même de ce que c'est que la chaleur. Ce phénomène ne vous paraît-il pas un des plus singuliers qui se puissent imaginer ? — Je dis donc que je n'ai choisi cette comparaison que pour avoir l'occasion de vous apprendre cette bizarre particularité au cas que vous l'ignoriez. Comme on voit bien par là que ces astres tant vantés sont après tout bien loin de nous valoir. Ce n'est pas chez les êtres doués d'une âme immortelle qu'on pourrait rencontrer de telles anomalies.

— Au contraire !

On m'a beaucoup parlé hier soir du livre d'une madame G. que je suppose être la folle dont vous vous plaigniez récemment. Il paraît que c'est d'une exaltation alarmante pour sa santé. Il y a sur elle un bien joli mot de Sidney-Smith : « Avant d'avoir « vu madame G... je n'avais jamais pu deviner l'éty- « mologie du mot grotesque. »

Je ne suis pas allé au théâtre lyrique, mais je sais que la représentation a été très belle. J'ai passé hier la soirée chez Lamartine ; je ne l'avais jamais vu, et c'est un spectacle qui en vaut bien un autre.

N'ayez donc plus de remords à cause de moi. — Je n'en vaux pas la peine. — A votre place j'en aurais fait tout autant ; il faut bien se distraire en ce monde. Les heures sont si longues, les amis si ennuyeux, etc. D'ailleurs qu'est-ce que vous voulez qu'on vous pardonne? Je ne sais rien, moi ! Il faudrait d'abord me dire le mal que vous vous imaginez m'avoir fait. — Alors, je pourrais entrer en accommodements avec votre conscience bourrelée.

A MADAME M. S.

1861.

Ma conduite n'est pas si difficile à expliquer que vous croyez ; je sais que vous avez un certain fonds d'indulgence pour moi et j'en abuse quelquefois. — Voilà tout. Il vous plaît d'appeler cette indulgence de l'affection et ma conduite de l'ingratitude, c'est en quoi je me permets une appréciation un peu différente de la vôtre. Si je croyais véritablement, sincèrement, posséder votre affection, je... peu importe ce que je ferais puisque je suis sûr du contraire ; je connais très exactement le genre de sentiment que je vous inspire. J'occupe dans votre vie une place très distinguée entre Popilius et votre terre-neuve. Je ne me plains pas, c'est plus sans doute que je ne mérite. Mais enfin si vous me demandez pourquoi il se présente certaines irrégularités dans mes rapports avec vous, je vous répondrai qu'elles ont peu d'importance à mes yeux parce que je sais qu'elles n'en ont aucune aux vôtres. Je suis toujours sûr d'obtenir mon pardon. On pardonne mille fois plus aisément aux gens qui nous amusent qu'aux personnes qu'on aime. Et si vous me demandez pourquoi, en règle générale, je ne vous accable pas de mes visites — vous saurez que c'est parce que je vous crains, parce que je vous sais par expérience trop bien à l'abri de cette affection que vous inspirez sans la ressentir et dont vous parlez sans la connaître.

Vous voulez savoir ce que je fais. Je ne fais rien que me débattre contre des conspirations assommantes qui semblent vouloir emporter ma tête d'un côté et mon cœur de l'autre. — C'est un tourment étrange. Si vous le connaissez, je vous plains. Mais si vous ne l'avez jamais connu, je vous plains plus encore.

Je suis bien bon de plaindre une personne aussi supérieure que vous l'êtes à toutes ces misères terrestres ! Je ne puis, je ne veux, je ne dois que vous admirer. Vous voyez bien que c'est là ma véritable destinée. Je finis ainsi après avoir pris la plume avec l'intention de vous barbouiller d'encre vos belles mains. Il ne me reste plus qu'à les baiser et à me taire.

A M. GOJON.

Paris, 15 décembre 1861.

Je vous adresse par la poste, mon cher Gojon, le seul livre que j'ai pu trouver après d'assez longues recherches dans la catégorie fort réduite que vous m'avez indiquée. Il y a quelques volumes de fables, mais ils ne sont pas présentables ni comme typographie, ni comme gravures. Le livre que je vous envoie est d'un poète qui a beaucoup de réputation en Allemagne et les images m'en ont paru d'un goût excellent. Il n'a qu'un tort, c'est de ne coûter que cinq francs cinquante centimes, ce qui vous le fera sans doute paraître détestable.

J'ai eu deux fois de vos nouvelles depuis un an, une fois par Trapadoux et l'autre par Filliard. C'est assez coquet comme dirait M. Guizot.

J'ai appris par eux que vous avez résolu de consacrer le reste de votre existence à réparer votre maison, afin que vos héritiers s'y trouvent mieux à l'aise, et que vous étiez très satisfait d'y avoir déjà employé quatre ans — les quatre plus belles années de votre vie ! C'est très beau, très philanthropique, et j'irai certainement contempler l'année prochaine ce temple de Vesta. Filliard m'a fait le plus grand éloge de vos arrangements.

Ici on recommence un peu à vivre et vous avez grand tort de ne pas essayer d'en goûter de nouveau. Qu'est devenu ce roman dont vous m'avez parlé, petit imposteur?

Votre ami affectionné.

A SA MÈRE.

1862.

Je vous remercie de tout mon cœur, chère petite mère, de vos bonnes étrennes et de vos bonnes paroles. Les unes et les autres m'ont fait le plus grand bien. Mes maux étaient au comble et maintenant ne peuvent plus que diminuer. Ils diminuent même tous les jours. Figurez-vous qu'à toutes mes souffrances physiques et morales était encore venue s'ajouter une rechute dans une faiblesse d'avant mon projet de mariage. Rechute amenée par les plus perfides amorces qui ne cachaient qu'une vengeance féminine. Je me suis relevé aussi de ce côté-là, non sans peine, hélas ! et je suis encore tout endolori de tant de blessures portées en même temps. Mais votre cœur est mon refuge, chère mère, aimez-moi toujours comme je vous aime.

A M. GOJON.

Paris, 13 février 1862.

Mon cher ami,

Mon indisposition a été la mort de ce pauvre Filliard qui est arrivée au moment de mon travail et ne m'a pas permis de le faire. Je n'ai pas besoin de vous dire combien elle a été imprévue pour moi et combien je l'ai ressentie. Je l'ai vu cinq à six jours avant et depuis les médecins ne m'ont pas laissé pénétrer jusqu'à lui. Dans cet entretien il m'a beaucoup parlé de vous, avec une grande amitié comme toujours. Il craignait de vous voir arriver avant sa complète guérison et se préoccupait surtout de vous épargner l'ennui de le voir malade.

Je vous remercie de tout mon cœur de votre amicale sollicitude, mon bon et cher Gojon. J'ai eu le plaisir de voir votre excellente mère, qui est en bonne santé, ainsi que M. Caffe. Trapadoux me charge de mille choses affectueuses pour vous.

Votre ami affectionné.

A M. EDMOND BONY.

1863.

Je suis bien en retard avec vous, mon cher monsieur, pour vous remercier de votre excellente lettre du premier de l'an. J'ai été tous ces temps-ci et je suis encore pour un ou deux jours dans la presse de mes dernières corrections d'épreuves, sans parler de beaucoup d'autres occupations de toute espèce; que cette situation me serve d'excuse à vos yeux. Vous recevrez mon volume aussitôt qu'il aura paru. Croyez, je vous prie, que je vous suis mille fois reconnaissant de toutes les choses aimables que vous me dites; et en retour de vos bons souhaits je désire bien vivement vous voir sortir de vos tracasseries universitaires. Il est permis d'espérer que le changement de régime qui s'opère en ce moment rendra vos censeurs moins exclusifs et moins étroits dans leurs jugements. Ce sera une bien heureuse nouvelle pour moi de vous savoir sorti d'embarras et arrivé à une position plus digne de vos talents.

Si d'ici à vos nouvelles épreuves je voyais le moyen d'y contribuer de quelque manière (avec tous ces remaniements ministériels, la chose n'est pas impossible) soyez sûr que j'en saisirais l'occasion avec un vif plaisir.

Je vous serre bien cordialement la main.

A M. REVEL.

1863.

Si je ne connaissais pas, mon cher Revel, la mansuétude infinie dont on est doué dans la bienheureuse période que vous traversez depuis trois mois, je ne prendrais certainement pas la plume, même pour m'excuser. — Mais votre lune clémente laissera tomber sur moi un de ses rayons et vous ne penserez même pas à m'adresser un reproche. Il me sera moins facile de faire taire mes remords et vous êtes cause qu'ils m'ont déjà fait passer beaucoup de mauvaises nuits. — Mais ne parlons pas de cela, car vous allez vous attendrir et me plaindre au lieu de m'en vouloir. — Et je ne me pardonnerais pas de faire un aussi indigne abus de votre sensibilité !

Il faut que vous sachiez, avant tout, que ma vie a été tellement dévorée depuis mon arrivée ici, que j'ai à peine eu le temps de me retourner et, pour tout dire, je n'ai pas encore pu voir mon ami Vacquant. Cela vous donne une idée de l'engrenage où nous sommes pris l'un et l'autre.

Pourtant il y a aujourd'hui plus d'un mois et demi que je suis allé chez mon ami Crepet que vous avez vu, je crois, à Chambéry, et que je l'ai prié de me faire votre commission auprès de son fabricant de meubles. Il lui a écrit au bout de quelques jours et, n'en ayant pas reçu de réponse, il s'est rendu à son établissement au faubourg Saint-Antoine. Là, il a appris qu'il s'était ruiné pour avoir fait trop de croquis et pas assez de meubles ou, pour mieux dire, pour avoir voulu trop mêler la fantaisie au métier. Il s'est mis à sa recherche et, d'adresse en adresse, a fini par le découvrir dans la rue des Saints-Pères. Il lui expose de quoi il s'agirait ; le fabricant ne demande pas mieux et promet de venir chez moi — huit jours après je l'attendais encore. Enfin, il tombe chez moi un matin, mais sans le moindre croquis. — Il m'enverra des échantillons le lendemain, — huit jours se passent sans que je le voie. — Je vais chez lui furieux, — ses chaises Louis XV étaient des chaises pour salle à manger. Voilà en gros, mon cher ami, les péripéties ridicules de cette négociation.

Que faut-il que je fasse ?

Je n'ai pas été plus heureux en ce qui concerne l'institut philotechnique. Il est très connu des personnes auxquels j'en ai parlé, mais il m'a été impossible d'en rien tirer de net et de précis sur son genre d'organisation. Vous devriez vous adresser directement à M. Marguerin, proviseur du collège Chaptal, qui en a, je crois, présidé cette année-ci la distribution des prix, et qui se ferait un plaisir, je n'en doute pas, de vous donner tous les éclaircissements désirables.

Adieu, mon cher Revel, écrivez-moi promptement. — Présentez mes hommages respectueux à madame Revel.

Votre ami dévoué.

A SA MÈRE.

1863.

J'ai préféré le silence à la plainte... Après beaucoup d'ennuis et d'inquiétudes, qui m'ont fait perdre un temps précieux et ont un moment compromis gravement ma santé (qui est loin d'être rétablie), j'ai fini par confier mes embarras à des amis obligeants qui ont compris que, si j'étais victime d'un libraire de mauvaise foi, ce n'était point une raison de me laisser mourir de faim, et n'ont pas craint de hasarder sur mon avenir quelques centaines de francs, dont j'ai vécu jusqu'à ce jour. En mesurant la distance que j'ai franchie du premier pas que j'ai fait dans le monde, ils savent où pourra me porter le second. Ils savent aussi que ce n'est pas sans sacrifices qu'on arrive à de tels résultats. Ils voient mes souffrances et ma vie de travail. Ils ont confiance en ma loyauté, en ma probité, en mon honneur.

En me voyant vivre pauvre et isolé après avoir refusé la rédaction d'un journal, qui m'a été offerte de la part du prince Napoléon, avec tous les avantages qui s'y rattachent, ils comprennent que je suis de ceux qu'on n'achète pas, parce que rien ne peut les payer.

En me voyant, malgré cette position ingrate et humiliée, recherché, caressé et aimé de tous les hommes de génie et de tous les hommes de bien qui viennent tous les jours me chercher dans ma solitude, ils comprennent qu'il y a à cela un motif: c'est que ma place est marquée parmi eux. Leurs sympathies me l'assurent d'avance.

C'est grâce à eux que j'ai pu poursuivre les grands travaux que j'ai entrepris et dont la publication n'est pas aussi prochaine que je l'espérais parce que leur extension dépasse de beaucoup mes prévisions et comprendra trois ou quatre volumes, au lieu d'un quart.

A M. CHARPENTIER.

Mon cher monsieur, votre lettre me montre que vous voyez très bien le danger de la crise que nous traversons, mais je ne crois pas que l'expédient que vous imaginez puisse avoir la moindre efficacité. Le public ne compte pas les pages d'une chronique, il lui importe fort peu qu'elle ait quinze pages au lieu de douze, mais il aime les choses écrites avec nerf et bâille aux remplissages et aux amplifications. Or, c'est déjà un véritable tour de force que de remplir douze pages avec les riens de la politique du jour et de donner un aspect nouveau toutes les quinzaines à des questions rebattues et usées jusqu'à la corde. Ce qu'il aurait fallu à la *Revue* en ce moment, ce sont de bons travaux et je ne me suis pas fait faute de vous le prêcher. La vérité me force à vous dire que la plupart de ceux que vous insérez sont d'une médiocrité exécrable et perdent une œuvre conçue et entreprise dans d'excellentes conditions de succès. Je ferai mon possible pour vous satisfaire, mais ne me forcez pas à me préoccuper de tirer ma prose en longueur, ou le résultat ne pourra être que détestable. Ce qu'il vous faut à tout prix dans le prochain numéro, c'est une réfutation vive et mordante du pamphlet de Guizot. Tout doit être subordonné à cela et il vaut mieux au besoin se passer de chronique. La chose sera intitulée : *Lettre à M. Guizot sur la Question romaine*. Je me charge de la faire bonne, mais à la condition que je ne sois pas embarrassé d'autres préoccupations. Elle pourra avoir de 20 à 25 pages et ce sera une excellente réclame que de la faire paraître en brochure. Mais n'oubliez pas que deux choses sont nécessaires : 1° qu'elle paraisse presque en même temps que le livre et avant les autres réponses qu'il s'attirera ; 2° qu'elle soit aussi bien faite qu'il est possible de l'être à une chose improvisée au milieu du feu.

Votre bien affectionné.

A SA MÈRE.

Vevay (Suisse), 14 août 1863.

Ma chère mère,

Je suis bien heureux d'apprendre que votre arrangement est enfin terminé. J'espère que vous aurez fait les choses de façon que Thésie en soit contente, car vous savez aussi bien que moi qu'elle l'a bien mérité.

Vous avez bien raison de désirer que mes propres affaires soient aussi faciles à arranger! Que le ciel vous entende! Elles vont avec une lenteur bien désespérante, mais je suis forcé à tant de prudence et de circonspection! Tout serait perdu si tout ce beau monde que je vois dans cette maison venait à se douter que j'ai la moindre intention matrimoniale. Je suis donc forcé à la fois de me cacher et de me faire deviner. Je suis toujours accueilli avec une bonté charmante, surtout par la mère, qui est une créature angélique. Sans vous connaître, elle ne me voit jamais sans me demander de vos nouvelles. Hier soir encore, au milieu d'une fête magnifique où se trouvait tout le Paris financier, elle m'a montré du doigt un tableau d'un de nos plus grands peintres qui était devant nous et elle m'a dit ceci : Vous viendrez me voir ces jours-ci, je vous donnerai la reproduction en tout petit de ce tableau. Vous l'enverrez dans une lettre à votre mère afin qu'elle voie le tableau que nous regardons quand nous causons ensemble.

N'est-ce pas vraiment aimable ?

Mais que je suis encore loin du but et que d'obstacles et de dangers! Mais jamais personne n'en a autant valu la peine que celle qui est la dame de mes pensées. Plus je la connais et plus j'admire ce type accompli de noblesse et de simplicité.

Adieu, chère mère, faites des vœux pour votre fils qui vous aime bien tendrement.

A SA MÈRE.

Clarens, ce samedi 15 août.

Chère mère, tout le château de cartes s'est envolé après une série d'incidents très ennuyeux, que je vous conterai dans quelques jours. Je suis ici auprès des excellents amis qui avaient arrangé tout cela, et mardi ou mercredi, je vous arriverai à Chambéry. Je me porte du reste le mieux du monde, et je ne suis pas fâché, en somme, que les choses aient ainsi tourné.

Je vous embrasse, chère mère, de tout mon cœur.

A M. CHARPENTIER.

Mon cher monsieur,

L'article sur Daunou ne viendra que pour le numéro du 10 mars et je vous le donnerai le premier pour paraître en tête. Il y aura dix-huit pages et je tiendrais beaucoup à ce que vous l'acceptiez en lieu et place de ma chronique absente. Il m'aura certainement coûté trois fois plus de travail. Il ne sera pas précisément dans le sens que j'espérais d'abord et je suis fort heureux à ce point de vue de n'avoir pas vu M. Taillandier, qui me trouvera sévère mais juste. J'accepterais volontiers pour devise ce mot que tant de gens ont répété à propos de mon jugement sur Thiers.

Il y a une chose qui me tenterait infiniment, après ce travail, c'est un article sur la correspondance de Napoléon. Il y a neuf volumes de parus et ils embrassent tout le Consulat. La période héroïque! Ce serait tout à fait mon affaire.

Je vous prie bien de ne pas oublier ce que je vous ai dit au sujet de Fontenay, ce serait pour nous une excellente recrue, et son travail sur la question américaine est extrêmement remarquable. Je lui ai dit de le finir et de me le rapporter. N'acceptez donc rien sur ce sujet, vous en éprouveriez de grands regrets quand vous connaîtrez son étude.

Votre bien affectionné.

A M. CHARPENTIER.

1863.

Cher monsieur,

J'accepte votre invitation avec le plus grand plaisir. Je serai très heureux d'écouter ce que vous avez vu et observé sur le premier Empire, et je fais des vœux pour qu'il me soit permis, dans trente-cinq ans d'ici, d'exposer devant un auditoire aussi bien disposé ce que j'aurais vu et observé sur le second. Si quelque chose peut consoler un homme d'avoir vécu, ce sont bien certainement ces petites revanches de justice à l'endroit de ceux qu'une fortune insolente a si longtemps placés au-dessus de toutes les lois. Il y a là un devoir autant qu'une satisfaction, et c'est en ce sens que la vieillesse est une magistrature. Voilà bien des sentences pour un dîner, mais pas une de trop pour cette conspiration rétrospective. Pourvu qu'il n'y ait pas de poignards cachés dans votre potage. C n'est pas moi qui me plaindrai de cette métamorphose d'amphytrion.

Votre bien affectionné.

A M. CHARPENTIER.

1863.

Je ne puis avoir aucune objection contre M. Vilbort avant d'avoir lu son travail; cependant il écrit dans l'*Opinion*, ce qui indique assez qu'il est d'un autre *bord* que nous; envoyez-le-moi donc le plus tôt possible. Je voudrais bien vous contenter en ce qui concerne l'envoi de la chronique, mais considérez, je vous prie, qu'il y a en l'air une foule de questions décisives qui peuvent, d'un instant à l'autre, être résolues dans un sens ou dans un autre, et que je ne puis laisser un délai de cinq jours entiers entre la rédaction et la publication de ce travail. D'ailleurs, le 7 est un lundi et non pas un dimanche; il vous sera facile de le vérifier. A moins donc que vous y voyez une absolue nécessité, je crois qu'il vaut mieux que je l'envoie le 6.

Je vous ai souvent fait ma profession de foi relativement à l'éventualité d'une conversion de la part du pouvoir actuel. Il ne s'y résignera que lorsqu'il sera mis au pied du mur et ne pourra faire autrement, et alors, selon toute probabilité, il sera trop tard, et on ne se servira de ses concessions que pour le renverser. Après la comédie qu'il nous a donnée en deux ou trois circonstances, il n'y a que des dupes ou des compères qui puissent prendre au sérieux ses velléités de libéralisme. Ce serait nous déshonorer en pure perte que de donner dans un piège si apparent et si grossier, il faut laisser ce rôle-là à M..... C'est un ingénu qui sait ce que sa naïveté lui rapporte et qui n'est trompé que parce qu'il veut l'être. Il ne s'occupe pas des démentis qui lui pleuvent sur les joues; mais, pour supporter cela, il faut avoir ce tempérament unique.

Je suis très impatient de me mettre à l'histoire de Napoléon, et je compte la commencer dès mon retour à Paris (avant la fin de septembre). Mettez-moi de côté tout ce qui peut vous tomber sous la main. Il se publie à Paris une continuation de la réimpression du *Moniteur*. Procurez-vous cela. Le titre est, je crois : *Annales parlementaires* ou quelque chose d'approchant. Je vous promets que ce travail sera écrit avec une grande ardeur. Je regrette seulement que le Sarrans *June* vienne émousser mon sujet; mais je ne doute pas qu'il ne reste beaucoup de choses à dire après lui.

Je suis bien aise de savoir que vous n'êtes pas trop mécontent de la façon dont marche la *Revue;* elle n'a évidemment pas une réputation au niveau de sa rédaction qui est souvent excellente, mais dans un pays de routine comme le nôtre il n'y a pas de succès pour les choses qui ont une longue durée. Ayez des noms le plus possible et n'épargnez pas les annonces.

A bientôt, mon cher ami, je vous serre bien affectueusement la main.

A M. REVEL.

Paris, 1864.

Comment m'excuser auprès de vous, mon cher Revel ! Si je ne connaissais pas votre bonne amitié pour moi, je serais bien embarrassé. Voici un temps infini que je me reproche de ne pas répondre à votre aimable lettre et que je remets la chose à demain, en espérant pouvoir le faire avec plus de loisir comme si cet instant pouvait venir jamais avec la vie endiablée que je mène ici. Le fait est que je ne me suis pas appartenu du tout cette année, ce qui m'a brouillé avec presque tous mes amis qui savent cependant bien que chacun est plus ou moins sujet à ces torts d'accident.

J'ai été bien touché, mon cher ami, des encouragements sympathiques et de l'indulgente approbation que vous m'accordez, mais je vous dirai, à ce propos, que j'ai pris cette besogne en grand dégoût par suite de l'impuissance et de la nullité du mouvement politique actuel et que je suis heureux de n'avoir plus à la faire qu'une fois par mois. Je suis en train d'achever quelques petits travaux, après quoi j'entreprendrai une chose à laquelle j'espère mordre avec un peu plus d'appétit. Ce sera sur le règne de Napoléon Ier.

Faites-moi l'amitié de dire à ce scélérat de Python que je le soupçonne véhémentement d'abuser de ma candeur. Je reçois tous les trois mois une lettre de recommandation de lui, au sujet d'un monsieur dont je ne puis pas déchiffrer le nom et dont je ne vois jamais la figure. Je me demande avec terreur quel peut être le but de Python en tenant continuellement suspendu sur ma tête un monsieur, qui, selon toute probabilité, n'existe que dans son imagination. Éclaircissez ce mystère si c'est possible.

A bientôt, mon cher Revel ; j'aurai certainement le plaisir de vous voir cet été ainsi que nos amis, mais je ne sais au juste ni quand, ni combien de temps. Je voudrais bien que cela dépendît de moi seul. Faites agréer, je vous prie, à madame Revel, l'hommage de mes affectueux sentiments.

Rappelez-moi au souvenir de mon ami Gojon. Il m'a oublié ce petit endormi. S'il est heureux, je lui pardonne de tout mon cœur, mais à cette seule condition !

Votre ami affectionné.

31, rue de Douai.

A M. REVEL.

Mon cher Revel, votre mémoire ne vous est nullement infidèle, vous la soupçonnez bien à tort. Ces quatre figures sont bien celles qui me paraissent naturellement indiquées par le sujet, on ne peut guère les éviter à moins d'entrer dans un autre ordre d'idées. Elles me paraissent résumer tous les genres et toutes les principales expressions de la représentation théâtrale. — Resterait peut-être la pantomime. — Mais elle se confond souvent avec la danse. Opéra. —Ballet. —Drame. —Vaudeville. — On n'est jamais sorti, on ne sortira jamais de là en fait d'action scénique et c'est ce que vos quatre figures représentent sous des noms un peu plus anciens.

Je vous serre affectueusement la main en vous remerciant de vos bonnes attentions pour ma mère.

A M. CHARPENTIER.

1863.

. . . .

Je vois par votre lettre que vous en voulez toujours à mon préambule. Il m'est cependant impossible de le supprimer, car si vous voulez bien prendre la peine de l'analyser, vous verrez qu'il suit un développement non seulement très logique, mais très indispensable à l'ouvrage. Il n'y a que quelques lignes sur l'esprit qui a inspiré les travaux antérieurs et la règle du jugement que je prétends suivre moi-même. Le reste est une caractéristique générale du siècle dans lequel est né Napoléon. Cela est aussi nécessaire que ce que je dis ensuite de son pays. Où vous ne voyez que des sons et des phrases plus ou moins euphoniques, il y a un enchaînement parfaitement rigoureux et un ordre méthodique. Ce sont là des choses nécessaires et que je tiens beaucoup à dire et qui ne peuvent être dites dans ce que vous appelez le style bonhomme. Tout ce que j'ai pu faire a été de ne pas m'y étendre malgré l'importance du point de vue par lequel je me sépare si nettement de mes prédécesseurs, tous plus ou moins partisans du fatalisme historique. Cependant, pour vous prouver la déférence que j'ai pour vos avis, je déloge deux ou trois expressions qui probablement vous ont suggéré cette remarque que vous faites au sujet de mon lyrisme. En ce qui concerne l'épithète d'*illustres* sur laquelle vous appelez mon attention, je dois vous dire qu'elle ne s'adresse nullement à M. Thiers comme vous le supposez, ni exclusivement aux historiens de Napoléon, mais aux nombreux écrivains qui l'ont *apprécié et jugé* et pour qu'il ne puisse y avoir doute à ce sujet, j'arrange et développe ce passage. Le reproche que j'y formule s'adresse à presque tous ceux qui ont parlé de Napoléon : poètes, publicistes, historiens. etc. Il a tourné la tête à tout le monde. Quant au mot : « Premières années, » je ne puis souscrire à votre observation, car ce n'est pas dans *ses premières années*, que Napoléon a écrit ses trois premiers ouvrages. La première condition d'un titre de chapitre c'est d'exprimer nettement et complètement le sujet ; celui que j'ai choisi à ce mérite bien qu'il ne sonne pas aussi bien à l'oreille qu'on pourrait le désirer. Si vous me trouvez mieux, je me ferai un plaisir d'adopter votre titre. Je remarquerai à cette occasion que mes titres de chapitre contiennent généralement deux sujets, ce qui est moins redondant, mais plus clair et plus consciencieux qu'un seul; mais le prote n'en reproduit qu'un dans la pagination, en sorte que le 13 vendémiaire par exemple, se trouve raconté par la rubrique : Siège de Toulon. S'il veut diviser le titre, il faut qu'il le change à mesure que le sujet change aussi. Vous terminez en revenant à la charge sur l'article *les* ajoutés aux noms de Montesquieu, Voltaire, etc. Il me semble, mon cher ami, que si j'ai tenu à maintenir cet article malgré votre remarque, vous pouvez croire que ce n'est pas par amour-propre littéraire et qu'il a un sens à mes yeux. Ces noms n'expriment pas ici de simples individus, mais des collections, des hommes types. Ne pouvant faire un dénombrement complet qui ressemblerait trop à un catalogue, j'ai choisi des noms qui en résument beaucoup d'autres et qui ne sont là que pour les rappeler. — Supprimez le « les » et non seulement la phrase n'a plus ce sens, mais l'énumération est trop maigre et perd sa valeur. Ici je crois que vous pouvez vous en rapporter à moi. Une pareille minutie ne vaut d'ailleurs pas la peine qu'on s'y arrête et je ne vous en parle que pour vous montrer qu'il y a dans ce métier plus d'intention que vous ne croyez.

En somme, il faut dans toute œuvre d'art prendre un parti et s'y tenir. Il y a des difficultés inhérentes à certains sujets et qu'il est inutile de vouloir esquiver. Les préambules sont de ce genre ; vous ne pouvez pas faire qu'ils aient en eux l'allure et l'intérêt du récit. Ce sont toujours des préliminaires plus ou moins embarrassés selon la complexité des choses qu'on y doit dire.

Adieu, mon cher ami, vous voyez que je tiens grand compte de vos bons avis, mais je ne puis aller au delà de ce qui est à mes yeux l'évidence. Envoyez-moi la seconde feuille afin que je vous adresse le bon à tirer.

Votre bien affectionné.

A MADAME PLANAT DE LA FAYE.

Mardi soir, 15 juillet 1861.

Voici votre manuscrit, bien chère madame et amie. Je l'ai lu, comme tout ce que vous m'avez communiqué de votre cher mari, avec un sentiment de respect pour cette constante noblesse que je remarque en lui, et au point de vue littéraire avec ce plaisir intime que me cause toujours ce naturel si parfait qui n'était pas seulement un résultat du bon goût, mais de l'équilibre et de la santé de l'âme et dont la tradition est perdue parmi nous, grâce au charlatanisme romantique et humanitaire. Qui nous rendra le ton simple et aisé des vertus de nos pères, la mesure de leur langage, la grâce de leur esprit? C'était là autrefois des qualités françaises et ces qualités je les ai retrouvées avec un grand charme dans tout ce que j'ai lu de M. Planat. Le fragment de ses mémoires a particulièrement cette saveur à un très haut degré, et s'il était publié, il formerait, j'en suis sûr, un contraste des plus inattendus avec la phraséologie déclamatoire dont nous sommes infectés.

Je me proposais, chère madame, de recourir à votre obligeance pour le premier volume des mémoires de Lavalette, dont je vais avoir besoin pour la suite de mon travail. Mais je n'ose plus m'adresser à vous, ni à personne, depuis la catastrophe qui m'est arrivée hier matin avec l'ouvrage que M. Mortimer-Ternaux a eu l'extrême obligeance de me prêter en votre présence même. Il faut vous dire tout d'abord que cet excellent homme tient beaucoup à cet ouvrage qui a été acheté à la vente du roi Louis-Philippe et qui est assez rare, quoique des plus insignifiants. Pour toutes ces considérations j'en prenais un soin particulier, je l'avais habillé de papier gris et je l'avais placé sur une table à part. Hier matin, la maritorne qui fait mon ménage, en ouvrant une armoire, renverse le guéridon sur lequel le volume se trouvait et avec lui, hélas ! un encrier, qui a aussitôt épanché toute l'encre qu'il contenait dans le sein de ce malheureux volume. Je l'ai tiré de là dans un état affreux, méconnaissable, avec l'estampille du roi Louis-Philippe indignement barbouillée. C'est là le pire. Je fais chercher l'ouvrage : on me le retrouvera ; je le ferai relier avec la même couverture, mais cette estampille, rien ne peut me la rendre ; voilà ce qui me désole, car je ne connais encore M. Ternaux que par le service qu'il m'a rendu avec tant d'amabilité et il faut avouer que je vais bien mal débuter avec lui. Vous, chère et excellente amie, vous seriez indulgente pour moi dans un cas pareil, et d'autre part il est assez probable qu'ayant ainsi payé mon tribut et jeté ma perle à la mer (ou du moins celle de M. Ternaux), je serais assez heureux pour échapper à un nouveau malheur de ce genre, mais vous m'avouerez qu'il y a là de quoi inspirer des scrupules à l'esprit le moins scrupuleux.

J'espère que vous avez trouvé quelque repos d'esprit et quelque adoucissement à vos peines auprès des amis qui vous sont si affectionnés. Vivre auprès de ceux qu'on aime et dont on est aimé, n'est-ce pas le seul remède aux maux de la vie humaine ? Même lorsqu'on ne veut pas être consolé, cela est bien doux et je dirai même que ce partage de la douleur se concilie mieux qu'un deuil plus solitaire avec la fidélité qu'on doit à un chagrin unique, parce que l'un la conserve en la rendant plus supportable, tandis que l'autre l'épuise par sa propre intensité.

Je vis, quant à moi, depuis votre départ, dans une solitude à peu près absolue, tous mes amis étant loin de Paris. La seule personne que j'ai vue depuis trois jours est un Polonais bien connu dans l'émigration, qui est venu chez moi me déclarer qu'étant décidé à se brûler la cervelle, il venait me confier des papiers importants et me prier d'être son exécuteur testamentaire. Je ne savais trop ce que je devais penser de cette déclaration lorsqu'au bout de quelques paroles, il a fondu en larmes et m'a confié ses chagrins. Je me suis efforcé de lui relever un peu le moral et ne sais si j'y ai réussi. De telles communications ne sont, comme vous le voyez, guère faites pour égayer mon isolement. Mais que la souffrance est ingénieuse et qui comptera jamais toutes les formes qu'elle peut revêtir !

Chère madame Planat, je vous ennuie de mon bavardage. — C'est bien mal reconnaître toutes vos bontés pour moi. — Croyez que je vous suis profondément attaché. — Veuillez, je vous prie, présenter mes respectueux hommages à madame d'E***, et dites-lui de nouveau combien j'ai été heureux et reconnnaissant de l'aimable accueil dont elle m'a honoré.

Votre bien affectionné.

A M. CHARLES DOLLFUS.

Je suis très vivement touché, mon cher monsieur, de votre offre courtoise et obligeante et je vous dirai très franchement les motifs qui ne me permettent pas de l'accepter pour le moment. J'ai pris en grand dégoût la discussion politique dans les conditions qui lui sont faites actuellement, et la transformation de la *Revue nationale* a été pour moi un débarras. Je vais achever pour M. Charpentier quelques travaux que je me suis engagé à lui faire et je me mettrai ensuite à une histoire de Napoléon qui me prendra, je pense, à peu près, tout mon temps. J'avais eu, il y a quelque temps, la pensée de faire campagne avec vous dans le *Temps*, mais l'immobilité des affaires politiques, le cercle de plus en plus étroit des questions qu'on permet à la presse d'aborder, m'ont convaincu que je ne serais pour vous qu'un auxiliaire stérile ou compromettant. Il faut, pour faire de la polémique aujourd'hui, une souplesse, une agilité dont je ne me sens point capable et que je n'ambitionne pas, bien que je l'admire sincèrement chez quelques écrivains.

Je me félicite, mon cher monsieur, de la conformité que vous avez reconnue entre vos idées et les miennes ; j'en ai souvent été heureux en vous lisant et j'espère, lorsque vous reviendrez à Paris, que ce lien servira à créer entre nous des relations d'un autre genre.

Agréez, je vous prie, l'expression de mes sentiments dévoués et sympathiques.

A MADAME PLANAT DE LA FAYE.

Mercredi matin, 27 juillet 1864.

Je reçois votre bonne lettre, je vous en remercie de tout mon cœur. Croyez-moi, laissez-vous aimer, ne vous défendez pas contre les douces affections qui vous entourent ; ne pensez pas être infidèle à vos regrets en permettant à ceux qui vous aiment d'en prendre leur part. Les chagrins les plus profonds sont susceptibles de devenir pour l'âme humaine des émotions bienfaisantes, parce qu'ils la grandissent et l'élèvent au-dessus des petits tourments de la vie, mais c'est à la condition de n'être plus à l'état aigu ; il faut qu'ils s'apaisent et laissent subsister d'autres sentiments autour d'eux. Cette transformation est non seulement salutaire, mais légitime et moralisante. Mais votre douleur s'en inquiète et s'en effraye. C'est un maître jaloux qui veut posséder vôtre âme tout entière. Il faut, chère madame, lutter contre cette disposition d'esprit qui n'est bonne qu'à vous faire souffrir.

Je ne puis vous dire combien je suis touché lorsque je pense à toutes les marques d'amitié et de bonté que vous me donnez chaque jour au milieu de toutes vos peines. Dites-vous du moins qu'il y a ici un cœur qui vous est profondément dévoué, tout reconnaissant, et qui est déjà heureux par vous.

A M. CHARPENTIER.

Mon cher monsieur,

Je suis allé vous voir aujourd'hui, ayant gardé le lit toute la journée hier. Je suis parfaitement rétabli à l'heure qu'il est, mais j'ai écrit mon travail dans un état de véritable souffrance et je crains fort qu'il ne s'en soit ressenti. Voyez aussi combien il paraîtra attardé après la situation nouvelle créée par les événements d'avant-hier et dont il ne dit pas un mot. Il y a là un inconvénient bien fâcheux et qu'il faudrait au moins diminuer. Paraissant le 25, nous ne parlons pas des faits accomplis le 22, c'est-à-dire connus de la France entière depuis trois jours.

Je vous suis bien reconnaissant d'avoir agréé ma demande au sujet de l'article Daunou, bien qu'elle fût peut-être un peu indiscrète. Je n'y ai pensé qu'après vous avoir écrit. Quant à la correspondance de Napoléon, si vous croyez qu'il y ait danger pour la *Revue* je m'abstiendrai d'y toucher bien que, ou plutôt parce que je me sens d'humeur à emporter un morceau de l'idole.

Je vous recommande bien l'excellent article de mon ami de Fontenay sur l'Amérique. Je l'ai remis à M. Joly. Si, comme on l'affirme, les hommes d'État du Nord ont conservé la pensée de transiger avec l'esclavage, c'est un article tout à fait de circonstance. Il est fait d'ailleurs avec une parfaite connaissance des choses et des hommes.

On me prie de vous recommander également un M. Lorbach qui vient d'avoir un journal tué sous lui, ce qui aujourd'hui est honorable. Comme son sujet est une étude humoristique sur Monaco et ne peut nullement vous exposer, je vous prie de le lire avec une présomption bienveillante en sa faveur. J'ignore d'ailleurs complètement si les titres de M. Lorbach sont sérieux, ne pouvant m'en rapporter là-dessus à l'Allemand qui me le recommande.

Je crois bien comme vous que le système d'équilibre devient de plus en plus impossible, mais cela peut traîner en longueur. Voilà la démocratie impériale décidément brouillée avec l'aristocratie impériale, on ne les fera plus marcher ensemble, cela est grave.

Votre bien affectionné.

A M. CHARPENTIER.

Cher monsieur,

Je vous en prie en grâce, laissez-moi mon article jusqu'au dernier moment. J'y touche beaucoup de points très importants et je tiens infiniment à ce qu'il soit mieux fait que ma besogne courante. Il faut que je me relève de temps en temps aux yeux de nos lecteurs. Il ne gagne rien à dormir dans vos cartons, mais il gagne beaucoup à être retouché; laissez-moi satisfaire de loin en loin cette fantaisie d'artiste. L'article est fait, vous pouvez compter sur moi, n'ayez donc aucune inquiétude. Je vous promets que vous ne regretterez pas d'avoir attendu quelques jours de plus.

Je vous ai écrit tout ce que je savais sur M. Lorbach. Je ne le connais pas et n'ai jamais lu une ligne de lui. Je vous l'ai recommandé sur un précédent honorable et sur la caution d'un de mes amis.

Je n'ai pas eu le temps de lire Bulbulis. Ne serait-ce pas de madame la duchesse Colonna? On prétend l'avoir reconnue.

Votre affectionné.

A MADAME PLANAT DE LA FAYE.

8 août 1864

Voici bien longtemps, chère madame et amie, que je suis sans aucune nouvelle de vous. Me trouvez-vous trop présomptueux ou trop exigeant de m'en étonner? Ce dont votre bon cœur ne m'en voudra pas, dans tous les cas, c'est d'en être inquiet et peiné, et je le suis réellement. Je m'étais habitué à vous voir souvent, à compter sur votre amitié, à partager quelquefois vos peines; cette habitude m'était devenue bien douce. Tout cela m'a manqué à la fois et bien que je ne puisse croire que vous ayez voulu me le retirer pour toujours, j'en suis très péniblement privé. Je sais combien, au milieu des chagrins profonds que vous éprouvez, l'affection de vos amis doit vous être indifférente, quelquefois même importune; aussi n'avez-vous pas à craindre que mon amitié soit jamais indiscrète. Mais, chère madame, serait-ce donc trop demander qu'espérer de loin en loin un souvenir, un simple mot qui me dise que vous n'êtes pas malade? Si mon sincère attachement pour vous n'est pas à vos yeux un titre suffisant à une telle marque d'amitié, j'ose dire que vos bontés passées pour moi m'y donnent des droits, car les âmes comme la vôtre sont plus liées par le bien qu'elles font que d'autres ne le sont par celui qu'on leur fait. J'attends avec une bien vive impatience un mot de vous qui me dise que vous me reconnaissez ces droits et qui me donne de bonnes nouvelles de votre santé et de votre situation d'esprit.

Votre ami tout affectionné et dévoué.

Ce lundi.

A M. CHARLES DOLLFUS.

Ce jeudi 10 novembre 1861.

Je n'ai lu qu'aujourd'hui, mon cher Dollfus, les choses aimables que vous avez bien voulu dire de moi dans votre dernier numéro et j'espère qu'il n'est pas trop tard pour vous remercier de votre excessive bienveillance. Je ne sais pas si, comme vous le dites, je suis un ambitieux, car mon ambition me fait passer par des chemins que les ambitieux d'aujourd'hui ne fréquentent guère. Mais ce dont je suis sûr c'est que je serai toujours ambitieux de l'approbation d'un esprit comme le vôtre.

Vous osez discuter Thiers ! Je comprends maintenant pourquoi vous n'avez pas paru dans le *Temps*. Oser toucher à cette vénérable petite momie ! Quelle impudence !

Je vous serre bien affectueusement la main.

22, rue Chaptal.

A M. CHARPENTIER.

Cher monsieur,

Vous avez la mesure complète pour l'article qu'on doit venir reprendre ici entre trois et quatre heures. J'irai corriger les épreuves demain matin à moins qu'on ne les renvoie ce soir, ce qui m'irait encore mieux. Je dînerai avec beaucoup de plaisir chez vous demain. Personnellement j'aimerais beaucoup la transformation de la *Revue* qui me laisserait du temps pour des travaux plus étudiés. — Mais je crois que ce sera son arrêt de mort, parce que ce sera crier à tout le monde qu'elle décline et ne peut plus aller.

Peut-être le meilleur serait-il de se faire sauter héroïquement avec un numéro chargé de poudre jusqu'à la gueule. Je resterai le dernier pour mettre le feu à la mine et m'ensevelir sous ses nobles débris.

Je vous serre affectueusement la main.

A MADAME C. JAUBERT.

Paris, 28 novembre 1864.

Chère madame, vous voulez absolument me gâter et me tourner la tête, je le vois bien. — Ne savez-vous donc pas quel être insupportable il y a dans tout homme qu'on traite avec trop de bonté? — Mais je ne suis pas chargé après tout de vous empêcher d'être trop parfaitement aimable et je crois que je n'y réussirais pas. Je me laisse donc faire et je vous obéis à yeux fermés, le cœur plein de reconnaissance et de fatuité.

Votre bien affectionné.

A MADAME PLANAT DE LA FAYE.

Paris, ce mardi soir, février 1865.

Chère madame Planat, je viens vous supplier d'abord de bien vouloir m'excuser de la scène de ce soir, ensuite de me permettre de me dégager pour jeudi. C'est pour moi une souffrance insupportable d'entendre exprimer des opinions de ce genre, rien ne m'est plus odieux, et j'aimerais mieux passer une soirée à recevoir des soufflets que de m'exposer de nouveau à un pareil supplice. Je n'en dirai rien de plus. Partout ailleurs que chez vous je pourrais me taire et m'enfermer dans une apparente indifférence; mais votre présence me faisant un devoir d'écouter et de discuter amicalement toutes ces choses, je sens que cela est absolument au-dessus de mes forces et je ne vous l'ai que trop laissé voir ce soir. J'espère que ce souvenir vous aidera à excuser ce manque de parole, sans cependant me faire perdre votre bonne amitié.

Votre bien affectionné.

A. M. CHARPENTIER.

Mon cher ami,

Je sens que j'ai été mis au monde pour empoisonner votre existence, et je me demande souvent quels crimes inconnus vous pouvez avoir commis pour que je vous tourmente comme je le fais. Vous savez que j'ai pour vous l'affection la plus vraie, je n'ai donc pas besoin de vous dire que j'ai en horreur mon métier de bourreau; mais j'ai beau le fuir, une force mystérieuse m'y ramène sans cesse, malgré moi, comme au plus impérieux de mes devoirs. C'est en gémissant sur vous, et avec indignation contre moi-même, que je vous écris cette lettre, cher ami, après avoir tout fait, je vous le jure, pour éviter de vous l'écrire. Vous avez deviné déjà que c'est encore ce damné article qui en est l'objet. Vous avez vu avec quelle répugnance je me suis décidé à l'écrire après en avoir étudié les premières difficultés. Je sentais à la fois et avec une extrême vivacité et la nécessité de ménager des vaincus et celle de stigmatiser des folies que je considère comme funestes. C'est avec ces deux préoccupations que je me suis engagé dans ce travail sans me dissimuler qu'elles m'imposaient des devoirs contradictoires, mais en espérant surmonter cet embarras à force de bonne volonté. Depuis que l'étude a été commencée, un incident très imprévu et très important pour moi est venu accroître cet embarras : je fais allusion au projet de mariage dont je vous ai parlé aussitôt qu'il en a été sérieusement question. Il se trouve que les trois principaux membres de la famille dans laquelle je désire entrer ont été, quoique aujourd'hui très modérés d'opinion, personnellement engagés et avec beaucoup d'activité dans le mouvement de 1848. J'ai eu dès lors la certitude que, quoique très convaincus des fautes commises à cette époque, la sévérité de mes critiques leur paraîtrait intempestive et peu généreuse.

Je ne me suis cependant pas découragé et j'ai espéré tout concilier à force de modération et de ménagements. Mais, cher ami, je n'ai pas tardé à m'apercevoir que ces timidités ôtaient toute force à mon travail. Au lieu de l'étude que la *Revue* annonce depuis si longtemps je n'aurais servi à vos lecteurs qu'une prose affadie par les réticences et les précautions oratoires, dont le style pénible et entortillé aurait trahi tous les efforts que m'ont coûté ces perplexités. J'ai relu avec accablement ce que j'en ai écrit, et au moment d'ajouter ce qui y manque j'ai laissé tomber ma plume. Je vous écris à cœur ouvert, en vous montrant mes impressions telles que je les ai ressenties. Ce malencontreux article qui me rend la vie si dure depuis que je l'ai entrepris aurait en outre le double avantage de me déprécier comme écrivain, et de blesser des gens que j'aime et que j'estime infiniment. Peut-être de faire manquer une union que je considère à tous égards comme une des meilleures de ma vie. Je me vois donc forcé d'y renoncer après avoir fait pour l'écrire cinq ou six fois plus d'études qu'il n'en exigeait. Je vous assure, cher ami, que j'ai fait tout au monde pour vous épargner cette contrariété et que je ne me suis décidé qu'à la dernière extrémité et avec le plus profond regret. Vous me connaissez assez, je l'espère, pour croire que cette détermination a dû me coûter infiniment après toutes les promesses que je vous ai faites et avec la ferme intention de les tenir. Mais je passerais dix ans autour de ce travail qu'il n'en résulterait rien de bon. Vous me permettrez donc de le remplacer pour le *volume* par deux ou trois articles de moindre importance dont une partie sera faite certainement et l'autre existe déjà. Je ne me consolerais pas si votre amitié pour moi devait être diminuée par suite de cette malheureuse affaire. Répondez-moi le plus tôt possible.

Je pars très prochainement pour l'Allemagne.

Votre affectionné.

A MADAME LA COMTESSE D'AGOULT.

Paris, ce 13 novembre 1865.

Votre lettre me cause, madame, la plus profonde et la plus pénible surprise. Je suis si loin d'avoir voulu faire la moindre allusion à votre livre que je me demande encore quel mot malheureux a pu donner lieu dans mon article aux reproches que vous m'adressez. Une explication, une seule suffira pour me disculper à cet égard. Il y a aujourd'hui huit ans que j'ai lu votre histoire de la Révolution de 1848 ; j'en ai gardé une impression infiniment différente de celle que vous m'attribuez et je l'aurais certainement citée si mes souvenirs avaient été plus précis et s'il ne m'était resté un doute au sujet, — non de la forme que je sais très belle, mais des opinions que vous y avez défendues. Mes critiques s'adressent presque exclusivement à M. Garnier-Pagès et à M. de Carné. J'avais à acquitter une vieille dette ou pour mieux dire une promesse envers M. Garnier-Pagès ; c'est pourquoi j'ai cité son ouvrage avec des éloges qu'il mérite jusqu'à un certain point et me suis abstenu de le nommer lorsqu'il s'est agi de blâmer certaines de ses appréciations. Ainsi c'est lui que je désigne spécialement sous le nom « d'un de ces historiens » dans un passage où il est question de la providence. Je pourrais vous montrer soulignées au crayon les pages qui ont donné lieu à cette remarque de ma part. Il m'est impossible de croire que vous vous soyez fait à vous-même l'application de cette phrase car je ne me souviens nullement que que vous ayez jamais donné lieu à ce genre de reproche et je cherche vainement quel autre passage a pu causer ce malentendu. Si j'avais eu à vous adresser une critique, je ne lui aurais certainement pas donné une forme blessante après les témoignages d'estime et de sympathie dont vous avez bien voulu m'honorer et je n'aurais pas manqué d'y ajouter l'expression de mon admiration pour votre talent. Si cette sincère explication ne vous semble pas satisfaisante, madame, je serai heureux de déclarer dans la *Revue* même qu'il n'est pas un mot dans mon article qui ait eu pour objet de désigner votre ouvrage. Croyez, je vous prie, que j'éprouve les plus vifs regrets d'avoir pu vous causer cette contrariété et agréez l'hommage de mon très respectueux dévouement.

A M. CHARPENTIER.

Mon cher ami, votre programme à un tort grave: il se compose presque tout entier de redites et je ne vois pas la nécessité de le substituer à l'ancien, qui était plus nettement écrit. Voici cependant ce que je dirais à peu près puisque vous voulez mon avis. Je laisserais les quatre premiers paragraphes tels qu'ils sont.

5. Tous les travaux que publie la *Revue nationale* s'inspirent du même esprit. Elle a pour principe et pour but la liberté. Ce mot dont on a tant abusé et et qu'on a si peu compris n'est à ses yeux ni une abstraction ni une arme de parti : il désigne la première et la plus haute condition d'une politique durable au sein d'une société intelligente. Si nous ne revendiquions la liberté au nom du droit, nous la

réclamerions au nom de la dignité de notre pays. C'est faire, selon nous, à la France, une injure imméritée que de lui dénier une capacité qu'on reconnaît à tant d'autres nations. Avant qu'on puisse porter contre elle un tel arrêt, il faudrait au moins que les institutions libérales eussent été sérieusement expérimentées chez nous. Or, il n'est qu'un seul système politique dont nous n'ayons jamais essayé en France, c'est celui de la liberté. C'est dans le but de vulgariser à la fois l'esprit et les conditions pratiques d'un régime libre que la *Revue nationale* a été fondée. Nous ne nous dissimulons pas les difficultés d'une telle tâche dans un pays où l'on a toujours cru pouvoir établir les libertés publiques en se passant des libertés locales et individuelles.

Mais nous avons pour auxiliaire l'expérience, maître sévère dont les leçons ne seront pas toujours méconnues, et pour coopérateurs tous les hommes qui seront las de voir leur libre activité confisquée tantôt au nom de l'État, tantôt au nom de la souveraineté du peuple, tantôt enfin au nom d'une fiction constitutionnelle faussée ou mal comprise.

Entre nos adversaires et nous il y a cette différence qu'ils comptent sur l'assoupissement indéfini des âmes et que nous comptons, nous, sur leur réveil. Or, en dépit des apparences de l'heure présente, ce n'est pas l'assoupissement qui est durable, c'est le réveil, cette loi de la nature et de la vie.

Je supprimerais le reste. Même les derniers paragraphes comme entachés de réclame. Il faut laisser dire ces choses-là au prochain et se taire si l'idée ne lui en vient pas.

Tout à vous.

A M. CHARPENTIER.

Mon cher ami,

J'avoue que je ne comprends pas le reproche que vous m'adressez d'être *trop sobre de preuves* dans un livre où il n'y a pas un fait qui ne soit accompagné du témoignage du héros lui-même, et où les démonstrations sont poussées jusqu'à l'excès et à la satiété. Cet ouvrage en est tout boiteux. Il ressemble à un homme bien portant, qui marcherait toujours appuyé sur des béquilles. Je ne sais pas quelles preuves plus péremptoires vous voulez avoir que la correspondance de Napoléon, que je cite sans cesse. A moins de la transcrire tout entière j'ignore ce que je puis faire de plus. Il ne faut pas que la peur me fasse ensevelir ce qui fait la force de ce livre sous une avalanche de bavardages. Vous étiez, il y a deux ou trois mois, dans une sécurité excessive. Vous avez aujourd'hui des alarmes exagérées. Mais ce n'est pas la publication en volume qui en est cause, c'est la publication dans la *Revue*, que j'ai toujours trouvée une mauvaise chose et que je trouve plus mauvaise que jamais aujourd'hui qu'elle vous fait hésiter devant la vérité. C'est dans la revue seulement que notre publication pourrait être inquiétée; ce serait à mon avis une excellente raison pour y renoncer, car tout ce que vous avez lu jusqu'à présent n'est encore rien auprès de ce qui va suivre. Dans un travail historique de cette importance je ne puis à aucun prix faire les concessions qu'on fait dans un article de journal. Ce serait lui ôter toute sa valeur.

Réfléchissez-donc bien avant de prendre le parti de me faire paraître dans votre recueil. Quant à mes citations, elles sont aussi authentiques et aussi péremptoires que possible si vous voulez bien prendre la peine d'y regarder de plus près. Si je dois les étendre d'avantage, c'est tout un volume de pièces qu'il me faut en appendice, mais je ne puis les faire entrer dans mon texte sans le défigurer et le rendre illisible à force de l'alourdir.

J'apprends avec grand plaisir que vous êtes remis, mais il faut vous soigner *avec suite.*

Votre bien affectionné.

A M. CHARPENTIER.

Mont-Dore, ce 14 juillet 1865.

Mon cher ami,

Je suis installé ici depuis trois jours et non sans peine, et j'ai déjà commencé cet ennuyeux traite ment que vous savez. J'espère que la tristesse que m'inspire cet éden auvergnat n'empêchera pas l'effet des eaux. J'ai quitté Paris sans avoir reçu aucune des épreuves que j'attendais, en sorte que je n'ai que mes trente-cinq premières pages. J'espère, mon cher ami, que vous voudrez bien m'adresser les autres, car je compte bien là-dessus pour me faire trouver le temps moins long. J'ai apporté ici une portion de manuscrit que j'aurais bien vite remise au net et je serais bien aise de pouvoir me remettre à la correction des épreuves, qui est un passe-temps, plutôt qu'un travail. J'ai eu la chance de trouver ici une de mes connaissances de Paris, aimable garçon, avec sa femme plus aimable encore, mais comme il est très lié avec cette peste de Fleury, qui est au Mont-Dore, je l'évite plus que je ne le recherche et ce n'est pas une ressource. Je suis réduit à la conversation de ma voisine de table qui m'a fait hier soir un agréable compliment. Elle m'a dit que pour un *Allemand* je parle le français assez correctement. Je lui ai répondu : « *On fait ce gon beut, matame, que foulez-fous ?* »

Adieu, cher ami, donnez-moi au plus tôt de vos nouvelles. Adressez vos lettres poste restante. Je reçois une lettre d'un élève de l'École normale nommé de La Filolie qui me demande de mes ouvrages pour leur loterie de bienfaisance. Rendez-moi le service, mon cher ami, de faire acheter pour moi un exemplaire de l'*Essai sur la Révolution française* et d'y joindre un exemplaire des *Portraits*. Vous porterez le tout à mon compte et vous obligerez infiniment.

Votre ami affectionné.

A M. CHARPENTIER.

1865.

Mon cher ami,

J'ai reçu la feuille qui me manquait et j'ai fait mes dernières corrections ; mais comme elles sont revues par un imbécile qui trouve moyen de me faire deux fautes dans un mot de trois syllabes, je garde mes épreuves jusqu'à mon retour à Paris qui sera vers le premier août, c'est-à-dire à huit jours. J'ai ajouté quelques sous-titres à chaque chapitre pour que le lecteur se retrouve plus facilement.

Je ne partage pas votre opinion quant à Stuart Mill et je suis étonné de votre faiblesse envers cette triste manie française qui voudrait rendre amusante jusqu'à la géométrie..... le carré de l'hypoténuse égale si je ne m'abuse, etc., etc. Cette austérité de forme est inséparable du sujet et de la façon dont Mill l'a traité ; ceux qu'elle rebutera ne sont pas en état de le comprendre et ce n'est pas pour eux que ce traité a été écrit. Un homme comme Mill a le droit d'être respecté absolument, son nom est un honneur pour une revue et il n'a pas à se préoccuper de plaire. Uue revue bien faite doit avoir de ces travaux qui sont écrits pour cent lecteurs et qu'on ne trouve que là. C'est le calcul que font les plus humbles industriels lorsqu'ils fabriquent un produit estimé et rare sur lequel *ils perdent*. Ils le fabriquent néanmoins pour l'*honneur de la maison*. Il en sera de même du travail de Mill, vous ne ferez pas vos frais là-dessus, il n'aura que cent lecteurs. Mais votre revue en sera plus estimée et les autres admireront de confiance. Le travail de Mill est du reste parfaitement clair et c'est tout ce qu'on a le droit de demander à une étude de ce genre. Vouloir y ajouter de l'agrément, ce serait le déshonorer. Dupont White n'a pas osé faire cela malgré son goût pour le badinage, il a infligé à Mill plusieurs préfaces, mais il a respecté son texte. Cela me paraît non pas un égard mais la reconnaissance du premier des droits de l'écrivain. Tout travestissement est une injure aussi bien qu'une infidélité. Voilà mes idées là-dessus, elles ne vous convertiront pas, mais je les crois vraies et seules compatibles avec la dignité des lettres et le sérieux des travaux intellectuels.

J'espère, mon cher ami, que vous vous occupez de la transformation de la Revue. Je suis sûr qu'il y a là un élément de succès, mais à condition qu'on s'en occupe très activement, et surtout il y faut du nouveau et du nouveau. Croyez-moi, renouvelez et rajeunissez, c'est le grand secret.

A bientôt, mon cher ami, je vous serre bien affectueusement la main.

P.-S. Mignet vous a donné d'avance le mot de la

coterie sur l'œuvre que j'ai entreprise. Mais je me soucie bien de l'opinion de cette précieuse!

A MADAME PLANAT DE LA FAYE.

Paris, 25 novembre 1865.

Chère madame Planat, je vous envoie ces volumes à titre de nouveautés et dans l'espoir qu'ils pourront peut-être vous distraire quelques instants. Je suis rentré hier soir chez moi bien attristé de l'état où je vous avais laissée, bien que je ne fusse pas moi-même dans une situation d'esprit beaucoup moins découragée. Mais, chère amie, il faut se vaincre. La volonté a sur le chagrin comme sur tous nos sentiments une action certaine. Il faut s'en servir et surtout ne pas craindre de partager ses peines avec ceux dont on connaît l'affection, car c'est les priver de la plus grande douceur de l'amitié. Je voudrais que vous prissiez l'habitude de disposer de moi comme de quelqu'un qui vous est entièrement dévoué — sans phrases — c'est-à-dire qui serait heureux toutes les fois que vous lui fourniriez une occasion, si petite qu'elle fût, de voir que vous comptez absolument sur lui.

Je finis là mon sermon, mais je ne vous promets pas de ne pas le recommencer dans la soirée chez vous.

A M. CHARPENTIER.

Mon cher ami, je suis extrêmement contrarié de ce qui arrive, mais d'après un mot qui m'est revenu hier de chez Lavalette, je n'en suis pas étonné, et je suis convaincu qu'on fera tout au monde pour nous arrêter. Nous voilà empêchés pour de longs mois et avec la certitude d'avoir des juges tout dévoués à nos adversaires, et cela dans un moment où le public nous attend et compte sur nous. C'est la moitié de notre succès qui tombe à l'eau. D'un autre côté, nous ne pouvons pas penser à paraître mensuellement (je parle de l'*Histoire de Napoléon*). Ce serait un véritable égorgement pour moi. Tout l'enchaînement des faits, toute la suite des idées et par cela même tout intérêt du récit, seraient perdus pour le lecteur. Mais, avec votre expérience des affaires, ne pourriez-vous trouver une combinaison qui arrangeât tout cela et qui, en même temps, donnât regret à ces coquins de nous avoir arrêtés sur la grande route? Que penseriez-vous, par exemple, de l'idée de faire paraître de suite le volume et de le donner en prime aux abonnés, en annonçant que le *second* paraîtra dans la *Revue*, si elle redevient bimensuelle? Je m'en rapporte à vous pour la mise en œuvre de cet expédient. Mais songez que nous avons dans les mains un succès certain et *immédiat*, et que nous allons l'ajourner aux calendes grecques (Dieu sait les diversions qui viendront d'ici là !) sur la foi du libéralisme des conseillers d'État !

J'accepte votre invitation amicale pour vendredi, afin de causer de tout cela.

Votre bien affectionné.

A M. GOJON.

Paris, 8 mars 1866.

Mon cher ami, je connais parfaitement la maison dont vous me parlez. Elle est grande comme une cage à poulets et en possède tous les agréments. Elle ne pourrait me convenir sans beaucoup de retouches très dispendieuses et, d'autre part, elle serait peut-être trop bien pour mon paysan qui, vivant sur un pareil domaine, doit garder des goûts modestes. Cette acquisition ne me dispenserait donc pas des réparations à l'autre maison, je me trouverais à la tête de deux baraques au lieu d'une et ce ne serait pas une spéculation.

Je ne sais pas quelle idée Viviand se fait de ma philosophie, mais je crains fort de ne pas être à la hauteur qu'il me suppose, et je suis certainement incapable d'habiter dans un pareil trou à rats.

Ma chaumière[1], quelque atrocement délabrée qu'elle soit actuellement, peut devenir quelque chose, parce qu'elle est dans une jolie situation, —

1. Le Cellier aux Charmettes.

tandis que cette cabane prétentieuse et toute neuve, avec rien autour, a l'air d'une boîte de carton qui aurait été jetée là au hasard, par un passant. Je n'en veux à aucun prix.

Je suis heureux, mon cher Gojon, d'apprendre que vous êtes débarrassé de vos tristesses. — Il y a bien peu de choses qui en vaillent la peine. Vous devriez venir ici où l'on n'a pas le temps d'être triste et où l'on a la ressource inestimable de pouvoir changer de relais. Les aventures les plus exorbitantes et souvent les plus tristes passent si vite qu'elles ont l'air d'être arrivées à un autre et ne laissent d'autre impression que celle d'un roman varié et amusant à force de rapidité. Où en étais-je la dernière fois que nous avons causé ensemble? Ma parole d'honneur, je m'en souviens à peine. — Je touchais au dénouement le plus attachant. — Cela a fini au contraire de la façon la plus burlesque. — Au lieu de perdre mon temps à rêver là-dessus, je n'ai eu qu'un pas à faire et je me suis retrouvé en plein tourbillon. Depuis lors, Dieu sait par quelles péripéties j'ai passé. Cela, en somme, est sain et fortifiant. On échappe à la stagnation, à l'inertie de l'idée fixe, on ne donne au monde que ce qu'il mérite et on reste son propre maître, ce qui est l'essentiel.

J'ai eu hier la visite (non pas tout à fait fortuite) de B. qui m'a paru avoir bien peu de cheveux! Il m'a assuré être arrivé le matin et repartir le soir même. Je ne dis pas le contraire, mais il m'a paru avoir bien peu de cheveux !

Je vous serre bien affectueusement la main.

Donnez-moi de vos nouvelles.

A M. CHARPENTIER.

1866.

Mon cher ami,

J'ose à peine accepter votre amicale proposition pour demain, car je serai forcé de me sauver honteusement aussitôt après le dîner pour différentes corvées que je ne puis remettre. Votre amitié m'excusera. Je vous porterai tout le reste de mon manuscrit jusqu'au 18 brumaire. Je crains fort que cela ne fasse plus de 450 pages (en tout). Notre pauvre *Revue* n'était guère brillante cette fois-ci. Les cinq revues inévitables de la fin ressemblent à quatre hommes et un caporal. Quant au cours de Laboulaye, si vous voulez le suivre jusqu'au bout, pour Dieu! effacez-lui au moins son titre de leçon et que le lecteur ne croie pas qu'il s'expose à un pensum s'il le lit avec distraction.

Votre ami affectionné.

L'admiration de Guéroult pour Bismarck ne doit pas vous étonner — entre coquins cela se doit.

A MADAME PLANAT DE LA FAYE.

Paris, 29 juin 1866

Chère madame Planat,

Vous êtes mille fois trop bonne de vous occuper de moi dans de pareils moments. Quant à moi, je suis honteux d'avoir à songer à ces misérables soucis de santé. On m'envoie à Cauterets, dans les Pyrénées, et je partirai ces jours-ci. Cependant, je vais beaucoup mieux. Ce que vous m'écrivez de Georges Manin est un vrai miracle, comme ces grandes émotions ont seules le privilège d'en produire. Au reste, cette bataille, perdue par les Italiens, a peut-être produit ici plus d'effet qu'une victoire. Il ne faut pas désespérer d'un pays qui fournit de tels soldats. Jusqu'à présent presque personne ici ne croyait à l'armée italienne, aujourd'hui tout le monde sait qu'elle existe. Maintenant que va faire ce vieux chiffon des Tuileries? Depuis la défaite des Prussiens, il y a beaucoup de chance pour qu'il lâche tout. Mais, s'il fait cela, il ne l'emportera pas en paradis. A bientôt, chère madame. Mille affectueux remerciements, et que votre sollicitude pour la santé des autres ne vous fasse pas oublier la vôtre. J'aurai le plaisir de vous voir demain.

A M. BEBERT.

1866.

Je vous suis reconnaissant du fond du cœur de toutes les marques de sympathie que je reçois de vous, mon cher Bebert. Vous êtes pour moi un véritable collaborateur, car c'est une grande force pour un écrivain de se sentir appuyé par des esprits intelligents et droits. Vos remarques, en ce qui concerne la *Revue Nationale*, sont parfaitement justes, abstraction faite de ce qu'elles ont de trop bienveillant pour moi, et je les ai souvent suggérées moi-même à l'homme qui la dirige, toujours inutilement, bien entendu. C'est un homme qui ne manque pas d'esprit, mais qui a le caractère très inconsistant, peu de suite dans les idées et qui éloigne les talents au lieu de les attirer. Ces inconvénients sont aggravés par son désir excessif et malentendu de rester seul propriétaire de cette *Revue*, ce qui le force à des économies déplorables. De là cette abondance de travaux universitaires, quelquefois estimables, mais toujours ennuyeux. Par suite de cette maladroite direction, une entreprise, qui a été fondée dans d'excellentes conditions de succès, risque fort de rester dans un état de stagnation et d'immobilité.

Adieu, mon cher Bebert, restez fidèle à la cause que vous avez si généreusement embrassée, c'est la bonne, et son jour viendra, soyez-en sûr. Voyez comme la brèche s'agrandit! Encore un douze novembre et nous pouvons donner l'assaut.

Je vous serre bien affectueusement la main.

A M. VICTOR HENRY.

Ce samedi matin.

Mon cher Henry,

Excusez-moi, je vous prie, si je vous manque de parole pour notre rendez-vous de mercredi. J'ai trouvé, l'autre soir, ma mère dans un tel état de tourment et d'inquiétude, quoiqu'il fût à peine dix heures du soir, que je veux lui épargner le plus possible ces émotions maladives. Je lui dois bien cela. Je me réserve pour *dimanche*. A bientôt.

Votre ami affectionné.

A SA MÈRE.

Cauterets, ce jeudi ... 1866.

Chère mère,

Je suis ici depuis huit jours complets et je crois pouvoir être sûr maintenant que les eaux de ce pays-ci me font le plus grand bien, au rebours de celles de l'année dernière. C'est toujours une découverte précieuse que de trouver un bon remède. J'en avais grand besoin. J'ai eu, quelque temps avant de quitter Paris, des crises d'étouffement peu dangereuses, mais très pénibles. C'était un accès d'asthme qui s'ajoutait à ma toux habituelle, et il était urgent d'en prévenir le retour. Jusqu'à présent, je me trouve admirablement de ces eaux. Ce pays est peu récréatif, mais supportable. Avez-vous cherché une maison de campagne, pas trop loin de la ville, par exemple, vers Jacob? Je serais content de m'y installer pour trois mois. Écrivez-moi, chère mère et donnez-moi de vos nouvelles.

Je vous embrasse.

A Cauterets (Hautes-Pyrénées). — Poste restante.

A MADAME PLANAT DE LA FAYE.

Chère madame Planat, vous cédez à une illusion de votre bon cœur quand vous croyez ne m'avoir pas témoigné assez de sollicitude ; vous avez été excellente et parfaite pour moi, et j'ai été touché jusqu'au fond du cœur de l'affection que vous m'avez témoignée. Quant à nos dissentiments, au fond si légers, sur des événements si mêlés de bonnes et mauvaises choses, je ne voudrais à aucun prix les voir même dissimulés pour des considérations du genre de celles dont vous me parlez. Nos opinions sont, des deux parts, sincères et désintéressées, c'est tout ce que nous pouvons exiger l'un de l'autre. Les concessions ne dépendent pas de nous et j'ajoute qu'elles ne seraient pas dignes d'une amitié qui est avant tout fondée sur l'estime.

Ma santé n'a absolument rien d'inquiétant; j'ai eu une crise de quelques jours et voilà tout. Mon médecin a été surpris du changement, mais il n'en est nullement alarmé et quelques jours de mouvement vont me remettre immédiatement dans le bon chemin. N'ayez donc aucune préoccupation à cet égard, chère madame et amie, mais soignez-vous un peu vous-même. Vous êtes dans un état nerveux, visiblement très douloureux. Tâchez de vous distraire un peu au moins physiquement. Il faut vivre et durer pour voir venir des temps meilleurs, et ils nous reviendront, je n'en doute pas, c'est une question de réaction. Il ne s'agit que d'attendre l'oscillation qui fera pencher la balance de notre côté.

Recevez mes remerciements affectueux et mille souhaits heureux de

Votre ami très affectionné et tout dévoué.

A MADAME PLANAT DE LA FAYE.

Cauterets, ce 13 juillet 1866.

Je suis bien heureux et bien reconnaissant de votre souvenir, chère madame Planat. Vous oubliez toujours vos maux pour ceux des autres. Je vous aurais écrit depuis plusieurs jours si je m'étais trouvé dans une disposition d'esprit moins lugubre. Mais je vois si peu en beau tout ce qui se passe depuis un mois que je me suis fait scrupule de vous envoyer mes tristes impressions, à vous qui avez bien assez des vôtres et qui, de votre côté, n'êtes guère portée à l'illusion.

Par un contraste assez nouveau chez moi, ma santé n'a jamais été si florissante; j'ai trouvé ici des eaux merveilleuses qui ont sur moi un effet extraornaire, et je crois que si je les avais connues il y a quelques années, je n'aurais plus à me soigner depuis longtemps. Je me trouve donc, au moral, dans un état d'exaspération aiguë, et au physique dans un état de santé luxuriante dont je n'ai que faire pour le moment, mais que je voudrais pouvoir être sûr de conserver pour l'avenir. J'étais habitué à voir ces deux parties de mon individu aller de concert : j'étais malade d'un décret ou d'un discours ou d'une platitude quelconque. Aujourd'hui, je suis tout désorienté de m'apercevoir que ma tête ne s'embarrasse nullement de ma situation d'esprit et se porte fort bien en dépit des douleurs morales. La double apothéose de Bismarck et de Napoléon III ne l'a pas fait maigrir d'une ligne et le sénatus-consulte, ce boulet conique que nous recevons en pleine poitrine, a glissé comme une boule de coton sur son épaisse carapace. Je vous avouerai que j'en suis quelque peu humilié; mais, avec la vie de Paris, je ne suis que trop assuré de prendre ma revanche.

Cauterets est, comme situation et comme distraction, assez semblable au Mont-Dore, mais les environs sont plus beaux et surtout la population n'offense pas le regard comme la race auvergnate. Les Pyrénéens ont de la vivacité, de l'esprit et de la grâce. Ils sont moins âpres au gain, moins maussades, moins rechignés que leurs confrères du Puy-de-Dôme. L'air est aussi plus léger, plus subtil et plus vif. Tout cela pour moi est beaucoup, car cela constitue un ensemble qui vous pénètre à votre insu et à chaque instant. On est naturellement de mauvaise humeur au Mont-Dore; ici, on serait gai et content, n'étaient les scélérats européens sous les pieds desquels la fortune nous place de plus en plus.

Chère madame Planat, vous ne me dites rien de vous. Vous savez pourtant combien ce sujet m'intéresse. Il ne faut pas vous inquiéter outre mesure de ne pas recevoir de nouvelles de Georges Manin. — Il aura rejoint son régiment et vos lettres ne lui seront pas encore parvenues. Adieu et merci du fond du cœur. Je suis ici jusqu'au 31 juillet. Après cela, à Chambéry, poste restante.

Je vous écrirai de là. Votre ami tout affectionné.

A MADAME M. S.

1866.

Vous pardonnez si facilement qu'on se laisse volontiers aller à pécher contre vous. On sent que cela vous est bien égal et que vos rancunes ne sont jamais qu'à fleur de peau. Vous donnez des bénédictions avec une bonté désolante et si je n'avais pas depuis longtemps renoncé à vous émouvoir dans le sens de l'amitié comme dans celui de la haine, je serais bien furieux contre vous. Mais j'ai senti de bonne heure que je ne parviendrais jamais à altérer l'admirable égalité de vos sentiments. J'accepte donc votre absolution d'un cœur reconnaissant, faute des injures bien senties que j'aurais préférées et de ces égratignures amicales que les femmes savent si bien faire. Vous n'avez rien d'humain, je l'ai toujours dit. Aussi ne suis-je pas étonné de l'état de votre santé, bien que je m'en afflige très sincèrement. Le ciel est irrité lui aussi de vous voir si parfaite.

A partir de demain, je m'installe à la campagne, dans un site des plus ravissants — où il ne me manque rien — si ce n'est deux ou trois choses des plus nécessaires. Mais comme après tout ma réclusion ne durera que deux mois, il faut faire de nécessité vertu. Voilà où le joli diable dont vous me parlez trouverait tout naturellement sa place, mais je n'ai pas été destiné à ce bonheur et je m'en console en regardant celui des autres. En pensant par exemple à celui de ce pauvre D..., l'imprudent ! Vous ne lui avez donc pas dit que la passion s'en va, mais que la laideur reste ? Je m'aperçois que vous tombez dans l'égoïsme, ce qui me paraît tout à fait inexplicable chez une âme aussi chrétienne et aussi résignée. Le mot de l'énigme doit se trouver dans quelque autre de vos perfections que je n'ai pas encore découverte. Je fais allusion à votre conduite envers notre amie vénitienne, que vous me semblez payer par la plus noire ingratitude de sa folle amitié pour vous. Elle a dû être bien agitée dans ces derniers temps et je crains fort d'avoir ajouté une terrible crispation à toutes ses perplexités. Mais je n'ai pu m'empêcher de répondre en toute sincérité à une lettre d'elle sur les derniers événements et vous savez que je ne les vois pas en beau. Depuis lors plus de nouvelles. Je suppose qu'elle attend philosophiquement mon retour à Paris pour m'arracher les yeux. Rendez-moi donc le service d'aller sonder le terrain, afin que le cas échéant je ne coure pas aveuglément à ma perte. Vous me devez bien cela. — Écrivez-moi ensuite pour me remercier de vous avoir fourni une occasion de réparer une faible partie de vos torts envers une femme pleine d'illusion sur vous.

Votre tout dévoué.

P.-S. Je ne parle pas du tout de politique et je fais mon possible pour n'y pas penser, car je suis exaspéré de tout ce qui se passe depuis deux mois, et ce qui peut en résulter de bon pour les Vénitiens ne me fait pas oublier le malheur du reste de l'Europe de plus en plus placée sous les pieds de deux hommes comme Bismark et Napoléon III. Le triomphe de ces deux misérables et leur consolidation sera, quoi qu'on fasse, une des époques les plus honteuses de l'histoire. C'est un soufflet donné à la Justice et à la Vérité. Je ne puis pas perdre cela de vue et j'ai la folie d'en souffrir. La délivrance des Vénitiens ne compense pas une pareille calamité et un pareil scandale.

A MADAME M. S.

1866.

Soyez convaincue cependant que ceux qui s'autorisent de votre souffrance pour vous accuser d'égoïsme vous calomnient et vous tourmentent sans motif. Ceux qui vous conseillent l'étude comme la diversion ne vous connaissent pas mieux. La vraie cause de votre ennui n'est pas un manque d'occupation pour votre esprit, c'est un manque d'occupation pour votre cœur. Vous n'avez aucune affection forte et profonde qui vous intéresse à la vie. Ceux qui vous en font un reproche devraient bien plutôt s'en prendre à eux-mêmes. Une telle affection, on ne la réclame pas, on l'inspire. Si vous ne l'aviez jamais connue on pourrait vous accuser d'être incapable de la ressentir. Mais qui l'a mieux éprouvée que vous? N'en ai-je pas été mille fois témoin moi-même ? Vous aimiez alors, peu importe sous quelle forme, et aujourd'hui, vous n'aimez plus, tout votre mal est là. Ce n'est pas dans le temps où respirait le grand cœur que j'ai tant aimé moi-même, ce n'est pas alors que vous vous ennuyiez de la vie ! Si parmi les amis qui vous restent aucun n'a su, je ne dis pas vous consoler d'une perte dont vous ne devez pas vous consoler, mais réconcilier avec la vie une âme qui a montré de tels sentiments, qu'ils accusent leur insuffisance ou leur malheur, mais qu'ils ne viennent pas parler d'égoïsme. Si vous souffrez parce que rien de ce que vous apercevez autour de vous ne peut combler le vide qui s'est fait dans votre cœur, ce tourment même est une preuve que vous ne pouvez vous passer d'une grande affection, ce qui n'est guère, en général, le signe de l'égoïsme. A tout cela, il n'y a malheureusement que des remèdes qui ne dépendent pas de votre volonté. On ne peut pas dire à un malade : « Ayez de l'appétit. »

Vous me demandez pourquoi je suis venu à Chambéry. J'y suis venu pour voir ma pauvre et chère vieille mère, que je n'avais pas vue depuis longtemps. Je prolonge mon séjour ici pour lui faire plaisir et un peu aussi pour d'autres motifs qui n'ont rien d'intéressant. C'est là ce qui m'a fait assister, malgré moi, à la réception de la bande impériale. Ce malheureux petit pays s'est déshonoré avec un empressement qui me l'a fait prendre en horreur. Ses beautés sont flétries pour moi.

Votre tout dévoué.

A M. DE GUERLE.

Chambéry, ce 12 août 1866.

Voici près d'une semaine, mon cher ami, que je suis ici, remettant de jour en jour le plaisir de répondre à votre bonne lettre, dans l'espoir de vous donner de meilleures nouvelles, non pas de moi, mais de la température et du ciel dont le concours est si nécessaire à notre expédition. Malheureusement le temps n'a pas cessé d'être exécrable et il y a plus d'un mois que cela dure. Il pleut à peu près tous les jours : le matin et le soir le thermomètre descend jusqu'à 12 degrés, dans la journée, il se tient à 18, ce qui implique une température tout à fait glaciale dans la montagne. Avec cela un ciel sombre et nuageux. Les dieux sont décidément contre nous. Mais, comme ils sont presque aussi changeants que les mortels, les choses peuvent encore s'arranger et, dans ce cas, voici ce qu'il y aurait encore de plus simple, d'après les renseignements que je me suis procurés.

Si vous venez directement de Paris, il faudrait vous reposer une journée à Aix-les-Bains, où vous serez mille fois mieux qu'à Chambéry sous tous les rapports. Vous partiriez d'Aix le lendemain matin vers neuf heures, vous déjeuneriez avec moi à Chambéry où je me rendrai de la campagne (je m'y installe demain pour trois mois ; à la campagne bien entendu); le rendez-vous serait à l'hôtel de France, à côté de la gare. La voiture viendrait nous prendre là vers midi et nous irions coucher à Saint-Laurent-du-Pont, au pied de la Chartreuse. Le lendemain, ascension et retour. Le tout peut très bien se faire en une seule journée et vous pouvez être de retour à Aix à huit heures et demie du soir. L'expédition est donc très facile à condition que le temps nous favorise.

On m'apporte votre seconde lettre à l'instant même. La séparation des sexes dont vous me parlez n'est une objection que dans le cas où l'on passe la nuit à la Chartreuse, et vous voyez que mon plan l'a prévue puisque je vous fais coucher à Saint-Laurent-du-Pont. Nous ne devons donc pas nous tenir battus pour autant. Si cependant vous renonciez à ce projet en faveur de Chamounix, j'espère que vous ne me refuseriez pas de me donner une journée à Genève, où j'irais vous rejoindre au passage, car je ne puis me permettre de vous accompagner dans cette excursion qui est, je crois, plus longue que l'autre.

Quant à l'élection dont vous me parlez, je suis très peu au courant, quoique placé tout près du centre de l'action. Il y a deux ans tout le monde me parlait des grandes chances que j'avais dans ce canton et me pressait de m'y porter le cas échéant. Cette année personne — mais absolument personne ne m'en a soufflé un seul mot. On comptait probablement que l'occasion ne viendrait jamais. — Mais elle est venue et mes chers compatriotes battent en retraite avec le courage civil qui les caractérise. Je suis un homme trop compromettant et trop compromis. J'ai su très indirectement qu'on va mettre en avant un propriétaire de la localité, grand éleveur de cochons et du reste homme assez distingué, ancien député à Turin. Les cochons n'ayant pas de couleur politique, il a quelque chance de n'être pas combattu par le gouvernement et il prendrait place entre la Gauche et les Quarante-cinq. Au reste je regrette peu de ne pas entrer à la Chambre dans les circonstances actuelles. Le sénatus-consulte rend la place beaucoup moins tenable encore qu'elle ne l'était et je crois que je n'y paraîtrais que tout juste le temps de m'en faire exclure violemment, bien que ce ne soit peut-être pas là la meilleure conduite à tenir.

M. Lanjuinais, avec qui j'ai beaucoup causé de tout cela à Cauterets, est d'avis que l'on doit se barricader dans la Constitution et qu'il y a moyen avec cela de leur rendre la vie très dure. C'est à étudier. J'ai trouvé aussi là-bas messieurs de Metz et de Foblant, c'est-à-dire le comité de Nancy dans deux de ses meilleurs représentants. Je vous laisse à penser si nous avons été contents de l'apothéose de Bismark. Peut-être est-ce, comme on le dit à Paris, un échec pour Napoléon III, mais c'en est un bien plus grand encore pour nos idées. Nous causerons de tout cela à Genève, sur une terre libre!

Mes amitiés respectueuses à madame de Guerle.

A MADAME PLANAT DE LA FAYE.

Jacob, près Chambéry, ce 30 septembre 1866.

Voici bien longtemps, chère madame Planat, que je suis hanté par le désir de vous écrire. Comment vous dire que je me suis défendu contre un sentiment si naturel ? Je serais certainement embarrassé de vous définir le pourquoi. Il y avait là un peu de tout — crainte de vous froisser par quelque dissentiment au sujet des derniers événements, scrupule de vous entraîner à des conversations par écrit, qui ne sont plus de votre goût — enfin, je ne sais quoi encore. Mais, chère et excellente amie, je ne puis me passer aussi longtemps de savoir comment vous vous trouvez et il n'y a pas de considération qui puisse m'empêcher de m'en informer. Aucun raisonnement ne saurait avoir raison contre l'amitié et je me semblerais à moi-même absurde et odieux si, m'intéressant à tout ce qui vous touche comme je le fais à Paris, je pouvais vous traiter comme n'existant pas du moment ou deux cents lieues nous séparent. Cela tranche la question et il faut vous résigner à me donner de vos nouvelles, sauf à vous en venger un peu en passant, si c'est votre bon plaisir. Comment ne nous querellerions-nous pas? Nous sommes tellement du même avis

J'espère que vous avez pu faire heureusement votre voyage en Bavière, malgré les coups qui ont si tristement frappé votre famille. Ce malheur me semble avoir quelque chose de plus accablant que celui qui a atteint tant d'autres familles, soit en Autriche, soit en Prusse. De ces deux côtés-là, du moins, ceux qui succombaient ont su pourquoi ils mouraient ; ils servaient une cause bien nettement définie. Mais qui pourrait expliquer cette politique nébuleuse et fantasque que suivait la Bavière? Qui pourrait dire ce qui se passait dans la cervelle obscure de ce roi de clair de lune, de ce vague somnambule qui semble agir sous la triple ivresse de la musique, de la bière et du tabac! N'est-il pas lamentable pour un soldat de se faire tuer sur un ordre émané de ce musicien de l'avenir? Si vos deux parents se sont rendu compte qu'ils mouraient, non pour leur pays, mais pour le caprice d'un idiot incapable de prendre une décision même mauvaise, cela a dû être dur pour eux. — A propos d'idiot avez-vous entendu dire que notre tyran avait un commencement de ramollissement très prononcé? Voilà qui serait le véritable couronnement de l'édifice.

Écartons ces rêves trop doux! J'ai lu, il y a à peu près deux mois, dans la *Revue des Deux-Mondes* un article qui a dû vous faire plaisir pour la mémoire de notre cher et grand ami[1]. Le travail n'était pas très bien fait; il contenait trop de phrases toutes

1. Manin.

faites, mais il rendait du moins pleine et entière justice à ce glorieux caractère si antique par sa simplicité et si moderne par son élévation morale, descendant en ligne directe de Washington. Je l'ai lu avec bonheur en pensant à vous. L'auteur citait en note une correspondance de Manin publiée en Italie. — Je pense bien que vous vous l'êtes procurée et je vous prie de me la conserver pour mon retour. Voici le moment d'aller à Venise, chère madame Planat. La ville prendra ses habits de fête pour vous recevoir. Quand organisons-nous cette petite expédition avec notre ami Henri Martin?

Je suis installé ici à la campagne avec ma mère dans un petit coin solitaire et charmant d'où l'on a sur la vallée et le lac une des perspectives les plus belles qui se puissent imaginer. La Suisse et l'Italie fondues dans le même paysage, et à deux pas un vrai décor d'opéra avec rochers, précipices, cascades et tout ce qui s'ensuit. Le roc a été creusé, dentelé et ciselé par l'eau avec un art merveilleux. On fait trois cents lieues pour aller voir aux Pyrénées un maigre filet d'eau se laissant tomber bêtement du haut d'une montagne, mais personne ne vient voir ici le chef-d'œuvre de sculpture taillé sur des blocs énormes par ce ruisseau féerique. Au reste il en est ainsi de toute chose et il ne faut pas s'étonner pour si peu. En somme je pourrais être heureux ici pour trois mois s'il ne me manquait pas tant de choses indispensables pour cela. J'ai toujours une santé d'hippopotame, — bien que j'aie le bras gauche emmitouflé depuis huit jours, comme était le vôtre il y a quelques mois — par suite d'une chute terrible qui devait me fendre le crâne et qui a manqué son coup grâce au dévouement admirable de ce bras! Et vos yeux comment les gouvernez-vous? N'oubliez pas de me dire cela. Votre travail a sans doute beaucoup avancé car vous êtes laborieuse, vous! Vous ne perdez pas de temps, vous! — Mais je m'arrête là, car le chapitre de vos qualités me conduit tout droit à celui de mes vices, sujet éminemment désagréable.

Adieu, chère madame Planat, rappelez-moi, je vous prie au souvenir de madame Garre et ne doutez jamais de la respectueuse et inaltérable affection de

Votre tout dévoué ami.

Mon adresse est à Jacob, par Chambéry (Savoie).

A MADAME PLANAT DE LA FAYE.

Chambéry, ce 12 octobre 1866.

Moi trouver quelque chose à redire à une lettre, que j'ai reçue avec tant de plaisir! Ne me faites pas injure à ce point, je vous prie. La vérité est que voici plusieurs jours que j'avais l'intention de vous écrire, sans pouvoir la réaliser à cause de quelques incidents imprévus. J'ai eu coup sur coup la visite de plusieurs de mes amis, entre autres de Chenavard, le paradoxal, qui est un causeur d'une verve charmante et intarissable, mais tout à fait accaparante. Il s'est arrêté ici quelques jours, grâce aux dégâts causés par l'inondation. Il allait à Rome, et s'est trouvé tout d'un coup cerné ici, le mont Cenis et le Simplon étant devenus impraticables et Marseille occupée par le choléra. Il a eu le bon goût de paraître ravi de sa mésaventure et de s'extasier devant nos sites. Je suis très étonné de ce que vous me dites du fils de madame Garre que j'aurais été enchanté de trouver à Cauterets, où je n'étais certes pas caché. J'étais logé dans l'hôtel le plus fréquenté, à l'hôtel de France, et M. Lanjuinais, qui est arrivé là-bas vers la fin de mon séjour, m'y a déniché dès la première matinée. Je vous prie bien de dire à madame Garre, que je regrette vivement d'avoir manqué cette occasion de faire la connaissance de son fils, et que j'espère qu'elle me dédommagera en m'en offrant bientôt une autre. Je serai à Paris vers le milieu de novembre, mais pas avant, car je compte mettre à profit le mois qui me reste d'ici là, en travaillant un peu mieux que je ne l'ai fait jusqu'à présent. Je me suis donné la tâche d'achever mon second volume avant le mois de janvier, et je la remplirai, bien que je sois forcé dès aujourd'hui de m'avouer qu'il ne paraîtra peut-être jamais. Charpentier devient de plus en plus intolérable et il vient de me jouer un nouveau tour.

. . . .

Il n'y a évidemment plus qu'un procès qui puisse

mettre au net notre situation vis-à-vis l'un de l'autre ; mais ce procès, je suis forcé de l'attendre, ce qui est fort ennuyeux, mais ce dont il faut prendre son parti. Une fois mon volume terminé, je me livrerai à d'autres travaux, qui me permettront de le voir venir avec tranquillité. Je n'ai pas besoin de vous dire que l'annonce de la reprise de la publication dans la *Revue* est une chose qu'il a prise sous son bonnet, sans aucune participation de ma part. Ma mère vous remercie de vos bonnes paroles et me prie de vous offrir ses meilleurs sentiments. Elle se porte très bien, mais hélas! je l'ai trouvée bien changée. Elle a soixante-dix-neuf ans, a presque perdu la mémoire et tombe peu à peu dans l'enfance. Pauvre chère mère! Cela est bien douloureux, je vous assure.

Adieu! chère madame Planat, conservez-moi, je vous prie, votre bonne amitié.

A MADAME M. S.

1866.

J'irai vous voir lundi soir. Le grand malheur dont vous me parlez serait le plus grand bonheur qui pût m'arriver. Si vous saviez le mal horrible que me fait l'absence d'un intérieur et d'une véritable affection de femme, je vous assure que vous n'en plaisanteriez pas. J'ai assez souffert du gaspillage qu'on a fait de mes meilleurs sentiments pour y vouloir mettre fin à tout prix. Il ne vous a été que trop facile de voir ce que ces tourments m'ont coûté ; et cependant vous n'avez presque rien vu. Si vous étiez vraiment mon amie, vous m'aideriez à me tirer de là, car je suis fait pour quelque chose de mieux que le sort qui m'est échu depuis ces dernières années.

Votre tout dévoué.

A M. VIARDOT.

Ce 28 février 1867.

Mon cher ami,

La lettre dont vous me parlez ne m'est point parvenue, non plus que plusieurs autres, qui m'ont été adressées pendant mes pérégrinations de cet été et qui ont couru successivement aux Pyrénées, en Suisse, à Paris, en Savoie et finalement au diable, qui les a gardées. Je n'ai pas besoin de vous dire combien j'en ai de regrets.

J'ai lu avec beaucoup de plaisir votre petite brochure, qui résume très bien les arguments qu'on peut faire valoir en faveur de votre opinion. Vous me demandez si je vous en conseillerais la publication. Cela dépend tout à fait de votre situation d'esprit. Si vous éprouvez le besoin de recevoir sur la tête une forte avalanche d'injures et de sottises, sans être défendu par qui que ce soit au monde, allez-y gaiement, comme disent les Parisiens, vous serez pleinement satisfait ; c'est là l'accompagnement obligé de toute question métaphysique traitée par la méthode du sens commun. Si vous préférez vivre tranquille, bornez-vous au demi-jour que vous avez choisi.

Quant à moi, si vous me permettez une opinion personnelle sur ce sujet, je vous dirai que je suis encore moins dogmatique que vous. Je regarde tout ce qui se rattache à cet ordre de questions comme du domaine de la fantaisie pure. Je considère le monde comme appartenant aux deux principes de bien et de mal, qui se disputent notre propre personne et, dans cette lutte, celui qu'on nomme Dieu me paraît un pauvre diable, fort occupé et recevant beaucoup plus de coups qu'il n'en donne. Il doit sourire bien tristement, lorsqu'il nous entend dire qu'il fait tout et qu'il peut tout. Je ne m'étendrai pas plus longtemps sur ma métaphysique pour ne pas déraisonner, ce qui est le résultat inévitable d'une discussion prolongée sur ce chapitre.

Adieu, cher ami, je vous remercie de votre souvenir et vous prie de me rappeler au souvenir de madame Viardot, qui est de plus en plus regrettée ici par les amis du grand art, elle l'a emporté avec elle. — J'embrasse vos enfants.

A MADAME JAUBERT.

Paris, le 25 mars 1867.

J'étais dans mon lit, couché avec la fièvre (sauf votre respect) ! Dame fort peu plaisante, je vous assure. Je me suis empressé aujourd'hui de rompre ce dangereux tête-à-tête, mais je suis encore très emmitouflé et je me traîne péniblement d'un fauteuil à l'autre, en me disant : c'est pourtant moi qui suis le terrible Ferocino ! Le fait est que la maladie me rend doux comme un petit mouton — particularité qui vous paraîtra invraisemblable, mais que vous vous expliquerez en y réfléchissant. A qui, en effet, se fait sentir la bonne ou la mauvaise humeur d'un malade ? — A ceux qui le soignent. — Or, comme je me soigne moi-même, il faut avouer que je serais un drôle de corps, si j'ajoutais aux disgrâces de la maladie celle de me malmener pour la peine que je me donne. — Cette explication satisfera, j'espère, votre lorgnon sceptique et scrutateur. J'ai bien regretté d'avoir manqué à la soirée de vendredi. — Elle ne pouvait être qu'infiniment intéressante pour moi, à tous les points de vue. — C'est là, je suppose, que le lorgnon susdit a dû se donner carrière.

Fasse le ciel que je sois assez valide pour l'affronter demain soir !

Votre bien affectionné.

A M. DESCHAMPS.

28 avril 1867.

Cher monsieur et ami,

Je vous suis profondément reconnaissant de l'aimable insistance que vous mettez à renouveler une invitation qu'il m'eût été si agréable de pouvoir accepter ; mais il m'est plus impossible que jamais de m'y rendre et je n'aurai malheureusement pas de peine à vous en convaincre. A tous les ennuis que m'a déjà procurés la publication de mon *Histoire de Napoléon*, vient de s'ajouter une contrariété qui comble la mesure. La plus grande partie du manuscrit de mon second volume que j'étais en train d'imprimer vient d'être perdue ou soustraite chez l'éditeur ou l'imprimeur, je ne sais lequel, car tous deux se renvoient la faute. Charpentier accuse Claye et Claye accuse Charpentier, toutes les recherches ont été infructueuses, c'est un long et difficile travail entièrement à refaire, car je n'ai pas une ligne de copie ni de note. Comment je sortirai de là, je n'en sais rien encore, mais vous comprenez facilement que cela ne me dispose pas aux parties de plaisir, quelque tentantes qu'elles soient. Cette aventure est tout à fait sans exemple en librairie et donne lieu à mille suppositions dont je vous fais grâce. Il n'y a qu'une chose bien claire, c'est qu'elle est un désastre pour moi.

Je vous remercie affectueusement d'avoir bien voulu vous occuper de faire connaître mes écrits qui en ont grand besoin, car la presse parisienne est peu bienveillante pour eux. Mais pour rien au monde je ne voudrais voir avant leur publication les articles dont vous me parlez. Je n'ai de ma vie remué le petit doigt pour obtenir même une mention de qui que ce soit, et quand je n'aurais qu'un signe à faire pour m'assurer une gloire immortelle (en supposant qu'il fût au pouvoir de quelqu'un de la dispenser), rien au monde ne pourrait me décider à faire ce signe. Que votre ami dise ce qu'il pense, rien de plus, rien de moins, et je serai son obligé dans tous les cas, même dans celui où il serait à son insu injuste à mon égard. Voilà sur ce point la ligne de conduite dont je ne me départirai jamais. Merci encore, mon cher Deschamps, et croyez, je vous prie, à mes sentiments d'estime et d'affection.

A MADAME JAUBERT.

Paris, 10 mai 1867.

Comme je vous reconnais bien là de croire qu'on peut ainsi du jour au lendemain recommencer sa vie ! Vous ne savez donc pas combien d'existences je traîne après moi ? La mère Gigogne n'était rien en comparaison. Je frémis à la seule idée des contre-coups et des tragiques carambolages que ce simple changement de programme amènerait dans tout ce cher petit monde et vous n'êtes pas assez ennemie de mon repos pour exiger cela de moi. Cependant annoncez-moi toujours à madame T***, cela fait toujours bon effet. — Dites-lui qu'il faudrait qu'il m'arrivât des choses bien extraordinaires pour que je vous manquasse de parole. Dites-lui surtout que je publie en tous lieux qu'elle est délicieuse et charmante. Cela vaut cent visites.

A charge de revanche, madame la présidente.

Votre féal,

FEROCINO.

A M. CHARPENTIER.

Mon cher ami,

. . . . En ce qui concerne le pouvoir actuel, je veux bien que ses concessions soient prises à titre de restitution, mais je trouve tout naturel qu'on songe à retourner ces concessions contre lui, attendu que son caractère faux et perfide est suffisamment établi, je pense, par sa politique de tous les temps. Il est impossible maintenant d'avoir la moindre confiance en sa parole ; la plus simple prudence exige qu'on se précautionne contre lui et de toutes les précautions la seule efficace serait de le renverser. Tout cela est mille fois évident. On est simplement juste à son égard ; il porte la peine de ses trahisons et de ses mensonges. Au reste, ce dissentiment entre nous n'a aucune importance pratique puisqu'il ne peut me venir à l'esprit d'en laisser paraître la nature dans mes articles. Tout ce que je réclame, c'est le droit de laisser voir une défiance trop justifiée au sujet de promesses parfaitement mensongères et cette défiance est pour nous un devoir de dignité, car, en ceci, consentir à paraître dupe c'est être complice.

Votre bien affectionné.

A MADAME C. JAUBERT.

Paris...

Eh bien, mettons que je n'ai rien dit. Vous comprenez qu'on n'est pas Ferocino pour rien. Mais quand cela serait vrai, comme je l'ai supposé, où serait le mal ?

Il me semble que vous avez bien le droit de rire quelquefois à mes dépens et je ne vous en voulais pas le moins du monde, ni à vous, ni à madame X... Mais l'histoire *des douze invitations* m'était revenue de deux ou trois côtés à la fois et je me suis senti en goût d'exhaler ma petite vexation, histoire de nerfs.

Vous avez toujours été si excellente et si parfaite pour moi que, si je pouvais seulement me soupçonner de nourrir l'ombre d'un sentiment de rancune à votre égard, je me conduirais sur-le-champ moi-même au poste le plus prochain. Jugez un peu s'il m'est possible de vous en vouloir! Oubliez donc cette figure du terrible Ferocino. Il croyait murmurer une faible plainte. Il paraît que c'était un rugissement. Pauvre animal formidable et digne de pitié. Plaignons-le. Faut-il que je me jette à vos pieds ? J'y suis, à vous.

A M. EDMOND BONY.

Paris, 8 mai 1867.

Monsieur,

Il me tarde de vous remercier de l'appréciation si indulgente que vous avez bien voulu me consacrer dans le *Journal d'Alençon*. Je l'ai reçue hier seulement et je ne vous dissimulerai pas que je l'ai lue avec un plaisir extrême, bien que je sente autant que personne tout ce qui me manque pour mériter tous vos éloges. Ils m'ont offert du moins le portrait auquel je voudrais ressembler. — Me permettez-vous d'ajouter que j'ai été étonné d'être si bien compris à distance. — Étant faite, bien entendu, la part de l'exagération.

La façon dont votre travail est écrit et pensé a été pour moi une véritable surprise et je crois, monsieur, que, si la presse de province compte seulement quelques écrivains comme vous, il y a beaucoup à rabattre sur les lamentations que nous inspire la situation morale de notre pays. Si l'Exposition vous attirait à Paris dans le cours de l'été, je serais heureux de cette occasion de faire votre connaissance et de vous renouveler mes bien sincères remerciements.

Agréez, je vous prie, l'expression de ma sympathique estime.

22, rue Chaptal.

A MADAME C. JAUBERT.

1867.

Je n'ai jamais pu voir souffrir les animaux. Il faut donc absolument contenter ce pauvre lièvre en lui donnant un sépulcre convenable dans un estomac reconnaissant. Ce doit être une grande consolation pour lui de vous avoir pour exécuteur testamentaire. Quant à moi, tout ce que je puis faire c'est de m'associer à votre pieuse pensée et je m'y engage de tout mon cœur. Mais au nom du ciel, où avez-vous pris *ce petit maître?* Est-ce à cause de ce méchant bout de cravate rouge? O femmes! Abîme, abîme!

Tutto suo,

FEROCINO.

A M. GOJON.

Paris, 27 mai 1867.

Voici plusieurs jours, mon cher ami, que je remets le plaisir de vous écrire à cause de cette diable de loterie. Je suis allé deux ou trois fois chez madame Marjolin pour me procurer la liste des numéros gagnants (vous savez que c'est elle qui fait cette loterie), elle était à la campagne, et ce matin seulement j'ai trouvé la chose chez Giroux et je vous l'envoie. Je suis heureux, mon cher Gojon, de voir les dispositions où vous vous trouvez maintenant et j'espère que vous vous y maintiendrez. Il faut absolument rompre avec cette vie de ces quatre ou cinq dernières années. — Vous verrez que vous en serez amplement récompensé. Je suis même convaincu que vous trouverez le changement infiniment plus agréable que vous ne vous l'imaginez. Vous ne me dites pas si vous vous êtes mis à l'anglais. — Ne le négligez pas. — Rien n'est plus essentiel à tous les points de vue.

J'ai été très mal portant depuis votre départ, en sorte que vos bons conseils arrivent assez à point. Je me traite maintenant à l'eau froide tous les matins pour m'aguerrir aux impressions du froid et du chaud. Je prendrai ensuite les eaux sulfureuses aux Pyrénées ou ailleurs. Quant au reste dont vous vous informez avec tant d'amitié, stagnation complète. L'obstacle que nous avions prévu tous deux (je ne sais si vous vous en souviendrez), avait pris des proportions presque inquiétantes ; j'y ai mis bon ordre, mais il est résulté un peu d'embarras momentanément. L'été et un séjour à la campagne décideront s'il faut persister ou ne plus s'en occuper. Je ne sais au juste à quel moment j'irai à Chambéry, mais ce moment ne peut être bien éloigné et nous causerons ensemble de tout cela.

Adieu mon cher Gojon, donnez-moi souvent de vos nouvelles. Je vous serre bien affectueusement la main et vous remercie de tout mon cœur de votre bonne lettre.

A MADAME C. JAUBERT.

Paris, 31 mai 1867.

J'irai en *riding coat* à votre *dinner*, mais je ne résiste pas au plaisir de vous remercier. Ainsi pas de crêpe à moins que ce ne soit sur mon assiette, car comme dirait M. Morissot, il vaut mieux en porter dans son estomac qu'à son chapeau. J'espère que, malgré la peur que vous font aujourd'hui les lettres, mon écriture n'est pas encore pour vous un objet d'épouvante. Vous seriez bien injuste envers moi, madame la Présidente !

Agréez, je vous prie, mes très affectueux hommages.

Je vous ai bien regrettée hier soir chez les B***. — Vous vous seriez certainement divertie. — C'était l'exhibition d'un enfant prodige de soixante-dix ans et d'au moins deux cents kilogrammes qui a nom madame X et qui paraît se destiner au théâtre, du moins elle récite des scènes dramatiques avec un goût très passionné. Elle y produit des effets tout à fait nouveaux. Elle est comique dans la tragédie et tragique dans la comédie.

A M. CHARPENTIER.

Mon cher ami, je vous en supplie, faites faire des annonces mais pas de réclames. Les meilleures ne valent rien, témoin celle de Villetard qui annonce mon histoire sous ce titre : « Histoire de Napoléon d'après sa correspondance. » Ce qui est dire que j'ai fait une compilation dans le genre de celle de M. Raudot. C'est bien la peine d'avoir retourné tous les documents, toutes les sources et tous les mémoires du temps pour recevoir un pareil pavé ! Annoncez purement et simplement la publication et rien de plus. Je préfère même un silence complet à des recommandations comme celles dont on m'accable depuis quelque jours.

Votre affectionné.

A M. CHARPENTIER.

Comment avez-vous laissé passer les âneries d'Élias sur le mouvement coopératif ? Est-ce le moment d'empêcher la réconciliation des classes, d'accuser les sociétés de patronage de vouloir *exploiter les ouvriers* dans un intérêt électoral ? Cela est insensé, rétrograde et contraire à tous nos principes. Cela pue la révolution de 1848 et la Sociale. J'ai reçu les plaintes les plus amères à ce sujet d'un des membres de ces sociétés de patronage bien désintéressées s'il en fût. Donnez sur les doigts à Élias et surveillez-le à l'avenir. Songez qu'il y a des gens qui le lisent, heureusement ils sont rares !

Tout à vous.

A MADAME C. JAUBERT.

11 septembre 1867.

Je vous réponds bien tard et avec toute autre personne que vous je serais bien confus; mais pourquoi avez-vous reçu en partage tant de bonté et d'aimable indulgence, si ce n'est pour qu'on en abuse un peu ? car j'établis en principe que, sur ce point, l'usage équivaut à l'abus. Il va sans dire que j'ai les meilleures raisons à faire valoir pour m'excuser, mais, en pareille matière, on a toujours tort et les bonnes excuses ne sont pas celles que vous avez à alléguer, quelque justes qu'elles puissent être, mais celles dont on veut bien vous faire crédit avant de vous avoir entendu et c'est sur ces dernières seules que je compte avec vous, l'amitié étant du domaine de la grâce et non du domaine de la justice, comme dirait un théologien. Donc vous avez *deviné* combien j'ai été ahuri et bousculé d'occupations pendant le dernier mois de mon séjour à Paris, et votre bon cœur m'a pardonné. Je connais même un moyen de l'attendrir en confessant une lutte incessante avec ce vilain mal névralgique que vous connaissez si bien. J'espère du changement d'air, ce qui fait que je ne vous demande pas encore de m'ordonner une ordonnance.

Pour me remettre, j'ai trouvé ici mon petit marécage natal, si paisible d'ordinaire, dans un état des plus violents, par suite d'une visite du choléra. Il s'est emparé d'un malheureux petit faubourg de la ville et l'a presque dépeuplé en quelques jours. Vous pensez si *ce procédé* a paru choquant à des gens habitués à mettre en toute chose une sage lenteur. Ils en poussent les hauts cris et trouvent les raisons les plus extraordinaires pour expliquer l'apparition du fléau ; il ne peut pas leur entrer dans l'esprit qu'il soit venu ici comme il serait allé ailleurs, pour changer de place et voir du pays.

Au reste, dans le moment où je vous écris, j'entends les derniers coups de tonnerre d'un orage magnifique qui vient d'éclater sur la ville et j'espère qu'en renouvelant l'atmosphère, qui était d'une stagnation étouffante, il soulagera les maux de ce pauvre pays.

Je suis installé ici avec ma chère vieille mère, dans un ermitage un peu moins réussi que celui de l'année dernière, mais, en somme, très passable, et où je puis reposer sur la verdure des yeux fatigués de cette sempiternelle fixité sur des caractères d'imprimerie. Il faut convenir que nous tous, auteurs et lecteurs, nous leur faisons faire là un drôle d'exercice et que la nature n'avait guère pu prévoir.

..... J'ai eu le plaisir de voir, avant de quitter Paris, notre excellent ami Chenavard, que j'ai trouvé en bien meilleur état que je ne l'espérais. Un mois de séjour dans la *douce France* le rendra plus robuste que jamais, et il pourra aller achever ce tableau que je suis bien impatient de voir pour beaucoup de raisons. S'il réussit, ce sera un rajeunissement pour notre ami et peut-être le début d'œuvres nouvelles qui le mettront à sa véritable place... Il m'avait promis de passer par ici en allant en Italie, mais notre triste état sanitaire ne me permet plus guère de l'espérer. En tout cas, je compte sur vous pour avoir de ses nouvelles, ainsi que des d'Alton... en attendant que je leur écrive. Remerciez, je vous prie, madame de L. G. de son bon et aimable souvenir. Avez-vous vu la photographie de d'Alton? Est-elle réussie? Quant à moi qui ai posé en même temps que lui, je viens d'en recevoir une, énormément flattée, un jeune premier un peu avarié, mais encore très potable. Il n'est pas permis de se moquer à ce point de la vérité.

Je ne vous ai pas encore remercié de votre lettre; elle était délicieuse d'un bout à l'autre, et l'histoire du chapeau de soie admirable et d'une vérité éternelle. Je crois qu'en effet, dans *l'espèce* dont nous nous occupons, le petit Dieu malin s'était déguisé en couturière. Il a laissé là ses flèches et a agi à grands renforts de toilettes, coiffures, cosmétiques et accessoires de tous genres, car tout lui est bon, pourvu qu'il arrive à ses fins.

Adieu. Gardez un petit brin d'amitié à votre fidèle et affectionné.

à Piochet (quel nom fatal), maison de Mégère,
par Chambéry (Savoie).

A MADAME C. JAUBERT.

Paris... juillet 1867.

Remerciements très affectueux de Ferocino avec tous ses regrets de ne pouvoir accepter. Son cœur y sera toute la soirée, mais il ne pourra vous apporter ses oreilles que vers neuf heures.

Votre affectionné.

A M. GOJON.

Chambéry, 14 septembre 1867.
Ce samedi.

Je vous remercie du fond du cœur, mon cher Gojon, du bon souvenir que vous trouvez le temps de me donner au milieu de tous vos soucis qui, heureusement, ne sont pas tous d'une nature attristante. Je souhaite la bienvenue à votre cher enfant avec toute l'amitié que j'ai pour son père. L'arrivée de cet être innocent préservera votre maison. C'est le meilleur des talismans dans un moment comme celui-ci.

Présentez, je vous prie, mes compliments et mes souhaits les plus affectueux à madame Gojon que j'espère voir bientôt rétablie. Je n'attends que les délais de rigueur pour aller vous serrer la main.

Votre ami affectionné.

Les habitants de Chambéry se montrent vraiment très bien dans ces malheureuses circonstances. J'ai passé aujourd'hui à Maché, et ce bureau de secours gratuits, installé en pleine rue et desservi volontairement par des particuliers, à tour de rôle, m'a paru une belle chose. Ce pays a du bon.

A MADAME C. JAUBERT.

Piochet, ce samedi 12 octobre 1867.

..... Quant au grand *Panetier*, on peut dire que ce pauvre être a cherché avec une sorte d'acharnement tous les moyens possibles d'abréger son inutile existence. A toutes les représentations qu'on pouvait lui faire sur ce sujet, il répondait d'un air de suprême commisération, comme s'il était tout à fait inaccessible à ce souci de petites gens. Puis, le jour où il s'est senti atteint sérieusement, il n'a plus su se défendre contre la maladie que par des larmes d'enfant qui coulaient nuit et jour. *Alas poor Yorick!* Quel parfait bouffon de cour il aurait fait!

Si j'avais eu le bonheur de vous avoir pour voisine, j'aurais bien mis à profit votre science médicale dans ces derniers temps. J'ai eu un mal de tête très aigu qui m'a tenu pendant quinze jours sans interruption. J'appelle cela un choléra cérébral.

Je n'ai jamais rien éprouvé de ce genre, et j'ai vraiment cherché quelqu'un qui consentît à me couper la tête. A la fin, différents poisons qu'on m'a fait absorber m'ont à peu près délivré, mais pas encore définitivement, et je compte là-dessus pour vous faire excuser le peu de lucidité de mes idées, s'il y a lieu.

Il me semble que c'est du même mal que se plaignait, l'année dernière, notre ami Chenavard, et je suis effrayé que cela puisse devenir une chose normale et durable, car j'ai encore grand besoin de ma tête, et je ne prendrais pas volontiers mon parti de m'en passer. Il faut avouer que notre ami n'a pas eu de chance dans son inspiration d'aller chercher le calme et la tranquillité à Rome. Le choléra et Garibaldi se l'arrachent tour à tour. Qui sait si nous ne verrons pas quelque jour notre philosophe enrôlé de force parmi les zouaves pontificaux! Chenavard consacrant sa force herculéenne à défendre le pouvoir temporel — ce serait drôle! — Mais il propagerait le découragement parmi les soldats du Pape. « A quoi bon? On ne sait plus faire la *grande guerre*, leur dirait-il; il n'y a plus d'art militaire. Il y a eu *sept grands capitaines* qui ont accaparé toutes les façons originales de détruire les hommes. Toutes les places sont prises. On ne peut plus être qu'un imitateur. » L'armée du Pape se débanderait immédiatement, et c'est ce qui préservera notre ami de ce destin funeste et nous le rendra.

Je connais le nouvel époux dont vous m'annoncez le bonheur. Il n'est pas précisément récréatif, mais c'est un très savant homme, très fort sur le sanscrit et autres blagues orientales, à ce qu'assure Renan, — et je le crois sur parole. Cela pourra lui servir à être heureux en ménage. J'ai remarqué souvent combien il est imprudent, de la part des maris, de parler à leurs femmes une langue qu'elles comprennent; j'oserais même affirmer que leurs malheurs viennent presque toujours de là. La femme étant un être qu'il faut prendre par l'imagination, on ne saurait être trop mystérieux avec elle : c'est ce que les prêtres ont merveilleusement compris. Aussi lui parlent-ils toujours en latin. Et les médecins! non pas seulement ceux de Molière. — Quel empire ils exercent sur elles. Avec une dose de sanscrit convenablement administrée, un mari peut durer indéfiniment. — Je veux dire l'espace d'un matin, — ce qui est énorme.

Mes douleurs me reprennent. — Je crois que j'ai tout le congrès de la paix dans la tête. Cela seul peut expliquer ce que je ressens. Vous me pardonnerez donc si je prends congé, au lieu de vous ennuyer de mes doléances. Mais je suis sûr que je guérirais subitement si je recevais une petite lettre de vous, non toutefois à dose homéopatique : votre bon cœur vous fait donc un devoir de me l'écrire, quoi qu'il vous en coûte.

Avec cette espérance, je me dis et prétends rester, madame la Présidente, le plus tendrement dévoué de vos amis.

A MADAME C. JAUBERT.

Piochet, par Chambéry, ce 2 novembre 1867.

Ma névralgie était déjà en pleine retraite au moment où vous avez eu la bonté de me proposer vos aimables petits poisons, sans quoi j'y aurais eu certainement recours. J'ai admiré surtout vos définitions des effets du mal ; on voit que vous avez sur ce point une belle expérience très artistement analysée.

Je suis très heureux d'avoir votre approbation et votre sympathie pour mon second tome. Faites-moi l'honneur de croire que je fais infiniment plus de cas de l'avis d'une femme intelligente et spirituelle que des jugements motivés de tous les pédants de la terre réunis en congrès.

Si vous m'avez lu jusqu'au bout sans sourciller, c'est un vrai triomphe pour moi, et je monte au Capitole remercier les dieux, car j'ai traité dans ce volume une foule de questions des plus difficiles à digérer, et ma grande crainte était d'avoir été ennuyeux.

Pauvre mistress d'A..... Il faut l'avoir vue faible

comme elle l'était peu de temps avant son départ de Paris pour imaginer ce que cela doit être maintenant. N'est-ce pas à égorger tout le corps médical qu'on n'ait pas inventé un philtre quelconque pour rendre un peu de force à cette pauvre fleur languissante?

Adieu, chère madame et amie. Merci encore de vos bonnes et précieuses lettres qui ont un charme infini pour moi. J'espère vous trouver à Paris vers le 20 novembre.

A M. EDMOND BONY, PROFESSEUR.

Paris, ce vendredi 22 novembre 1867.

Monsieur,

Absent de Paris depuis près de trois mois, je n'ai pu lire qu'à mon retour le nouvel article si bienveillant que vous m'avez fait l'honneur de me consacrer dans le *Journal d'Alençon.*

J'espère que le retard que j'ai mis à vous remercier ne vous aura pas fait douter des sentiments auxquels vous avez le droit de vous attendre de ma part, après un témoignage qui tient si peu de la banalité des encouragements ordinaires de la presse. Votre appréciation, dans ce qu'elle a même de trop indulgent, est une approbation virile qui invite à mieux faire et qui soutient comme le conseil, au lieu d'endormir comme la louange. J'en méconnaîtrais le prix si j'y répondais seulement par des formules de gratitude. J'espère vous prouver, par mes prochains volumes, que votre estime n'est pas mal placée. — Votre critique, au sujet du défaut *de couleur*, est parfaitement juste et j'en tiendrai compte. J'étais, sur ce point, en défiance contre moi-même. Par nature, je serais plutôt porté à abuser de la couleur, et c'est par crainte d'en trop mettre que je n'en ai pas mis assez.

Adieu, cher monsieur. Les vues que vous développez dans votre article me montrent que nous servons identiquement la même cause, — ce qui est assez rare aujourd'hui, — même quand on croit être tout à fait d'accord. Ne vous laissez pas décourager par la lenteur apparente de nos progrès. — Nous verrons de meilleurs jours !

Croyez, je vous prie, à mes sentiments les plus sympathiques.

22, rue Chaptal.

A M. DE BENAZÉ.

2 décembre 1867.

Mon cher Théodore, il faut bien purifier ces affreux anniversaires par des événements heureux, sans cela la place ne serait plus tenable pour nous. Si on les laissait faire, ils confisqueraient à leur profit la nature entière. Mais faut-il renoncer au parfum des violettes et au miel des abeilles parce qu'il leur a plu de les choisir pour emblèmes? De même, il n'est pas un jour dans l'année qui ne soit un jour néfaste et qui n'ait eu besoin d'être réhabilité. Tu ne pouvais mieux choisir que le 2 Décembre pour faire un ennemi au Deux-Décembre.

Mille félicitations affectueuses pour la mère et mille souhaits de bienvenue pour l'enfant.

Ton ami affectionné.

A MADEMOISELLE LAUBÉ.

Ce 16 janvier 1868.

Ma chère Thésie,

J'ai été bien touché de tes bons soins pour ma mère et j'ai bien vivement regretté de n'avoir pas été auprès d'elle pour les partager avec toi. C'est un grand soulagement pour moi de savoir que tu es là, connaissant ton cœur bon et délicat. Sans toi, je ne pourrais pas être tranquille loin d'elle, surtout par une saison aussi rude que celle que nous traversons. Ici, nous avons eu un froid terrible. La Seine a été complètement prise pendant quinze jours. Maintenant, cela est tout à fait calmé et il fait une température du mois d'avril. J'aime à croire qu'il en est de même chez vous.

Paris devient plus que jamais inhabitable pour moi dans cette saison, parce qu'on m'y rend le travail impossible. Je reçois en moyenne trois ou quatre invitations par jour; j'en refuse les neuf dixièmes, et cela me prend encore un temps énorme. Je ne sais pas où donner de la tête. Il est écrit que nous ne pouvons jamais arriver à une solution satisfaisante. En toute chose, on a trop ou pas assez. A force d'être ballotté entre les deux extrêmes, on arrive à souhaiter ce qui est le pire de tout: le rien. T'ai-je dit que j'ai retrouvé mon ami Vacquant, dont tu m'as entendu parler? Il a mené une vie beaucoup moins agitée que la mienne. Il est heureux, dans son coin, avec sa femme et sa fille qui est presque aussi grande que lui. Je suis bien aise que mon petit mot ait fait plaisir à madame Sevez. J'ai été vraiment heureux de ce qui est arrivé à son fils. Ils méritaient bien l'un et l'autre d'avoir enfin un bon moment dans leur vie. Les occasions de succès viennent tôt ou tard; le grand point est de s'en rendre digne. Si tu as occasion de voir mon ami Bebert, n'oublie pas de lui faire mes amitiés. Tu sais que je fais aussi grand cas de lui.

Il y a longtemps que je ne compte plus sur les faïences de Piochet; la propriétaire va s'en engouer, maintenant qu'on leur trouve du charme.

Quoi qu'il en soit, elle est bien agaçante avec ses incertitudes. Si je ne connaissais pas tes aptitudes pour la diplomatie, j'enverrais tout cela aux trente mille diables.

Adieu, chère Thésie, je te suis mille fois reconnaissant de tes bontés. Embrasse bien ma chère mère pour moi; recommande-lui, de ma part, de se lever tard et de se coucher tôt, de suivre un bon régime et de se tenir très chaudement. Donne-moi souvent de vos nouvelles à toutes deux.

Et crois-moi toujours,

Ton cousin affectionné.

Mes amitiés à nos cousins Hérauld.

A M. CHARPENTIER.

1868.

Les huit premières lignes de votre note peuvent rester telles qu'elles sont. Voici ce que je mettrais ensuite :

« Nous n'avons aucune raison pour dissimuler le motif qui nous a décidé à prendre cette détermination.

« Ce recueil a été fondé, non pour être l'organe d'un parti, mais pour défendre un principe.

« Il a soutenu le principe de la liberté sous toutes les formes et dans toutes ses applications, sans aucun ménagement pour l'esprit de système, de secte et de coterie.

« Cette originalité honorable, mais périlleuse, nous exposait à l'isolement. Nous n'avions aucune sympathie à attendre des partis ; car ceux mêmes qui font profession d'aimer la liberté la subordonnent à leurs intérêts personnels. La *Revue nationale* s'adressait, dès son origine, à un public, non seulement très restreint, mais dont personne alors ne pouvait soupçonner l'existence. Aujourd'hui, il est démontré, grâce en partie à ses efforts, que ce public existe, non pas encore à l'état de groupe politique constitué, mais à l'état d'élite intellectuelle. Rallier de plus en plus les éléments épars de cette minorité, vulgariser ses doctrines dans leur intégrité, et en même temps les rendre accessibles à un plus grand nombre de lecteurs, tel est le double but que nous voulons atteindre.

« Il nous a semblé que la réduction si considérable que nous annonçons sur le prix de l'abonnement, combinée avec une impulsion plus forte et plus spéciale imprimée aux travaux politiques, serait plus propre à réaliser ce vœu qu'une publicité plus fréquente, mais aussi plus onéreuse. Nous avons la certitude de regagner amplement en force et en unité ce que nous aurons perdu en étendue. »

Voilà, ou à peu près, ce qu'il y aurait, je crois, de plus convenable. Cela explique tout, sans trop attirer les yeux, et d'une façon honorable pour nous.

Tout à vous.

A M. CHARPENTIER.

1868.

Votre brochure me paraît décisive quant au fond, mais beaucoup trop violente pour la forme. C'est surtout lorsqu'on a raison qu'il faut être modéré et maître de soi. Les gros mots ne font qu'affaiblir les bons arguments. J'ai adouci les expressions qui m'ont paru par trop fortes. Je vous ferai une autre observation : vous mêlez à la question beaucoup trop de personnes et d'incidents accessoires (M. de la Laine, etc.). Si vous recevez un seul démenti ou une seule rectification au sujet des assertions qui les concernent, l'effet de votre brochure se trouve presque aussitôt détruit. Quant à ce que vous dites de la propriété littéraire, c'est un hors-d'œuvre propre à indisposer beaucoup de gens qui sont de votre avis sur le reste. Il est au moins inutile de mettre contre vous la majorité des gens de lettres et des journalistes.

L'argumentation est d'ailleurs excellente, et je ne doute pas de votre succès.

Seriez-vous d'humeur à m'acheter la propriété de mas *Papes* in æternum? Je vous la céderais en ce moment pour un plat de lentilles.

Votre bien affectionné.

A M. BEBERT.

1869.

Mon cher ami, j'étais sur le point de vous écrire ce matin, pour vous dire à quel point je vous soupçonnais d'être l'ami Tronko, lorsqu'on m'a apporté votre bonne lettre, qui m'a prouvé que mon cœur ne m'avait pas trompé en vous attribuant ces pages si généreusement sympathiques. Vous comprendrez sans peine que je me sente embarrassé pour faire l'éloge de cet excellent travail ; je me bornerai donc à vous dire que c'est un grand bonheur pour moi d'être ainsi interprété et jugé ; c'est du fond du cœur que je vous en remercie. Je me demanderais comment je m'acquitterai jamais envers vous si depuis longtemps déjà je n'étais insolvable.

J'avais lu, il y a deux jours, dans le *Patriote,* la nouvelle que vous me confirmez de la mort de notre pauvre ami Burnier; elle m'a bien péniblement surpris; car j'avais une réelle affection pour ce garçon si plein de fantaisie et de gaieté. Il avait, quoique très léger, des qualités sérieuses et rares dans notre pays. Encore un camarade d'enfance de parti ! Et ce pauvre G..., qu'elle fin horrible. Je me rappelle avec quelle épouvante prophétique il me parlait du sort de sa cousine X... enfermée dans une maison de Lyon. La vie humaine est décidément une triste invention. Il vaut mieux n'en pas parler.

Je vous trouve sévère en Savoie pour le *Patriote ;* il a suivi, en général, une bonne et très bonne ligne dans des circonstances où ce n'est pas facile, et telle ou telle violence de détail ne doit pas nous faire oublier le réel mérite de son attitude politique. On doit, à mon avis, encourager et soutenir le ministère actuel, mais on ne peut pas se rallier à lui. A part l'abandon des candidatures officielles, il n'a encore rien fait que des discours et des promesses. On a donc toujours le droit de se défier du résultat, surtout après l'usage qu'il a fait des lois sur la presse. Cette ligne idéale entre l'approbation et la défiance est difficile à suivre; il ne faut pas s'étonner de quelques déviations Mais n'est-ce rien que d'avoir fondé un journal avec les seules forces locales, d'y discuter avec force et talent toutes les questions qui intéressent le pays! Pour moi, mon cher Bebert, je suis très frappé du progrès du journal depuis sa fondation, de la *bonne qualité* croissante de sa rédaction. Les moyens que X... a employés ont pu froisser de justes susceptibilités; mais enfin, les autres parlaient, il a agi. Il nous a créé un excellent organe; il a marqué sans tâtonnement, avec une parfaite justesse, le point précis où il fallait frapper. Jamais un comité n'aurait su faire cela, et, pour ma part, je lui en suis profondément reconnaissant. Je vous prie de le lui dire en mon nom en attendant que je puisse lui écrire. A son âge et dans sa position, ce n'est pas un petit mérite, croyez-le, d'avoir entrepris et fait ce qu'il a réalisé. Aujourd'hui que ce journal existe, je considère comme un véritable devoir de le soutenir, et je plaindrais ceux qui en seraient détournés par un sentiment de rancune personnelle contre X... Je sais que l'implacable P... persiste à lui tenir rigueur: mais j'espère bien, mon cher Bebert, que vous livrerez, un de ces jours, à ce féroce démagogue, un de ces assauts dans lesquels vous excellez. Je suis enchanté d'apprendre que notre ami R... a mordu à la politique, et il me tarde de lire un de ses articles. Faites-lui mes affectueux compliments.

Je vous dirai, tout à fait entre nous, qu'Émile

Ollivier m'a fait demander une entrevue il y a une quinzaine de jours. Je lui ai fait répondre que tant *qu'il n'y aura que cela de fait*, toute entrevue entre nous était fort inutile.

Adieu, mon cher Bebert; je vous remercie encore, et vous prie de croire à ma bien sincère amitié.

A M. GOJON.

Paris, ce mardi 23 mars 1869.

Je vous remercie, mon cher Gojon, de votre bonne et affectueuse lettre et des excellents avis qu'elle contient. Vous savez que mon opinion n'a jamais beaucoup différé de la vôtre en ce qui concerne l'état de notre pays, et je puis dire que les mécomptes auxquels vous faites allusion n'auraient pas été une grande surprise pour moi. J'étais même décidé un instant à m'y exposer, dans l'espérance qu'ils pourraient amener pour d'autres quelques bons résultats. Je ne redoutais pas un complet échec, s'il pouvait avoir pour effet de réveiller dans notre pays la vie et l'activité politiques. Une manifestation électorale, entreprise dans de bonnes conditions, même avec la certitude d'échouer, me semblait, à ce point de vue, une chose utile et désirable, et j'étais prêt à m'y dévouer; mais il fallait, selon moi, pour cela, que nous eussions quelque probabilité que cette manifestation ne dégénérerait pas en un complet *fiasco*. Je voulais au moins des chances pour une minorité respectable, sans quoi notre tentative n'aurait d'autre effet que d'augmenter l'inertie et le découragement. Tous renseignements pris, il se trouve que nous pouvons à peine espérer réunir quatre mille voix, en mettant les choses au mieux, et j'estime qu'il y aurait folie de notre part à courir au-devant d'un pareil avortement. Ce que nous avons à faire, ce sont des journaux et de la propagande; procéder autrement, c'est mettre la charrue avant les bœufs. Voilà, en peu de mots, mon cher ami, les motifs qui m'ont porté à décliner la candidature qu'on m'a offerte. Je ne demandais pas mieux que de m'imposer tous les ennuis d'une campagne malheureuse, mais encore voulais-je pouvoir croire que cela servirait à quelque chose, et c'est en quoi je ne pense pas avoir poussé trop loin l'exigence.

Vous devriez bien venir voir l'Exposition de cette année. Je crois qu'elle sera intéressante. Mon ami Chenavard a rapporté de Rome un très bon tableau, qui est appelé à faire beaucoup de bruit.

Adieu, mon cher Gojon. Je vous suis bien reconnaissant de votre amicale sollicitude. Rappelez-moi, je vous prie, au souvenir de madame Gojon, et croyez-moi toujours,

Votre ami affectionné.

A M. GOJON.

Paris, 27 avril 1869.

Mon cher Gojon.

Je voudrais bien pouvoir vous être bon à quelque chose dans la négociation dont vous avez pensé à me charger, mais je crains fort que vous ne vous fassiez de grandes illusions sur mes aptitudes commerciales. Toutes les fois que j'ai touché à des affaires de ce genre — ce qui ne m'est pas arrivé souvent — je n'ai guère réussi qu'à m'enfoncer moi-même. Cela ne contribue pas à me donner beaucoup d'assurance. On est tellement volé toutes les fois qu'on cherche à se débarrasser d'objets de ce genre qu'à votre place je le garderais. Après tout il gardera toujours sa valeur et tôt ou tard vous trouverez une occasion, sinon de le vendre, du moins de l'échanger contre un objet qui vous sera plus utile. A la *monnaie*, on vous achète tous les objets d'argent, mais on vous chicane sur la qualité du métal, on y trouve invariablement beaucoup d'alliage et on vous vole avec moins de franchise, voilà tout. Le plus court selon moi est de se résigner et d'attendre une opportunité. — Si toutefois vous persistez dans votre projet, envoyez-moi la chose en question et je ferai ce que vous aurez décidé.

En ce qui concerne ma candidature, M. Lacoste a été induit en erreur par des cancans de journaux, il n'en a jamais été question pour Paris — et je dois dire qu'il s'y présente tant de candidats auxquels je ne daignerais pas donner mes bottes à décrotter que je ne me sens aucun goût d'entrer dans l'arène avec de pareils concurrents.

Adieu, cher ami, je vous serre bien affectueusement la main.

A M. CHARPENTIER.

Mon cher ami,

Je suis un peu pris au dépourvu mais je ferai tous mes efforts pour arriver à temps et j'ai tout lieu d'espérer que j'y arriverai.

Merci pour la *Revue*. Je viens de lire Taine sur Byron. C'est très travaillé, mais cela reste toujours purement descriptif. Il ne voit de son modèle que les côtés extérieurs. Il ne donne nullement le pourquoi de ce caractère et de ce talent. Il n'y voit qu'un produit naturel du sang et de la race, ce qui est archifaux ou du moins très incomplet. Toute son étude consiste à donner une analyse des mémoires et des poèmes de Byron. Quiconque les a lus en sait aussi long que lui. Ce n'est pas là le but de la critique ; elle est tenue d'aller au delà. Enfin cela me paraît très laborieusement médiocre.

Mille amitiés.

A M. FÉLIX HÉMON

CANDIDAT A L'ÉCOLE NORMALE

mai 1869.

Je regrette, monsieur, que votre indisposition m'ait privé du plaisir de vous serrer la main. Rien ne pouvait m'être plus agréable que ce que vous voulez bien me dire de la sympathie de la jeunesse des écoles, car c'est en elle que réside aujourd'hui notre seule espérance, et si la France est appelée à se relever, ce sera seulement par vous, jeunes gens, qu'elle reprendra sa place. La génération qui arrive aujourd'hui à l'âge mûr est usée avant d'avoir agi. C'est à vous, jeunesse travailleuse, d'acquérir le sérieux, la volonté, l'énergie qui lui ont manqué. Si vous savez y parvenir tout vous deviendra facile et vous n'aurez pas de peine à être plus heureux que vos devanciers. La France, à l'heure qu'il est, est une personne d'infiniment d'esprit, mais qui a peu de jugement et pas de caractère. La génération qui rétablira l'équilibre accomplira une grande tâche et je souhaite vivement, monsieur, que cet honneur vous soit réservé à vous et à vos jeunes contemporains, car en vérité, il y a péril en la demeure !

Agréez, je vous prie mes bien sincères remerciements.

P.-S. J'ai lu avec beaucoup de plaisir les articles

de monsieur votre frère et je lui écris pour l'en remercier.

A M. CHARPENTIER.

Je regrette vivement, cher monsieur, d'avoir manqué votre bonne visite. Je n'ai pu résister au désir de connaître le résultat des élections et c'est ce qui a causé mon absence du logis. Ma curiosité a été tristement satisfaite. Quel absurde gâchis! Quelle nation affolée! Où trouverons-nous jamais un point d'appui pour des opinions moyennes et pour un système stable? On n'y trouve que des extrêmes et point de centre. Nous voici revenus au beau temps des blancs et des rouges; les uns, les autres ne demandent que la liberté de s'entre-dévorer. Délicieux pays en vérité!

A vous affectueusement.

A M. DE GUERLE.

Chambéry, ce mercredi 3 août 1869.

J'espère, mon cher ami, que cette lettre vous trouvera encore à Royat malgré ma négligence à vous répondre. Cette lenteur a tenu, autant que je puis m'en rendre compte, non pas à un oubli, mais à l'embarras que j'éprouvais à vous donner mon avis sur le sujet dont vous m'entretenez. Comme pas un journal ne pénètre jusqu'à moi depuis mon arrivée ici, je ne sais pas le premier mot de la situation et j'avoue que mon ignorance me paraît délicieuse auprès de la science peu consolante que j'ai rapportée de Paris. La seule particularité qui soit parvenue à ma connaissance dans ces derniers temps est un manifeste du sieur Gambetta qui m'a semblé une production extraordinairement bouffonne. Pour que les attitudes pontificales de ce tribun d'estaminet soient prises au sérieux dans « la capitale de l'intelligence » il faut évidemment que ce pays soit bien malade. Quant à lui, après son aventure inouïe, après la double élection qui a récompensé une criaillerie de club, il est tout naturel qu'il se considère comme un phénomène et réclame la dictature. C'est de la modestie de sa part de ne pas demander des statues. Ceux qui s'étonnent et s'affligent de ce résultat après l'avoir préparé par leur stupide engouement me mettent hors des gonds. Ils ont voulu faire des héros de Gambetta et des autres, qu'ils les subissent maintenant !

Il est une chose, mon cher ami, que nous ne devons plus nous dissimuler après ce que nous avons vu, c'est que l'avenir appartient aux braillards et aux flatteurs de la multitude. Ç'a été dans les élections la note dominante et la condition du succès. Avec la pauvreté de caractère qui distingue le Français, tout le monde passera par là, même ceux qui affectent le plus de dédaigner ces moyens de succès.

Avez-vous vu dans les *Débats*, quelques jours avant le scrutin de ballottage, un certain discours de M. Thiers ? Ce petit homme, au dire du journal, avait pris la parole d'un ton *sombre* et *pénétré* et après quelques préliminaires il avait déclaré à l'auditoire que, d'après son opinion, «l'avenir appartenait à la *république économique.* » Si la lutte électorale avait duré huit jours de plus, Thiers aurait fait une profession de foi socialiste. Eh bien , en cela il est le type et l'idéal de ses compatriotes. Une fois sur la pente, tout dégringole, rien ne tient ni à ses idées ni à ses convictions. C'est ce qui réussit qui fait la loi. Et notez que ce même homme qui, par complaisance pour quatre faquins, chevrote un air de carmagnole, a perdu, coulé à fond son parti et, ce qui est plus grave. tous les hommes d'opinions modérées par son obstination routinière, par son refus inébranlable de faire, il y a deux ou trois ans, une concession avec laquelle il aurait été le maître du mouvement électoral.

Assez là-dessus. Parlons de l'Auvergne puisqu'elle vous intéresse. Elle a comme vous me le faites remarquer, beaucoup de rapports avec la nature alpestre. mais si vous me permettez de faire valoir les droits de mon pays, j'ajouterai qu'elle a à la fois moins de grandeur et moins de grâce que les paysages de Suisse et de Savoie. L'Auvergne a quelque chose de dur et de revêche comme le caractère de ses habitants; jamais vous n'y trouverez les belles lignes harmonieuses de nos montagnes, ni la richesse de notre végétation, ni le contraste de ces horizons, tantôt d'une douceur et d'une suavité italienne, tantôt d'une sévérité terrible. A part les environs de Clermont, l'aspect de l'Auvergne est maussade, ses sites sont en général médiocres et ses lacs tout à fait bourgeois. Mais je reconnais que la région des volcans éteints a une originalité et un caractère de désolation des plus extraordinaires. Il y a aussi derrière le mont Dore un château à demi-ruiné, dont j'ai oublié le nom, qui vaut à lui seul le voyage. — N'oubliez pas d'aller voir cela. Connaissez-vous les *Grands jours d'Auvergne* de Fléchier? C'est très curieux à lire sur place. Il y a là des histoires de bandits féodaux à faire plaisir. Cela explique admirablement Rouher. Il descend à coup sûr en ligne droite du valet d'un de ces messieurs.

Adieu mon cher de Guerle, pardonnez-moi ce long griffonnage et remerciez, je vous prie, madame de Guerle de son aimable souvenir.

Votre ami affectionné.

A M. GOJON.

A La Motte, ce mercredi 1869.

Mon cher Gojon, je suis prisonnier ici pour deux ou trois jours au moins et voici comment : J'ai été rencontré lundi dernier par mon ami Paganin et il m'a engagé à dîner avec de telles instances que je n'ai pu lui refuser. Mais un petit poulet doit lui être remis ce soir (le dîner étant pour demain jeudi), par lequel je m'excuse sur une indisposition de ma mère. Je ne puis donc décemment me laisser voir demain à Chambéry. Tâchez donc de pousser une reconnaissance jusqu'ici. Je vous montrerai mon repaire.

M. Lacoste m'a présenté à M. Levret, qui est un garçon des plus sympathiques et m'a présenté lui-même à son buste qui est une œuvre vraiment très respectable et annonce selon moi de rares dispositions, si l'on tient compte à l'artiste du milieu où il s'est développé. Je ne puis pas juger de l'interprétation ne connaissant pas l'original, mais ce buste a la première qualité de tout portrait, il révèle une physionomie, un caractère qu'on embrasse d'un coup d'œil indépendamment de toute analyse de détail, il est plein d'ensemble et de vie.

Mon insensibilité au sujet de vos ennuis de propriétaire vous paraît monstrueuse. Vous avez une manière bien simple de vous venger, passez-les-moi.

Je vous attends demain toute la journée.

Tout à vous, mon cher Gojon.

A M. BEBERT François.

26 octobre 1869.

Mon cher Bebert,

Les tristes nouvelles que vous me donnez de notre pauvre ami G.... m'ont péniblement affecté, mais elles ne m'ont pas surpris. J'ai reçu de lui, quelques jours après son arrivée à Divonne, une lettre dont le contenu ne pouvait guère me laisser de doute sur la vérité. Toute réflexion sur cet horrible malheur serait inutile. Mais je ne puis, comme vous, m'empêcher de penser que cette adoption d'un genre de vie pour lequel il était si peu fait a eu une déplorable influence sur sa santé. — Et pour mon compte je n'ai pas à me reprocher de l'y avoir encouragé. J'ai fait l'impossible pour l'arracher à cette solitude où je le voyais chaque année perdre une partie de sa vivacité et de son esprit. Mais, chose singulière, il y périssait de tristesse et d'ennui de son propre aveu et en même temps il s'y cramponnait avec l'énergie d'un naufragé. Lorsqu'il venait à Paris, qu'il aimait tant autrefois, il s'y trouvait tout dépaysé; sa prison lui manquait. Peut-être était-ce là le commencement de la maladie.

Quoiqu'il soit un peu embarrassant de prévoir de si loin, je me décide avec plaisir à louer la maison de M. de Chevilly, car j'en ai gardé le meilleur souvenir. C'est la plus charmante résidence que je connaisse aux environs de Chambéry et je vous suis bien reconnaissant d'avoir songé à la retenir pour moi. Je vous prie donc, mon cher Bebert, de vouloir bien l'arrêter pour moi lorsque vous reverrez de Chevilly, à condition toutefois que le prix n'excède pas la somme de *cinq ou six cents francs*. Comme, selon toute probabilité, je ne pourrai y résider que du milieu de juin à la fin de septembre au plus tard, le loyer serait trop cher pour moi s'il dépassait ce prix. Je m'en rapporte donc à vous pour régler cela le moins onéreusement possible.

Voilà donc arrivé ce fameux vingt-six octobre ! Je méprise tellement tout ce qui s'est brassé à Paris dans ces derniers temps en fait de manifestations démocratiques, que je n'ai pas même la curiosité d'aller voir ce qui se passe. Comme les choses les plus absurdes sont toujours ici celles qui ont le plus de chance de se réaliser, et comme il y a sur le pavé de Paris cinquante mille bêtes brutes en disponibilité, menées par quelques douzaines de fous, il n'est pas impossible qu'il y ait quelque affaire, mais cela ne peut aboutir à rien si ce n'est à faire casser quelques mâchoires fort peu intéressantes.

Qui nous délivrera des charlatans, mon cher Bebert ? Cherchez donc cet *insecticide*, vous qui êtes chimiste ! Je vous serre bien affectueusement la main.

Quand vous reverrez Q... à son retour, donnez-moi des nouvelles de sa santé. Il est courageux ce diable-là !

A M. VIARDOT.

Ce mardi 1er février 1870.

Je suis tellement en retard avec vous, mon cher ami, que je ne suis même plus à temps pour m'excuser. Je ne me réfugierai donc pas dans une vaine apologie et je reste cyniquement dans mon tort. Vous avez dû voir d'ailleurs par une lettre de madame M... que j'ai fait votre commission Vos suppositions n'avaient, Dieu merci, rien de fondé. La vérité est que votre aimable amie, qui est du reste une personne parfaitement idéale sous tous les rapports, est d'une paresse crasse. Elle avait fait toutes les choses que vous lui demandiez, mais il s'agissait de l'écrire et alors..... ce n'est pas à moi de lui jeter la pierre. Je puis dire toutefois à ma décharge que je ne crois pas avoir eu pendant les mois de décembre et de janvier une demi-heure entière de loisir. Ajoutez à cela que depuis quinze jours je suis emprisonné dans ma chambre par une atroce névralgie, qui résiste à tous les traitements et vous n'aurez pas le cœur de me garder rancune.

J'ai reçu et relu vos volumes sur la peinture et la sculpture avec un vif plaisir. C'est toujours la même clarté de style et la même justesse d'appréciation ; la même mesure et le même bon sens dans les jugements, qualités si rares chez les critiques ondoyants de nos jours. Vous avez écrit là un véritable manuel de l'art, très complet dans sa brièveté.

J'ai eu le regret de manquer deux fois Tourgueneff. une fois chez moi, une fois chez lui. Dites-lui bien de ma part que ça a été une véritable contrariété pour moi. Il fait à Paris des apparitions si rares et si courtes qu'on sera réduit à le prendre au vol comme un papillon. J'ai promis à un de mes amis, qui est son admirateur frénétique, de lui faire faire sa connaissance. Or je me demande quel genre de piège il faudra que je lui tende pour le prendre et le garder toute une soirée.

A ce propos, je voudrais bien savoir où votre colonie s'est transportée pour l'hiver. Vous avez donc renoncé à Paris, et sous quel futile prétexte? Pour une question d'auberge ! Allez, c'est indigne de vous et je n'aurais jamais cru Pauline Garcia Viardot, capable de devenir *Lolotte* à ce point ! Il vous faut vos aises avec toute espèce de tartines de beurre. Je conviens que cela se trouve difficilement dans les étroits et mesquins hôtels de Paris, mais on est à Paris. Je connais des gens qui ont à la campagne des châteaux de luxe princier et qui viennent passer ici l'hiver dans un obscur entresol. Mais ils ont la foi et vous ne l'avez plus.

Tout bien considéré, vous êtes peut-être dans le vrai, j'étudierai la question lorsque j'aurai un château à Bade. Votre éloignement de Paris aura du moins le bon effet de vous faire apprécier avec plus de sang-froid et de justesse le drôle de spectacle auquel nous assistons depuis quelques mois. — Je sens, pour mon compte, que je le trouverais prodigieusement divertissant, si je pouvais le contempler en spectateur désintéressé. Mais il est à la fois irritant et attristant pour celui qui s'y trouve mêlé ; car il ne faut pas vous y tromper, mon cher ami, ce que vous appelez l'agonie du pouvoir impérial, ce sont tout simplement les contorsions impuissantes d'une nation incapable d'avoir une pensée et une volonté !

La France est aujourd'hui livrée à elle-même ; sa destinée dépend d'elle seule. Ceux qui la gouvernent ne lui demandent qu'une chose ; c'est de manifester clairement un sentiment quelconque. Elle ne répond que par des agitations contradictoires, tantôt dans le sens d'une basse démagogie, tantôt dans celui de la peur. C'est pourquoi, malgré l'incontestable bonne volonté de quelques-uns des hommes qui sont au pouvoir, malgré l'avantage énorme d'une situation qui leur offre une foule de réformes toutes faites, auxquelles il ne manque que leur signature, on est autorisé à craindre qu'ils feront peu de chose. Ils n'ont pas assez de caractère pour donner l'impulsion au pays et le pays pourrait bien la recevoir, mais il est hors d'état d'en imprimer une quelconque à qui que ce soit.

Adieu, cher ami, je vous serre affectueusement la main.

A M. X...

Paris, ce 3 mai 1870.

Cher monsieur,

En présence de la crise où la comédie plébiscitaire vient de jeter notre pays, j'estime que tout homme qui a un titre quelconque à se faire écouter est tenu de se prononcer tout haut. Si donc vous jugez que mon opinion sur la conduite à tenir au sujet du plébiscite vaille la peine d'être publiée, la voici en peu de mots. Sans méconnaître l'utilité d'un vote négatif, j'y vois plus d'inconvénients que d'avantages, et je conclus, comme vous, à l'*abstention*. Ce qu'on doit, à mon sens, repousser avant tout, ce qu'aucun esprit éclairé n'accepte, même parmi ceux qui se disposent à voter affirmativement, c'est le principe du vote plébiscitaire ; c'est ce détestable expédient qui n'a jamais produit que la dictature et le césarisme ; c'est cette consultation dérisoire qui soumet les plus graves problèmes constitutionnels à des millions d'hommes auxquels on a oublié d'apprendre à lire. Voilà ce que tous les partis honnêtes, tous les hommes de bonne foi sont intéressés à répudier ; voilà la manœuvre immorale et perfide qu'on doit à tout prix déjouer. Votre *non*, c'est reconnaître implicitement la légitimité du vote. Faire une réponse quelconque à la question qui nous est posée, c'est admettre qu'on avait le droit de nous l'adresser. Pour ma part, je ne m'y résoudrai jamais. Sous aucune forme et sous aucun prétexte, on ne doit laisser établir un pareil précédent. On ne saurait trop le répéter, le gouvernement n'a pas le droit de consulter le peuple, parce que le peuple n'a pas la capacité de se prononcer. Le peuple est aussi incompétent pour juger les questions constitutionnelles que pour apprécier une loi sur les hypothèques ou sur le régime dotal. En pareille matière, il se prononce par l'organe de ses mandataires et lorsqu'on élude leur contrôle pour lui soumettre des questions si délicates, c'est qu'on a l'arrière pensée d'exploiter sa confiance et sa crédulité. On affecte de consulter sa souveraineté, mais c'est dans l'espoir que son ignorance seule répondra. Ne nous prêtons pas aux calculs d'un charlatanisme si facile à pénétrer. Il est assez regrettable que des esprits plus ardents que réfléchis aient cru devoir revendiquer le système plébiscitaire au nom des idées démocratiques, dont il est la négation. Apprenons à tenir plus de compte de l'expérience unanime des nations libres et laissons ces moyens discrédités à une politique sans principes. Quel que soit le succès momentané des expédients plébiscitaires, leur règne sera court, parce que, à l'exception du pouvoir dictatorial forcé dans ses derniers retranchements, il n'est personne qui n'ait intérêt à les repousser. Que représente, en effet, cette doctrine? Pour vous, conservateurs, c'est le gouvernement lui-même empruntant les procédés de la plus basse démagogie. Pour vous, libéraux convertis, libéraux bafoués et contents, c'est la revanche des hommes de Décembre que vous vous vantiez naguère d'avoir enchaînés par un système de garanties. Pour vous, démocrates, ce sont les institutions populaires décriées par une indigne parodie. Pour vous enfin, hommes d'État sans conviction, qui prétendiez être les ministres d'une réforme et qui n'êtes plus que les ministres d'un caprice, c'est une arme qui dès demain sera retournée contre vous et qui efface jusqu'au dernier vestige de cette responsabilité que vous aviez rêvée. Épargnez-nous désormais vos protestations d'indépendance, vous n'êtes plus que des complaisants !

A tous ces points de vue, l'abstention me paraît la conduite la plus sûre, la plus rationnelle et, ce qui n'est pas à dédaigner, la plus facile à obtenir du bon sens populaire. Elle n'est plus aujourd'hui de l'inertie, elle est un acte politique aussi sage que significatif. Ce n'est ni le bon sens, ni l'intelligence politique qui manquent aux populations de notre vieille Savoie. Elles en donneront une preuve éclatante en condamnant par leur silence une manifestation qui n'a jamais été dans leurs traditions et qui ne saurait être de leur goût.

A M. LE COMTE DE MONCADE, MARQUIS D'AYTONA.

Londres, ce 28 mai 1870.

Mon cher ami,

J'accepte avec *enthousiasme* l'invitation. — Pour le plaisir d'être avec vous d'abord, — *y para el gusto* que je me fais d'avance d'entendre de l'excellente musique espagnole. On m'a souvent parlé du talent de Huerta [1], mais je n'ai pas eu jusqu'à présent la chance de me rencontrer avec lui.

Votre affectionné.

P.-S. — J'ai revu avec grand plaisir votre écriture au lieu de celle de votre secrétaire.

1. Célèbre guitarriste espagnol.

A M. LE COMTE DE MONCADE, MARQUIS D'AYTONA.

Londres, ce 10 juin 1870.

Cher et excellent ami,

Combien je regrette l'engagement que j'avais pris avant de recevoir votre billet. — J'aurais aimé à voir de près Don Juan[1]. — Cela aurait complété ma collection de princes détrônés. — Aux courses d'Epsom, je me suis promené au bras du comte de Paris. — Il fait fête aux Français en général. — Sa femme, dont la beauté m'avait été tant vantée, ne m'a pas fait cet effet.

Je mène une vie absurde — très fatigante depuis que je suis en Angleterre. — Je fais deux ou trois déjeuners le matin. — Je vais à cinq ou six thés entre quatre et six heures. — Je dîne une fois, *heureusement*, et je soupe dans dix maisons différentes. Et je ne réussis après cela qu'à manquer une foule d'invitations.

Mon but *principal* en venant ici avait été de vous voir ; il se trouvera que je n'y réussirai un peu qu'en mentant effrontément à ceux qui se sont emparés de ma personne dès mon arrivée à Londres.

Madame votre sœur m'en veut-elle de ce que je n'ai pas réussi dans la mission dont elle avait bien voulu me charger ? — Je lui ai écrit au milieu de

1. Don Juan de Bourbon, le prétendant carliste.

vingt personnes qui causaient autour de moi. — Peut-être me serai je mal expliqué dans ma lettre au sujet des difficultés. — Toujours est-il que je suis inquiet. Elle est *si sévère*, madame votre sœur ! ! !

Présentez lui mes hommages respectueux et croyez-moi votre affectionné.

A MADEMOISELLE LAUBÉ.

Paris, ce jeudi 15 juin 1870.

Ma chère Thésie,

J'arrive ce matin et je suis bien impatient d'avoir des nouvelles de ma mère et de toi. J'ai mené en Angleterre une vie si vagabonde et si accidentée que j'ai préféré n'écrire à personne plutôt que de m'exposer à perdre les lettres, ce qui est un des plus grands ennuis que je connaisse. J'ai vu là-bas tant de choses et tant de gens que j'en ai encore une espèce de chaos dans la tête. On m'a reçu comme un roi, et si j'avais voulu rester j'avais des invitations pour plus d'un an dans les plus magnifiques résidences de l'Angleterre Mais j'aime mieux mon vieux Jacob avec sa cascade, ses châtaigniers sauvages et son libre sans façon. Il me tarde bien d'y être. Ce sera, je pense, dans les premiers jours de juillet. Donne-moi, je te prie, longuement de vos nouvelles.

Je t'embrasse bien affectueusement ainsi que ma chère mère.

Ton ami et cousin.

A M. EDMOND BONY, Professeur.

Paris, ce jeudi 30 juin 1870.

Je suis bien en retard avec vous, mon cher monsieur, pour vous remercier des articles si bienveillants et si flatteurs pour moi que vous avez eu la bonté de m'envoyer. Un voyage en Angleterre et une courte indisposition des yeux que j'en ai rapportee ont été seuls cause de cette apparente négligence que votre amitié excusera. Elle a déjà si bien fait les choses en vous dictant ces appréciations qu'il ne lui en coûtera sans doute pas beaucoup de pousser l indulgence jusqu'au bout.

J'espère, mon cher monsieur, que vous continuez à être satisfait de votre changement de résidence et que votre séjour au Mans n'a pas déçu vos espérances. Mais c'est à Paris que je désire et que je compte vous voir bientôt, c'est là seulement que vous trouverez votre place et il me tarde bien d'apprendre que vous vous êtes enfin débarrassé des entraves qu'une absurde routine oppose à votre avancement. J'aurai, cette année, selon toute probabilité, le regret de ne pas me trouver à Paris, à l'époque où vos épreuves vous y appelleront, car je dois incessamment partir pour la campagne, mais je fais les vœux les plus vifs pour votre succès, et je serais bien heureux de pouvoir y aider si j'en découvrais quelque moyen. Envoyez-moi à tout hasard les noms de vos examinateurs lorsque vous viendrez à Paris. — Il n'est pas impossible que je connaisse quelque aboutissant en position — non pas de les influencer, — mais de les rendre moins hargneux, ce qui serait un grand point de gagné.

Je ne vous parle pas de tout ce que nous avons vu depuis six mois -- il y aurait trop à en dire. Si cette crise a été après tout et en somme heureuse pour notre pays, il faut convenir que les *individus* n'y ont pas brillé ! On a rarement vu plus de faiblesse et d'inconsistance. Ces mêmes hommes avaient montré de la dignité et de la persévérance pendant les quinze dernières années, mais ils étaient fatigués de leur propre vertu et ils ont saisi le premier prétexte venu pour s'en défaire. Ce n'a pas été long. Cela a achevé la décomposition politique de ce pays. Il n'y a plus rien que des conservateurs sans direction et sans principes ou des violents sans idées. Le milieu a péri.

Adieu, cher monsieur et ami, n'oubliez pas, je vous prie, de me donner de vos nouvelles. Je suis ici jusqu'au 8 juillet, et ensuite à Jacob par Chambéry (Savoie). Croyez-moi toujours votre bien affectionné et très reconnaissant.

A MADAME C. JAUBERT.

Chambéry, juillet 1870.

Que c'est aimable et méritoire à vous de vous souvenir de votre promesse, au milieu de vos bergeries assaisonnées de crème, de poésie et de musique ! Mais comme vous êtes bien parisienne dans l'âme, de regretter la rue de Penthièvre dans un pareil moment ! Que je voudrais pouvoir vous donner à lire les lettres que vous m'écriviez de là ; si vous y étiez — quelles lamentations sur cette population de braillards ivres, dont les stupides aboiements retentissent jusqu'ici. Je connais une dame qui habite le boulevard des Italiens et qui, après quatre jours de résistance, a été forcée de partir à moitié folle d'exaspération. Croyez bien qu'il ne se passera rien d'intéressant à Paris d'ici à quelque temps, et peut-être même d'ici à longtemps. Même pour un homme, il n'y a rien à y faire quant à présent. Votre ami d'Al... essaye bien vainement de lutter contre le courant. Ce sont là des efforts très généreux, mais parfaitement inutiles pour le moment. C'est comme s'il voulait faire entendre raison à un homme pris de vin. Plus tard, les événements aidant, la réflexion viendra et on commencera à déchanter, les hommes de bon sens pourront intervenir. Au reste je crois que votre sollicitude fraternelle s'exagère le danger. Le gouvernement a pris toutes ses précautions pour être en état de sévir le cas échéant; mais il sait bien que les donneurs de conseils n'ont aucune chance d'être écoutés aujourd'hui, et il ne lui déplaît pas, sans doute, de les laisser prêcher dans le désert. Je ne vous parlerai pas de tout ce qui vient de se passer; il y a trop à en dire à tous les points de vue. Mais (sans être envieux) je voudrais bien savoir ce que votre ami Bamberger pense à l'heure qu'il est de ses discours belliqueux au parlement douanier. Je m'efforçais alors de le calmer, de lui montrer l'horreur et l'absurdité d'une pareille guerre, après les énormes progrès qui s'étaient accomplis en Allemagne; rien n'y faisait, il voulait absolument manger un peu de Français. Eh bien, il peut maintenant satisfaire son appétit. Et puisqu'il ne nous entend pas, hâtons-nous d'avouer que son Bismark a été bien piteux dans cette circonstance. Malgré tous les torts que s'est donnés notre gouvernement on ne doit pas oublier que Bismark est encore en tout ceci le principal coupable; et s'il tombe de son piédestal d'homme de génie à l'état de simple brouillon, cette guerre aura eu, parmi tant de calamités, un résultat heureux.

A propos de cette guerre, n'est il pas piquant que le président Schneider ait commencé son discours à l'empereur par une phrase copiée textuellement dans un des mes volumes, à savoir : « Que l'auteur « d'une guerre n'est pas celui qui la déclare, mais « celui qui l'a rendue nécessaire » ? Et que l'empereur ait répété cette même phrase en ajoutant :

Comme l'a dit Montesquieu? — Ils sont vraiment plaisants ces deux bouffes. — Et moi, qui m'aurait dit que je travaillais pour leur fournir des maximes?

Je mène ici la vie d'un pauvre ermite absolument sevré de toute distraction et presque de toute causerie. Vous pensez si je vous envie vos concerts à quatre mains et votre pseudo-Kraus! Quant à moi, j'ai pour toute musique les gémissements désolés de quelques vaches qui se lamentent de n'avoir pas d'herbe fraîche dans le pré voisin. Après une ou deux pluies que j'ai amenées de Paris, la sécheresse a recommencé de plus belle et ce malheureux pays est complètement grillé. La guerre et la famine! Cela nous prépare un délicieux hiver!

Adieu, chère et excellente amie; mettez, je vous prie, mes respectueux hommages aux pieds de mademoiselle Juliette et rappelez-moi aux souvenirs des d'Al..., lorsque vous leur écrirez. Je suis bien heureux d'apprendre que l'air des montagnes réussit à votre malade. Soyez sûre que vous-même, vous vous en trouverez très bien. Mille et mille affectueux compliments.

FEROCINO.

A MADAME PLANAT DE LA FAYE.

Jacob, par Chambéry, ce 21 juillet 1870.

Vous ne vous êtes pas trompée, chère madame Planat, en supposant que je partageais vos sentiments. Je suis vraiment navré de tout ce qui se passe ici, dans cette campagne solitaire, au milieu de ce pays paisible, lorsque je vois défiler ces pauvres jeunes gens de la réserve, la mine consternée et chantant à tue tête pour s'étourdir, je ne puis dire quelle haine et quel mépris m'envahissent contre ces misérables qui, pour une vengeance d'amour-propre blessé, envoient tous ces innocents à l'abattoir. Ce qu'il y a de plus accablant dans cette situation c'est qu'on ne sait ni pour qui faire des vœux, ni à quelles espérances se rattacher, ni même quelle issue prévoir, vous voyez que je serais bien embarrassé de vous offrir une consolation que je cherche en vain moi-même. Les sympathies ne sont pas moins hésitantes que les prévisions et ne savent où se fixer. Certes notre indigne gouvernement est bien peu fait pour se les attirer, et son insistance sur une question de forme, après qu'on lui avait tout cédé sur le fond, suffit pour faire retomber sur lui tout le sang qui va couler. Mais quel nom donner à ce Bismark ? Quelle opinion se faire de son génie si vanté s'il n'a pas prévu que la guerre, une guerre effroyable, allait sortir de sa ridicule machination avec Prim ? Et s'il l'a prévu comment qualifier ce crime contre la civilisation et qui pis est, ce crime inutile, car l'unité allemande était faite, elle était acceptée presque universellement chez nous, à la première crise, elle aurait passé presque inaperçue? Que dire de ce roi de Prusse qui a autorisé comme *chef de famille* mais non comme *roi*? Et de ce malheureux Ollivier qui signe la déclaration de guerre *le cœur léger*? Et de ce Thiers qui vient gémir sur la catastrophe après y avoir poussé plus que personne? Et de cette opposition qui s'est annulée d'avance en se plaignant en toute occasion de nos humiliations, de notre abaissement devant la Prusse, même à propos de ce chemin de fer du Saint-Gothard, où elle avait tous les droits les plus évidents pour elle? De quelque côté qu'on se tourne on n'a que des sujets d'indignation, de regrets ou de crainte. On ne peut se résoudre à souhaiter la défaite de son pays, et cependant on hésite à lui souhaiter la victoire, car elle ne lui apporterait à l'intérieur qu'une aggravation du despotisme, à l'extérieur que des conquêtes impossibles à conserver et le germe de cent guerres futures. Pour vous, chère madame Planat, qui avez deux patries au lieu d'une et qui appartenez à la fois à la France et à l'Allemagne par tant de liens chers et sacrés, ces angoisses que ressentent tous les hommes de cœur, doivent être mille fois plus douloureuses. Je connais mieux que personne les raisons qui font que vous devez vivre dans un état de continuel déchirement, et je m'associe particulièrement à vos anxiétés pour votre cher neveu. Mais vous devez vous dire qu'après tout la situation de ce jeune homme est meilleure que la nôtre, car son devoir est clair et nettement tracé et son cœur ne sera pas partagé par des sentiments contraires. Ce n'est là, je le sais, qu'un triste soulagement à toutes vos inquiétudes ; mais tel qu'il est il a son prix et n'est pas indigne d'une âme comme la vôtre.

Je n'ai pas le courage de vous parler de moi comme vous avez la bonté de me le demander. Je vis très retiré avec ma mère, et vous croirez sans peine qu'au milieu de si tristes préoccupations je ne travaille qu'assez mollement. J'avais bien vivement regretté, en quittant Paris, de ne vous avoir pas rencontrée chez vous pour vous dire adieu et je vous suis bien reconnaissant d'avoir songé à m'en dédommager en me donnant de vos nouvelles. J'espère que vous recommencerez prochainement et que vous n'interromprez plus cette bonne habitude. Ce sera un bien grand plaisir pour moi dans ma solitude.

Adieu, chère madame Planat, croyez-moi toujours, je vous prie,

Votre affectionné et tout dévoué.

P.-S. — L'Italie sera le seul pays auquel ces calamités pourront profiter. Si elle sait *jouer son jeu*, on peut la considérer dès à présent comme établie à Rome.

A MADAME C. JAUBERT.

Chambéry, ce lundi 9 janvier 1871.

Chère madame et amie, c'est un grand bonheur pour moi de recevoir votre lettre. Je vous aurais écrit trente mille fois si je vous avais cru encore à Lausanne. Ma dernière missive était du commencement d'octobre, autant que je puis en juger à distance. Aucune de vos réponses ne m'étant parvenue, j'ai supposé que vous étiez partie et que vous n'aviez pas reçu la mienne. Vous avez su comment mon attente au sujet des élections avait été trompée par les contre-ordres venus de Tours. Mon histoire depuis lors est des plus simples. Connaissant de longue date l'esprit bienveillant qui caractérise tout bon démocrate, et désireux de sauvegarder avant tout ma liberté d'opinion et mon droit de franc-parler sur toute chose, j'ai voulu faire strictement l'équivalent de ce que j'aurais fait si j'étais resté à Paris, et je me suis engagé comme volontaire (hélas! sans illusion) dans la garde mobilisée alors en formation. Il y a de cela deux mois et demi; depuis ce temps nous n'avons pas bougé d'ici faute d'armes, car on n'avait à nous donner que des fusils de l'année 1792. Les inepties de tout genre que j'ai vu commettre par ce gouvernement de charlatans, la crédulité aveugle qui sème partout les mensonges m'ont fait par deux fois reprendre la plume; et j'ai parlé, je puis le dire, bien malgré moi, car j'avais la certitude de compromettre gravement le succès de ma candidature, qui était alors infaillible et certain. J'ai naturellement été puni de ce bon mouvement par un torrent d'injures et d'accusations dont il serait difficile de vous donner l'idée. Ceux qui m'avaient le plus exalté ont crié à la trahison. — J'ai été appelé : « souteneur de Bonaparte, clérical, vendu aux d'Orléans, etc. » Mon uniforme même de volontaire ne m'a pas protégé contre l'accusation d'avoir fui de Paris à l'approche des Prussiens. Enfin mon succès a été aussi complet que je pouvais le supposer. Je vous envoie les deux articles qui ont donné lieu à ce concert d'aboiements qui n'a pas encore cessé. Je dois ajouter toutefois que les sympathies des hommes éclairés ont un peu compensé ces petits désagréments. Un incident inattendu est venu en outre jeter quelque déconvenue au milieu de la meute qui me mordait les mollets. Des journaux de Bordeaux et des journaux anglais avaient reproduit mes articles. — Gambetta les a lus — et à la suite de cette lecture, le préfet de Chambéry est venu chez moi avec une lettre de ce *Pulcinella* m'offrant la préfecture du département du Nord, au milieu d'un bouquet de compliments exagérés. Je l'ai reçu de la bonne manière, c'est-à-dire en l'envoyant promener, lui et sa préfecture, déclarant vouloir m'en tenir à mon fusil de volontaire et ne voir de moyen de salut que dans un appel au pays. Vous pensez que je n'ai pas laissé ignorer cette circonstance qui prouvait assez clairement que, si j'étais en effet un homme vendu, je n'étais pas du moins un homme à revendre. Maintenant, je pars demain pour le camp de Sathonay avec ma brigade. — Et voilà. — Je vous écrirai de là pour vous donner mon adresse exacte, car il est probable que nous serons cantonnés dans les environs. Vous allez voir le terrible Ferocino se révéler sous un jour nouveau. Ses talents pour la guerre ne s'étaient déployés jusqu'ici que contre le faible sexe ; d'ici à peu les Prussiens apprendront aussi à les apprécier.

Notre pauvre Paris est, je le crains bien, aux dernières extrémités. Une femme charmante de ma connaissance m'écrit à la date du 30 décembre que, pour la première fois de sa vie, elle a su ce que c'était que d'avoir faim et froid ! Si elle en a souffert, elle qui est à l'aise et protégée de toute manière, que faut-il penser des pauvres gens? Tout cela est navrant, et je ne crains pas d'affirmer que le gouvernement de Paris a commis une grande faute en n'acceptant pas l'armistice, même sans ravitaillement, puisqu'il pouvait tenir si longtemps. Je vous suis mille fois reconnaissant des nouvelles que vous me donnez de nos amis d'Al... et Bam..... Présentez bien mes amitiés à ces derniers. J'en ai reçu indirectement de notre ami Lindau, qui est à Goneso non comme belligérant, mais comme correspondant de journal et désolé de tout ce qui se passe. J'ai eu aussi deux lettres de Montbrun, qui est à la Rochelle comme inspecteur de chemin de fer, et qui s'informe de vous et des vôtres avec la plus vive sollicitude.

Adieu, chère madame et aimable amie. Remerciez, je vous prie, madame de Lagrange de l'intérêt qu'elle veut bien prendre à ce qui m'arrive; présentez-lui mes affectueux compliments ainsi qu'à miss Juliette, que je m'attends à revoir prodigieusement bien portante à la suite de ses courses alpestres.

Croyez-moi toujours

Votre tout dévoué et affectionné.

A M. VALLET.

Lyon, 1er février 1871.

Mon cher Vallet, je vous suis mille fois reconnaissant de votre bonne lettre, et je voudrais bien pouvoir suivre votre conseil. Mais je crois pourtant que je fais mieux de rester. Vous savez à quels vils coquins j'ai affaire. Ils ne manqueraient pas de dire que je déserte mon poste, qu'il y a du danger à Lyon, que je me fais accorder une faveur, etc., etc. Je ne veux pas avoir à me débattre contre ces gens-là. Je vous enverrai ma profession de foi demain jeudi. Molin a déjà dû vous expédier la sienne. — C'est Carquet (sauf meilleur avis) que nous voudrions voir porter sur votre liste pour Moutiers. Mille poignées de mains à tous nos amis.

Votre bien affectionné.

A M. LUCIEN MOLIN,

CONSEILLER DE PRÉFECTURE A CHAMBÉRY.

Bordeaux, 19 février 1871.

Un mot à la hâte, mon cher Molin, pour vous remercier de votre bon souvenir. Vous pouvez être tranquille au sujet de vos recommandations. Tenez pour certain que *je payerai toutes mes dettes*, mais cela se fera en temps opportun. On ne pense en ce moment qu'à la paix. Ne devançons pas l'heure des *virils châtiments* et *des inutiles palinodies*. D'après tout ce que j'ai pu voir, la majorité de cette assemblée est honnête, mais tellement divisée, agitée, nerveuse, qu'elle en perd la tête à chaque instant. Le Gambetta est tellement coulé (sauf auprès d'une minorité d'imbéciles) que je me trouve aujourd'hui parmi les modérés de ses adversaires. Thiers a chargé un de mes amis de me dire que j'avais, en le démasquant, rendu un grand service, mais que j'avais dit tout au plus *le dixième* de la vérité. Faure, Picard et une foule d'autres m'ont remercié d'avoir ouvert les yeux au pays et surtout à Paris, qui ignorait tout. Vous pouvez être assuré que la paix sera faite d'ici à quinze jours. Ce qui entraînera l'Assemblée, c'est l'opinion des membres militaires qui sont unanimes à déclarer qu'il est impossible de continuer la lutte. Adieu, mon cher Molin. Pardonnez-moi de vous écrire une lettre si courte. J'en reçois quarante par jour et il faut répondre. Croyez bien que je conserverai toujours le souvenir des moments que nous avons passés ensemble et des qualités de cœur et d'esprit que vous m'avez fait connaître et aimer. J'espère que nous nous retrouverons avant peu à l'assemblée de Paris. Veuillez, je vous prie, transmettre mes meilleures amitiés à nos collaborateurs et amis de Chambéry, que je n'ai pas besoin de vous nommer, et croyez-moi toujours

Votre bien affectionné et dévoué.

A MADEMOISELLE LAUBÉ.

Bordeaux, ce 21 février 1871.
15, *Cours de Tournon.*

Ma chère Thésie, j'ai été tellement bousculé depuis mon arrivée ici qu'au milieu de tout ce brouhaha je n'ai pu trouver un instant pour t'écrire. Fais-moi, je te prie, l'amitié de me dire au plus tôt comment va ma mère, et comment tu te portes toi-même. Il me tarde bien de recevoir de vos nouvelles. Je crois que d'ici à quinze jours la paix sera faite. Cette assemblée est une véritable tour de Babel, et plus vite on la renverra pour en élire une autre, mieux cela vaudra. Elle a été nommée dans un moment où tout le monde avait perdu la tête; elle ne s'en ressent que trop. Mon élection est encore contestée comme toutes celles des Bouches-du-Rhône, sous prétexte que le préfet de Marseille a employé toutes sortes de manœuvres pour nous faire échouer. Cela est logique ou je ne m'y connais pas. Adieu. Soignez-vous bien pour cet été et embrasse ma mère pour moi.

Ton cousin affectionné.

A M. LUCIEN MOLIN, Avocat.

Bordeaux, 23 février 1871.

Je suis bien en retard avec vous, mon cher Molin, mais j'ai reçu tant de lettres ces jours-ci et j'en ai été tellement ahuri que je n'ai pu trouver le temps de vous écrire. Les menées séparatistes dont vous me signalez l'existence n'ont aucune valeur par elles-mêmes. C'est ici, ou plutôt à Versailles que la question sera décidée. Si la Prusse demande notre séparation, elle sera faite immédiatement et sans qu'on nous consulte, car la France nous sacrifierait sans hésitation pour obtenir des conditions meilleures sur sa frontière allemande. Si la Prusse ne la demande pas, tout ce que vous pouvez dire ou faire dans ce pays (et je sais maintenant jusqu'où peut aller son courage civil) est parfaitement inutile et n'aura aucune influence. Il n'y a donc pas lieu de se tourmenter de ces petites agitations. Ce qui dépend beaucoup plus de nous, c'est le renouvellement de nos fonctionnaires administratifs. Sur ce point, je vous avoue que je suis très perplexe. Le gambettisme est battu, il faut que les gambettistes s'en aillent, la chose est évidente et très facile à obtenir. Mais un préfet de la Savoie, j'entends un bon préfet, un homme pouvant exercer une véritable autorité sur ce pays, n'est pas facile à trouver. Un homme de la localité offre beaucoup d'inconvénients; il serait très jalousé ; on lui créerait mille obstacles. Un étranger serait, je crois, mieux accueilli; mais le poste est très difficile, il n'est pas brillant; l'honneur serait loin d'être en proportion de la peine. Faites-moi part de vos idées et, si vous connaissez un homme qui réunisse les conditions nécessaires (vous voyez que je ne parle pas uniquement du mérite qui ne suffirait pas à lui seul), désignez-le-moi. Au reste, il n'y a pas de temps perdu, car Picard, de qui la chose dépend, ne revient qu'aujourd'hui de son excursion à Paris.

Adieu, mon cher Molin, je vous serre bien affectueusement la main.

AU COMITÉ ÉLECTORAL DES BOUCHES-DU-RHONE.

Bordeaux, 26 février 1871.

Monsieur le Président,

Le télégramme que vous avez eu l'extrême obligeance de m'adresser au nom du Comité libéral des Bouches-du-Rhône ne m'est parvenu que par voie indirecte, et trop tard pour qu'il me fût possible d'y répondre. Veuillez, je vous prie, m'excuser auprès de vos collègues.

Recevez, en même temps, mes plus vifs remerciements pour le concours si efficace dont vous avez bien voulu m'honorer. Je suis fier d'être le représentant de cette grande et généreuse cité qui, dans tous les temps, a servi d'initiatrice et de patrie adoptive à tant de citoyens illustres. Elle se plaît à aller, pour ainsi dire, les prendre par la main au sein de l'obscurité, de l'inaction, de l'oubli où les laisse végéter l'indifférence de leurs concitoyens, pour les pousser dans la carrière où ils auront à soutenir les grands combats de la vie politique. Si je ne deviens pas semblable à eux, je vous devrai du moins la consolation d'avoir, de loin, suivi leur trace, et le privilège envié de pouvoir invoquer le même patronage.

Je suis d'autant plus heureux d'avoir obtenu vos suffrages, que je n'avais parmi vous aucun ami personnel et que je dois en rapporter tout l'honneur à la puissance des idées, à notre commun dévouement envers une juste cause, c'est-à-dire au lien le plus noble qui puisse unir les hommes.

Si j'interprète bien votre pensée, vous avez nommé en moi l'ennemi invariable de tous les genres de despotismes, l'homme qui n'a jamais voulu séparer la cause de la démocratie de celle de la liberté.

Je puiserai dans votre adhésion une nouvelle force pour défendre ce grand principe, sans lequel la république ne se fondera jamais parmi nous.

J'espère, monsieur, pouvoir avant peu visiter votre ville et vous renouveler à tous, de vive voix, l'expression de ma sincère et profonde reconnaissance.

Recevez, je vous prie, en attendant ce jour, l'assurance de ma très respectueuse considération.

A MADAME C JAUBERT.

18, *Cours de Tournon.*

Bordeaux, ce lundi 17 février 1871.

Reçu les compliments avec un très vif plaisir et une sincère gratitude. Cependant mon élection n'est pas encore validée, et je ne pourrai prendre part ni au vote ni à la discussion de demain à laquelle j'attache une énorme importance. On ajourne tous les élus des Bouches-du-Rhône (où je n'ai jamais mis les pieds et où je ne connais pas un seul chat) sous prétexte que le préfet Gent a manœuvré indignement contre une partie de ses élus, dont je suis. C'est là de la besogne française ou je ne m'y connais pas. D'ailleurs très peu fier de tout ce que je vois ici! Une majorité honnête, mais horriblement divisée; une minorité de charlatans qui ne voient dans tous ces malheurs qu'une occasion de battre la grosse caisse au profit de leur popularité et un prétexte à effets oratoires. C'est répugnant. Nous avons dans l'assemblée beaucoup d'hommes qui ont bravement payé de leur personne et versé leur sang pour le pays, tous sont pour la paix. Il y en a d'autres qui sont restés tranquillement chez eux, ou qui ont pris des glaces, ou qui, comme le tribun Gambetta, ont pris des places et du ventre (un ventre foudroyant), ceux-là sont pour la guerre à outrance. Fût-il jamais dérision plus accablante? Nous n'en aurons pas moins la paix. Mais c'est triste d'appartenir à un pays en pourriture!

Merci encore de toutes les bonnes nouvelles que vous me donnez de vous et des vôtres; mettez mes hommages aux pieds de miss Juliette, et présentez mes affectueux hommages à madame la marquise.

Votre ci-devant,

FEROCINO.

Ne m'oubliez pas, je vous prie, auprès de nos amis à Passy, à qui je compte écrire très prochainement.

Vous avez bien deviné au sujet de mon échec en Savoie. Ces braves gens ont l'habitude de voter avec leurs fonctionnaires; on leur en a donné de nouveaux, ils ont passé du blanc au rouge sans même s'en apercevoir.

A MADAME MILAN.

Paris, ce 16 mars 1871.

Je suis bien en retard avec vous, chère madame, et je me le reproche comme une noire ingratitude, car on ne fait pas attendre une lettre aimable et spirituelle comme celle que vous m'avez écrite. Je pourrais m'excuser, non sans quelque vérité, sur les mille tracas inséparables d'un changement de résidence, mais j'aime mieux vous avouer loyalement que ce retard a surtout tenu à mon extrême embarras de vous en dire les vrais motifs. C'est la première fois, en effet, que je rencontre une occasion de vous être agréable en quelque chose; cette occasion si précieuse pour moi, je désire passionnément la saisir; comment vous avouer pourtant que plus de quinze jours avant d'avoir reçu votre lettre j'étais déjà lié par une promesse qui m'ôtait toute possibilité de faire ce que vous avez bien voulu me demander. Jamais je n'ai été plus violemment tenté de manquer à ce que je considère comme un devoir, c'est-à-dire la fidélité à une parole donnée. De là mes hésitations. Je ne puis cependant trahir un pauvre garçon qui a mis en moi sa confiance et j'espère que vous ferez vos efforts pour ne pas m'en vouloir. J'ajoute ceci, c'est qu'il est fort possible qu'au lieu d'une place de conseiller de préfecture vacante, il y en ait deux, parce que M. G..... pourrait bien devenir secrétaire général à la suite d'un remaniement préfectoral. Dans ce cas j'appuierai votre candidat de toutes les forces, non seulement du dévouement que j'ai pour vous, mais de l'amitié que j'ai pour lui. Je ne sais pas trop au reste s'il y aurait bien lieu de regretter pour son avenir qu'il ne réussît pas dans cette démarche. Je doute fort qu'il y ait encore des conseillers de préfecture dans un an d'ici. Cette fonction sera, selon toute apparence, remplacée soit par une délégation des conseils généraux, soit par une magistrature d'un genre tout nouveau. Au milieu de cette sorte de rénovation administrative, il y aura bien des places à prendre pour les hommes de bonne volonté. Soyez sûre, chère madame, que votre frère y trouvera certainement celle que lui assignent sa droiture et son intelligence ; et pour ma part je serai bien heureux si je puis contribuer à la lui faire obtenir. Ne vous exagérez donc pas la portée de ce petit ajournement. Les occasions reviendront, et plus nombreuses que vous ne pensez. Nous serons là pour les mettre à profit. Pardonnez-moi, je vous prie, mon malheur de ne pouvoir vous servir encore et croyez-moi toujours

Votre très dévoué et affectionné.

Mes meilleures amitiés à votre mari, si vous vous décidez à lui faire des aveux[1] !

A M. ÉMILE REY.

Paris, le 30 mars 1871.

Merci de votre aimable lettre, mon cher Rey. Je n'ose vous engager à venir à Versailles, car c'est la *répétition exacte* de Bordeaux, ni à Paris, car on y assassine encore un peu trop. Avec ces deux genres d'inconfortabilité en perspective, le mieux est d'atten-

1. Madame Milan avait fait cette demande à l'insu de son mari.

dre quelque temps. J'ai l'espoir que, d'ici à peu, Paris, où rien ne dure, pas même la démence, se lassera d'insanités. J'y suis venu presque tous les jours et je suis frappé de la lassitude qui commence à s'y manifester. Quand vous songerez à y revenir, consultez-moi, je vous renseignerai.

Votre bien affectionné.

A M. ÉMILE REY.

15 avril 1871.

Mon cher ami, j'accepte votre moyen avec d'autant plus de plaisir que celui que je songeais à utiliser est devenu très dangereux par suite des batailles livrées près de Billancourt (c'est de ce côté que je devais passer sous un déguisement). Je crois la procuration meilleure que le passeport venant du préfet, parce que le passeport serait, je crois, soumis à un visa. La présence de l'inspecteur sera d'ailleurs une garantie. Veuillez donc prier ce monsieur de vouloir bien se présenter chez moi, et d'insister auprès du concierge en disant qu'il est attendu, parce qu'il a la consigne de ne laisser monter personne. Vous me rendez un grand service, et je vous en suis profondément reconnaissant, car mon inaction ici commençait à me peser énormément. Je laisse pousser ma barbe pour avoir l'air moins jeune, car c'est là une des grandes difficultés de ceux qui veulent quitter

Paris. A bientôt donc, cher ami, merci encore et croyez-moi toujours

Votre bien affectionné.

A M. ÉMILE REY.

Paris, ce 27 avril 1871.

Mon cher Rey,

Je suis à Paris, en effet, mais libre jusqu'à présent, grâce à un système de prudence très suivi. Tous mes efforts pour regagner Versailles ont été infructueux jusqu'ici. D'ici à peu de jours, je ferai une tentative d'évasion qui, je l'espère, sera plus heureuse, et je vous écrirai aussitôt que je serai arrivé à un résultat. Je vous suis infiniment reconnaissant, mon cher ami, de la peine que vous avez prise pour vous assurer de ma situation. Elle est moins inquiétante de près que de loin. J'ai dû changer de logis pendant quelques jours ; mais j'ai été chassé de mon refuge par les bombes du mont Valérien, qui y tombaient comme la grêle, et je suis maintenant chez moi jusqu'à nouvel événement. Mes concierges me sont très dévoués. Adieu mon cher Rey, merci encore, je vous serre affectueusement la main.

Mon plan d'escapade se réalisera dans quatre ou cinq jours. Dans tous les cas, ne soyez pas inquiet de moi, je suis très prudent.

A MADAME M. S.

Chère madame et amie. Il me tarde bien d'avoir de vos nouvelles par vous-même, car j'en ai déjà reçu par une personne dont vous avez fait la conquête, mais cela est loin de me suffire. Je ne vous raconte pas mes vicissitudes, c'est trop ennuyeux et trop stupide. Mais vous, consolatrice des affligés, vous devez avoir beaucoup de choses à me conter. Écrivez-moi donc à Bordeaux. Je suis tombé là dans une maison de fous, qui s'appelle la Chambre. Il s'y fait une immense consommation d'absurdités. Le bon Martin est là assidu à ses devoirs ; moi je les admire et me tais.

Adieu, mille choses affectueuses à M. M... et croyez-moi.

Ever yours.

A MADAME M. S.

Je tiens ma promesse, tiendrez-vous la vôtre ? Je suis arrivé ici sans encombre mais avec un désir plus vif que jamais de rentrer dans Paris. Je crie comme un sourd pour vous faire délivrer plus vite. Donnez-moi des nouvelles de votre petite garnison. Je vous recommande de nouveau mon ami L. R... pour le cas où il aurait besoin de votre toute-puissante intervention. On espère beaucoup ici que les choses vont désormais aller promptement. Thiers a dit : *dans quelques jours.....* Il me semble que c'est s'avancer beaucoup. C'est comme : *pas une pierre de nos forteresses.* Mais je souhaite ardemment qu'il dise vrai. Adieu, présentez mes amitiés au docteur. Martin vous envoie ses bénédictions en agitant ses grands bras. Moi je vous prie de me croire toujours

Votre plus affectionné.

A MADEMOISELLE LAUBÉ.

Avril 1871.

Ma chère Thésie. Voici plus d'un mois que je suis dans Paris sans pouvoir m'échapper. Aujourd'hui je trouve une occasion de te faire parvenir un mot, et je m'empresse d'en profiter. J'espère que ma mère va toujours mieux, ainsi que tes dernières lettres me le faisaient espérer. L'impossibilité où je me suis trouvé de communiquer avec l'extérieur t'expliquera mon long silence. Je n'ai pas été arrêté jusqu'à présent, quoique je fasse partie de ce qu'on appelle ici : « les bandits de Versailles. » Cela tient à ce que j'ai été très prudent, car on a arrêté tout le monde. C'est une véritable terreur. Il y a ici 200 000 hommes armés jusqu'aux dents ; il n'est pas facile d'en venir à bout. Je crains bien que pour les soumettre on ne soit forcé de détruire un tiers de Paris. Il y a déjà tout un quartier démoli — celui justement où je m'étais réfugié il y a une vingtaine de jours. — Les bombes m'en ont chassé comme presque tous les habitants. Dieu sait quand cet affreux carnaval finira. En attendant, je vais essayer de sortir à l'aide d'un déguisement : c'est le seul moyen pour un suspect comme moi. Si je réussis, je t'écrirai de suite.

Adieu, chère Thésie. Tout ceci entre nous. Rassure bien ma mère et crois-moi toujours

Ton cousin affectionné.

A MADAME PLANAT DE LA FAYE.

Paris, ce 27 avril 1871.

Chère madame Planat,

Je regrette bien vivement de ne vous avoir pas vue pendant votre courte apparition à Paris. Je suis allé le soir même chez vous, mais vous étiez déjà partie. Quand vous reviendrez, ayez la bonté de me le faire dire dès le matin. Si je suis encore ici (et je doute fort maintenant de réussir à sortir de Paris) je serai bien heureux de pouvoir causer quelques instants avec vous. Si je parviens à m'échapper, je vous écrirai un mot pour vous en prévenir. De tout ce qui se passe dans ce pays de fous furieux, je ne dirai rien. J'en deviens comme imbécile et je me sens aussi étranger à ces choses et à ces gens que si j'assistais à une révolution chinoise.

Croyez-moi toujours, chère madame Planat,

Votre ami bien affectionné.

A M. ***

Paris, ce vendredi 5 mai 1871.

Mon cher ami,

Depuis l'autre jour, je n'ai plus revu votre homme ni entendu parler d'aucun inspecteur d'assurance. Il était d'ailleurs tout simple qu'un contretemps quelconque vînt mettre obstacle à votre projet. Je tiens toutefois à vous en prévenir, de peur qu'il ne soit arrivé quelque chose à ce brave homme qui m'apportait vos lettres. Rien de nouveau à Paris. On y entend le canon du matin au soir, sans discerner aucun progrès sensible ni d'un côté ni de l'autre, ce qui, à la longue, est très fastidieux. Cependant les obus se rapprochent un peu plus depuis quelques jours, et à l'heure où je vous écris j'aperçois la fumée d'un incendie allumé, je crois, par une bombe tout près d'ici. Il n'en est pas moins vrai que « les bandits de Versailles » mettent dans leurs attaques une mollesse et un décousu inexplicables chez un aussi grand général que Thiers. C'est cette indécision qui, au début, a assuré le triomphe des cent mille coquins qui nous tiennent le couteau sous la gorge, et c'est elle aujourd'hui qui fait toute leur assurance.

Ce mot sera mis à la poste hors de Paris par une main qui m'est chère et qui, sous peu de jours, voguera pour l'Amérique. Je vous serai très reconnaissant si vous pouvez me retrouver quelque échappatoire. Ne vous en tourmentez pas trop toutefois, car il n'est pas impossible que d'ici à deux ou trois jours je franchisse les lignes fédérées avec un de mes amis.

Adieu mon cher ami, il me tarde bien de vous serrer la main.

A M. VALLET.

Versailles, ce 9 mai 1871.

Mon cher Vallet,

Je vous remercie de votre bonne lettre. — J'arrive à Versailles après un séjour forcé de près d'un mois dans Paris. Je trouve ici une montagne de lettres; vous excuserez donc la brièveté de celle-ci. — Rappelez-moi, je vous prie, au souvenir de nos amis communs, — Molin, Henry, Bebert, Forest, etc. Il m'a fallu pour sortir deux laissez-passer dont un m'a été procuré par notre ami Rey.

Votre bien affectionné.

Si vous connaissez M. Henri de Costa, rappelez-lui, je vous prie, son camarade de Sathonay.

A M. ÉMILE REY.

Versailles, ce mardi 9 mai 1871.

Mon cher ami,

Je vous télégraphie aujourd'hui mon arrivée à Versailles, et je suis heureux de vous remercier encore, par écrit, de toute la peine que vous vous êtes donnée pour moi avec tant de délicatesse, de persévérance et d'amitié. Votre ami m'a apporté samedi soir un passeport. Ce passeport était un peu jeune pour moi (il marquait 27 ans). Mais j'ai trouvé au même moment mon ami Edmond Adam qui avait un laissez-passer beaucoup plus vieux, dont il voulait se servir pour un de ses parents. — Nous avons changé et l'opération s'est accomplie sans encombre à ma parfaite satisfaction — car j'avais assez de Paris. J'ai trouvé ici un déluge de lettres et vous me pardonnerez de ne pas vous écrire plus longuement. Je voudrais bien avoir le plaisir de vous serrer la main, mais je ne puis guère bouger d'ici avant quelque temps.

Merci encore.

Votre ami affectionné.

A MADAME PLANAT DE LA FAYE.

Versailles, ce 10 mai 1871.

Chère madame Planat,

Je suis de retour à Versailles depuis hier et il me tarde d'avoir un mot de vous. Avez-vous reçu celui que je vous ai écrit de Paris il y a une quinzaine? Je vous disais combien j'avais regretté de ne vous avoir pas vue lors de votre court passage à Paris. Ce regret s'est changé en impatience d'avoir de vos nouvelles. J'ai vu avant mon départ de Paris madame Marjolin, qui m'a chargé de toutes ses amitiés pour le cas où je vous verrais. Le bon Martin est ici; il agiterait violemment ses grands bras pour se joindre à moi s'il se doutait que je vous écris.

Votre bien affectionné.

105, boulevard de la Reine.

A M. BEBERT, FRANÇOIS.

Ce 25 mai 1871.

Mon cher Bebert,

Je juge absolument comme vous celui dont vous me parlez. — Je l'ai assez pratiqué pour le connaître à fond. Il a d'excellentes qualités de caractère, — beaucoup de bonhomie, de serviabilité, —

et comme qualité d'esprit une bonne dose de diplomatie. — Mais peu de jugement et un tempérament quelque peu gascon. J'ai de l'amitié pour lui, mais pas la moindre confiance dans ses appréciations. Si je l'avais proposé pour préfet lors de mon arrivée à Bordeaux, il aurait été agréé, — il m'a été impossible de m'y résoudre et en cela je crois lui avoir rendu service ; il n'aurait pas gardé son poste trois mois. Vous pouvez donc être sûr, mon cher ami, que ses conseils influeront peu sur ma conduite et sur ma manière de voir. — Au reste qu'importe? Je commence à croire que je ne ferai guère plus désormais de politique ni en Savoie, ni ailleurs. Je suis profondément dégoûté de ce pays et de son éternel carnaval. Deux choses seules y réussissent : au pouvoir, la servilité ; — dans l'opposition, le charlatanisme. — Pour moi qui n'ai de goût ni pour l'un ni pour l'autre, il n'y a qu'un seul parti à prendre, celui de la retraite et du silence.

Adieu, cher Bebert, merci et croyez bien à ma sincère amitié.

A M. MOLIN, Avocat a Chambéry.

Versailles, 15 mai 1871.

Je vous remercie, mon cher Molin, de la part que vous avez bien voulu prendre à mon *escapade* de Paris. Il est à craindre, en effet, qu'au dernier moment il ne s'y commette beaucoup d'atrocités. En ce qui concerne la situation de notre pays, il n'y a pour le quart d'heure aucun changement à espérer dans l'administration. Le ministère est très convaincu que notre pays a les fonctionnaires qu'il désire. A cet égard il a considéré le résultat des élections municipales venant après celui des élections générales comme une démonstration péremptoire des sentiments du pays. Les manifestations qui ont précédé ce vote n'ont pas peu contribué à accréditer cette idée qui est d'ailleurs commode pour l'inertie et la mollesse de nos gouvernants. Ils ont bien d'autres chats à fouetter et d'ici à un mois c'est leur existence même qui sera mise en question. Cette préoccupation leur inspire une telle circonspection qu'ils n'osent plus toucher à rien de peur de perdre quelques-uns de leurs partisans. Voilà, mon cher Molin, le dessous des cartes. Le moment n'est pas favorable pour intervenir, et lorsque je le fais, on m'écoute très amicalement, on a l'air d'accéder à mes désirs, puis on me fait observer que je n'ai pas été élu dans le pays, ce qui veut dire que je ne le connais pas, que j'agis par rancune, etc.

Il faut savoir attendre, cher ami. Les choses changeront avant peu, mais, hélas! ce sera comme toujours, pour aller d'un extrême à l'autre. Merci encore et croyez-moi toujours

Votre bien affectionné.

A M. A. ROUX.

Ce vendredi 16 juin 1871.

Merci, mon cher Roux, de ton bon et aimable souvenir. Je n'ai jamais été arrêté comme otage, je me suis trouvé seulement enfermé pendant quelque temps dans Paris et dans l'impossibilité d'en sortir, ce qui, à ce moment-là, était très fastidieux. J'en suis sorti à temps, c'est-à-dire quelques jours avant les grandes fusillades, mais j'en ai vu assez pour juger tous ces échappés du bagne qui se considéraient comme les maîtres légitimes de la France et qui eussent volontiers couché dans le lit de Louis XIV. Je suis très impatient de lire ta brochure sur le signor Gambetta, qui est certainement le compère de tous ces gens-là. Ce misérable charlatan qui est, selon moi, la plus frappante personnification de nos hontes, — car il lui a suffi pour tenir un instant la France dans sa main, d'avoir, je ne dis pas un talent d'orateur, il ne l'a pas, — ses harangues sont trop vides pour qu'on puisse le lui attribuer,— mais un grand talent d'acteur. — Cet histrion, dis-je, est loin encore d'être apprécié comme il le mérite, et c'est rendre un grand service que de le démasquer. J'ai vu Bardoux, mais il n'a pas pu encore me donner ton opuscule. — Je le lirai avec délice et t'en remercie à l'avance. Ne crains pas de revenir à la charge, il faut mettre à nu ce personnage.

Reçois tous mes compliments pour tes succès municipaux et pour tes labeurs qui seraient si féconds si ton exemple était suivi. Hélas ! pour longtemps, je le crains, il n'y aura qu'une seule république possible chez nous, — c'est la république au village. — Dans tous les cas, il est incontestable que c'est par là qu'il faudrait commencer pour fonder l'autre.

Adieu, mon cher ami, je te serre affectueusement la main.

A M. ÉDOUARD GRENIER.

Paris, ce samedi 15 juillet 1871.

Mon cher ami,

J'apprends qu'on vous offre une candidature dans le département du Doubs. Selon moi, vous ne pouvez pas refuser de l'accepter. Vous viendrez soutenir avec nous la cause de la république libérale, c'est-à-dire du seul gouvernement qui soit assez large, assez impartial pour donner une garantie, une sauvegarde à tous les partis, même à ses adversaires. Dans les circonstances actuelles, c'est un devoir de patriotisme et d'honneur pour tout homme aimant son pays, d'apporter son concours à l'essai qui se fait avec tant de prudence et de modération, pour acclimater chez nous les institutions libres. Ce devoir, mon cher Grenier, qui vous est imposé par votre passé et la constance de vos opinions, vous le déserteriez si vous laissiez prendre votre place aux démagogues du drapeau rouge ou du drapeau blanc.

Votre bien affectionné.

A M. A. ROUX.

Paris, 26 juillet 1871.

Cher ami,

J'ai reçu et lu avec infiniment de plaisir ton excellente et amicale chronique de la *Revista*. — Mais je n'ai encore pu mettre la main sur ton opuscule *en faveur* du gambettisme. Les quelques mots que tu lui consacres m'ont fait venir l'eau à la bouche et j'ai juré de ne pas laisser un jour de repos à notre ami Bardoux qu'il ne m'ait mis en possession de ta brochure.

Mais je suis de plus en plus ébahi que tu sois parvenu à italianiser avec cette élégante désinvolture au milieu des montagnes de l'Auvergne. — C'est un tour de force toujours nouveau pour moi.

Tu auras peut-être lu dans les journaux l'histoire de mon ambassade à Berne. Elle n'aura pas été longue, car elle a été offerte et refusée dans la même minute. Si on m'avait offert l'Italie, je ne dis pas qu'il en eût été ainsi — mais on a donné tous les grands postes à des hommes qui n'avaient pour tout titre à cet honneur que *des titres* et je me suis peu soucié d'une fonction où il n'y a rien de sérieux à faire et où je n'aurais figuré que comme une anomalie. Au milieu de ce personnel d'ancien régime, le mérite individuel qui n'est pas soutenu, — je dirai presque *excusé* par un grand nom, produit l'effet d'une dissonance ; il n'y peut avoir, dans tous les cas, aucune chance d'avancement. Quant à moi je préfère infiniment n'être rien — ce qu'en France on appelle rien — que d'occuper un poste de troisième ordre dans un pays où l'on fait un dictateur de Gambetta ou de n'importe quel politique de la même force.

Adieu cher ami. Puisque tu italianises si bien, je te serre la main en *Leopardi*. J'espère que tu aimes et admire ce grand poète.

A toi.

A M. BEBERT, FRANÇOIS.

Paris, 27 juillet 1871.

Je suis bien en retard avec vous, mon cher Bebert, mais je sais que votre bonne amitié me trouve toujours des excuses et par le fait mes préoccupations me laissent bien peu de temps quoique ce temps soit assez mal rempli, — par la faute des circonstances plutôt que par la mienne. Je n'ai pas accepté le poste au sujet duquel vous me félicitiez si cordialement, et peut-être réussirais-je à vous faire trouver mes raisons bonnes si nous pouvions causer ensemble quelques instants. — La vérité est que ce poste ne m'a pas tenté parce qu'il y a peu de chose de sérieux à y faire. Tous ceux où il y a de vrais services à rendre ont été donnés à des *titres*. Je crois que, dans un moment où toutes les alliances de notre pauvre pays sont à refaire, on pourrait trouver quelque chose de mieux que ce système d'ancien régime qui est depuis longtemps jugé. Si nous avions eu des *hommes* pour diplomates, je pense que la guerre ne se serait pas faite ou se serait faite dans toute autre condition. On est revenu aux vieux errements ; je ne veux pas entrer dans un système où je ne figurerais qu'à titre d'anomalie et je n'accepterai pas un rôle de troisième ordre lorsque tous les premiers rôles sont donnés à des nullités. — J'aime beaucoup mieux n'être rien. —Si c'est de l'ambition, avouez du moins que c'est une ambition qui ne ressemble pas à celle qui court les rues.

Adieu, cher Bebert, croyez-moi toujours

Votre bien affectionné.

A M. VALLET.

Paris, ce 1er août 1871.

Mon cher ami,

Je vous remercie de votre amicale sollicitude. J'ai renoncé à me présenter pour le conseil général. J'ai reçu de MM..... de nouveaux renseignements desquels il résulte que ma candidature serait très vivement combattue par le clergé. Vous savez que je n'avais consenti à me laisser porter à ces élections qu'à la condition d'avoir une presque certitude de succès. Du moment où il y a doute à cet égard, je suis trop heureux de me retirer, car j'ai assez de mon premier échec et je ne m'exposerai pas facilement à une nouvelle déconvenue. J'attendrai avec patience que mes chers compatriotes deviennent plus indulgents à mon égard ; et si ce jour ne vient jamais, je m'en consolerai en admirant les grandes intelligences et les beaux caractères qu'ils m'auront préférés.

Je ne comprends rien au bruit dont vous me parlez au sujet de Gambetta... Il n'y a que dans la gauche extrême quinze députés qui marchent derrière cet homme et, quelque bornée que soit en général la gauche républicaine, elle n'a pour lui que de la défiance. Pour faire un coup d'État, il faut un point d'appui quelconque et il n'en a nulle part. Tout cela n'est qu'une fantasmagorie créée par des journaux qui ne savent rien du fond des choses et qui, par leurs folles suppositions, grandissent outre mesure celui qu'ils veulent combattre. Gambetta ne pourrait pas à l'heure qu'il est renverser un garde champêtre, et son attitude au milieu de ses collègues est beaucoup plus celle d'un homme qui craint de recevoir un coup de pied quelque part que celle d'un homme qui songe à faire un coup d'État.

Adieu, mon cher Vallet. Si la mutation de votre frère se fait trop attendre, ne manquez pas de me le rappeler et je présenterai cette fois une demande collective avec le marquis de Costa.

Votre bien affectionné.

A MADEMOISELLE LAUBÉ.

Paris, ce vendredi 18 août 1871.

Il y a bien longtemps, ma chère Thésie, que je ne vous ai pas écrit et je serais bien embarrassé de dire pourquoi, car j'ai souvent pensé à vous. Je vois avec regret que je n'aurai cette année qu'un temps bien court à passer auprès de ma mère. Nous n'aurons nos vacances législatives que très tard, et encore est-il probable que je n'en pourrai jouir qu'un instant. J'ai en effet fini par accepter (sur de nouvelles instances de M. Thiers) les fonctions d'ambassadeur en Suisse que j'avais d'abord refusées, et aussitôt que le gouvernement sera délivré de la crise qu'il traverse en ce moment ma nomination paraîtra dans le *Journal officiel.* N'en parle pas pour le moment parce qu'il pourrait survenir des concurrents qui me feraient revenir à ma première détermination. Quand tu verras Laurent Sevez, fais-lui bien mes amitiés et remercie-le, de ma part, d'être venu voir ma mère, qui ne doit pas recevoir beaucoup de visites. Je n'ai appris que par toi la mort de X... Je ne puis pas dire que cette nouvelle m'ait causé une bien vive douleur. Je me suis toujours fait un devoir de lui rendre la parfaite indifférence qu'il avait pour nous et, sous ce rapport, nous sommes absolument quittes. J'ai appris avec plus de peine la mort de Fosseret, que je venais de faire nommer juge à Philippeville, en Algérie. Je lui avais expédié sa nomination il y a un peu plus d'un mois et j'étais étonné de ne recevoir de lui aucune réponse lorsque la lettre de faire part m'a tout expliqué.

Adieu, ma chère Thésie. Offre à ma mère mes plus tendres amitiés. Mes bons souvenirs aux Héraud, à Cladie, à Françoise.

Ton cousin affectionné.

A M. ÉMILE REY.

Paris, 22 octobre 1871.

Mon cher Rey,

Je viens vous annoncer dès à présent, pour vous tranquilliser un peu, que j'ai la parole du ministre pour votre nomination. Je n'ai pu lui en parler que hier. Il m'a dit aussitôt qu'en principe il ne nommait plus d'attachés parce qu'il y en avait beaucoup trop, mais que, pour m'être agréable, il ferait votre nomination avec plaisir. Vous pouvez donc regarder là chose comme faite et vous recevrez votre nomination ces jours-ci. Peut-être aussi me donnera-t-on un attaché militaire, qui est un garçon très aimable et très intelligent de ma connaissance. Je compte partir samedi soir, passer deux jours à Chambéry, pour voir ma mère, et être à Berne le 2 ou 3 novembre.

Voyez si ce programme vous va.

Votre affectionné.

A MADAME LA COMTESSE D'AGOULT.

Berne, ce 6 novembre 1871.

Chère madame,

Ce sera un double plaisir pour moi de pouvoir en même temps faire quelque chose qui vous soit agréable et rendre témoignage aux services d'un homme de mérite.

Je dois cependant vous faire une difficulté qui est de nature à compromettre très sérieusement le succès de ma démarche auprès du gouvernement français. Mon prédécesseur le marquis de Châteaurenard a demandé la croix de la Légion d'honneur pour quatre ou cinq personnes qui s'étaient signalées par leur dévouement en faveur de nos blessés. Le ministre français s'est empressé de déférer à ce vœu en accordant la décoration. Ces messieurs l'ont refusée sous différents prétextes. De là une réserve très naturelle et je crois que l'on hésitera beaucoup à Paris avant de s'exposer à un nouveau refus. Il faudrait donc avant tout que l'on eût la certitude d'une acceptation. Je dois en outre vous faire observer que mon témoignage, vu ma qualité de nouvel arrivant, a nécessairement peu de valeur, et si l'on pouvait le faire appuyer par une attestation signée d'un homme ayant assisté à tous ces événements, — du conseil général de Genève par exemple, — nous aurions un peu plus de chances de réussite. C'est dans l'intérêt même de votre protégé que je prends la liberté de vous soumettre ces observations. Je suis bien heureux, chère madame, que vous ayez bien voulu me fournir cette occasion de vous renouveler mes remerciements pour l'accueil si aimable que j'ai trouvé autrefois chez vous. C'est un souvenir qui ne s'effacera ni de mon cœur, ni de ma mémoire. Veuillez, je vous prie, agréer l'expression de mes sentiments les plus respectueux et les plus dévoués.

A MADAME LA COMTESSE D'AGOULT.

Berne, ce 22 décembre 1871.

Chère madame,

Votre lettre m'est retournée à Berne où je suis de retour depuis le 16. J'ai eu, en effet, le regret de manquer la visite de M. le comte de Flavigny et je serais certainement allé le voir si je n'avais été sur l'heure même de mon départ. Mais vous pouvez lui dire que j'ai recommandé très chaudement à M. de Rémusat son protégé, M. Renon, ainsi que le vôtre, M. Binet. J'ignore encore qu'elle pourra être le résultat de cette démarche, mais j'ai bon espoir. Les malheurs domestiques qui viennent de frapper

M. de Rémusat ne me permettent pas d'insister pour une réponse en ce moment ; d'ici à peu de temps, cette raison n'existera plus et je pourrai lui rappeler l'objet de ma recommandation.

Veuillez je vous prie, madame, agréer l'expression de mes sentiments les plus respectueux et les plus dévoués.

A M. REY.

Berne, ce samedi 5 janvier 1872.

Mon cher ami,

Vous pouvez venir ici quand vous voudrez : je suis persuadé que M. de Rémusat tiendra la parole qu'il ma donnée. Mais si vous avez les nerfs encore quelque peu malades, je vous conseille fort de ne pas vous presser. Vous ne serez sans doute pas étonné que, depuis que je vois les choses de près, je les voie sous un jour quelque peu différent de celui sous lequel elles m'apparaissaient tout d'abord. Je vous dois à cet égard la vérité entière. Je la considère comme un devoir de conscience. Il vous importe beaucoup de voir très clair dans ce que vous allez faire et je suis infiniment plus à même de vous le dire qu'il y a trois mois. J'ai toujours regardé le métier diplomatique comme une carrière peu active, et dans les grades inférieurs comme très favorable à l'oisiveté. Mais combien, mon cher ami, combien j'étais loin de me douter de ce qui est ! J'ai trois secrétaires et deux attachés sans parler de mon chancelier et de ses employés qui ont leur rôle à part. Eh bien, je mets en fait, qu'aidé d'un copiste je ferais moi seul toute la besogne avec une heure et demie de travail par jour en moyenne ! Comprenez-vous bien cela ! Comprenez-vous bien ce que peuvent faire et penser ces cinq messieurs, gens d'ailleurs aimables, bien élevés, dont toute l'occupation consiste à copier les deux ou trois pages de dépêches que je leur donne de temps en temps. En dehors de cela, leur travail consiste à lire les journaux amusants.

Vous figurez-vous le vide de cette existence? Au reste, dans les grandes villes ils ne sont pas embarrassés d'employer leur temps, mais ici où il n'y a presque rien en dehors de la petite société diplomatique dont on a bien vite fait le tour, il est beaucoup plus difficile de se tirer d'affaire et ces messieurs en sont toujours à inventer quelque moyen nouveau de jeter leur argent par la fenêtre. Il faut leur rendre cette justice qu'en cela ils réussissent et s'arrangent pour mener ici une vie aussi dispendieuse qu'à Paris. Ajoutez à cela que la carrière est tellement encombrée par toutes ces inutilités que l'avancement y est devenu extrêmement difficile. Le comte de Grouchy, mon *troisième* secrétaire, est dans la diplomatie depuis quinze ans ; le comte de la Londe, le deuxième secrétaire, depuis bientôt vingt ans ; le baron de Reinach, premier secrétaire, depuis vingt-cinq ans ! Un des vice-attachés, M. Balmy, a déjà servi dans trois postes différents, en Italie, à Constantinople, à Berlin et il en est encore à attendre son premier centime d'appointement. Sans doute, avec une bonne protection, on peut abréger l'épreuve ; mais à la première faveur, tout ce monde, qui vit de faveurs, pousse des cris de paon. Pour résumer mon impression, mon cher Rey, notre diplomatie aujourd'hui peut se définir en deux mots : oisiveté et nullité. Le premier ministre qui aura le courage de tenter une réforme dans ce nid d'abus, n'aura pas deux choses à faire. Il faudra qu'il prenne la maison dans ses mains et qu'il la retourne comme on retourne un panier qu'on veut vider. Il faudrait commencer par réduire au *dixième* le nombre des fonctionnaires. Voilà sur ce point ma pensée très sincère et je vous la dis, bien entendu, *tout à fait entre nous*, car ces choses-là ne peuvent pas se dire publiquement, surtout aujourd'hui. Je ne veux en rien influencer votre détermination, mais avant de la prendre il faut que vous sachiez bien nettement ce que vous faites et c'est pourquoi j'ai tenu à vous dire la vérité tout entière.

Adieu, mon cher ami. Je vous serre très affectueusement la main. Mille amitiés au docteur Dénarié.

A MADAME M. S.

Berne, ce 29 juin 1872.

C'est déjà fait, madame, et depuis plusieurs jours. Voyez combien mon amitié est supérieure à la vôtre ! Elle est certes beaucoup moins féconde en récriminations et en réquisitoires; mais elle devine vos désirs à distance et elle les prévient. Voilà tout ce que je me bornerai à vous répondre pour ma défense. Il y a près de huit jours que j'ai écrit au ministre pour le prier de vous accorder votre requête ; et si la chose peut se faire, elle se fera. D'après ce que j'ai su, d'un autre côté, il aurait été à peu près décidé que l'aimable couple auquel vous vous intéressez aurait été envoyé à la Haye. Je le regretterais infiniment pour moi; car j'avoue que ces jeunes époux m'ont paru charmants. A ce propos, permettez-moi de vous adresser mes sincères félicitations. J'ai appris d'une façon indirecte, mais sûre, que vous aviez récemment institué dans vos ateliers une sérieuse concurrence à M. de Foy, et que vous veniez de prendre pour devise: « confiance, discrétion, sécurité. » C'est là une résolution des plus louables. Il n'est jamais trop tard pour reconnaître sa véritable vocation; et tous vos amis se réjouissent comme moi d'apprendre que vous avez enfin trouvé votre voie. J'avais toujours cru rencontrer en vous des facultés de combinaison et de sociabilité qui ne devaient pas trouver leur satisfaction dans l'existence que vous avez choisie. Elles vont maintenant pouvoir prendre tout leur essor; et ce fait déplorable qui afflige nos économistes, la décroissance de la population en France, cessera d'effrayer les esprits prévoyants! Vous aurez la gloire d'avoir fait reculer ce fléau. Quel malheur que mon âge ne me permette pas de me mêler à la clientèle distinguée qui va encombrer vos salons.

Répondrai-je à ce reproche extraordinaire que vous m'adressez d'avoir laissé sans réponse des lettres que vous ne m'avez pas écrites? ou de m'être montré insensible à des preuves d'amitié que vous ne m'avez pas données? Non, je ne serai point naïf à ce point-là. Je n'ai jamais mis les pieds à Paris sans aller vous voir, et vous ne m'avez jamais donné un souvenir, voilà la vérité. Si vous m'écrivez aujourd'hui, c'est parce que vous y êtes forcée par madame T...; mais, par vous-même, vous êtes tout à fait incapable de penser à moi. Vous n'avez plus en tête que votre agence matrimoniale. Certainement, la multiplication du genre humain est une belle chose; mais l'amitié a des droits, même sur les choses les plus sublimes. Faites-nous la grâce de ne pas oublier cette vérité au milieu de vos grands travaux!

Veuillez, je vous prie, me rappeler au souvenir de M. M...

Votre dévoué.

A MADAME M. S.

Berne, ce 15 juillet 1872.

Au moment où j'allais vous obéir, car avec vous je ne connais que ma consigne, j'ai reçu du ministère la nomination de M. W... à Berne. Vous voilà donc encore une fois servie aussitôt que vous avez exprimé un désir, ce qui démontre que vous avez une énorme influence sur les gouvernements en général. Vous étiez évidemment née pour la grande politique. Je suis enchanté, pour ma part, d'avoir ici cet aimable ménage ; je vous assure que nous ne sommes pas trop gâtés sous ce rapport : le personnel féminin de Berne est des plus médiocres, pour ne rien dire de plus. L'arrivée de madame deW... est donc infiniment précieuse pour nous. Elle a été très admirée à son passage ici. Vous vous étonnez de ce que je ne lui ai pas dit de mal de vous ; c'est bien simple : c'est que j'ai vu qu'elle était tellement prévenue en votre faveur, que tout serait inutile. Cette pauvre enfant est d'un aveuglement inconcevable, et, pour la ramener à des appréciations plus justes, il m'eût fallu beaucoup plus de temps que je n'en avais alors. C'est maintenant que je vais pouvoir agir sur son esprit et la préparer à recevoir des idées plus raisonnables. Vous me donnez à entendre assez vaguement qu'il n'est pas impossible que vous veniez en Suisse l'automne prochain. Est-ce bien authentique? Je commence à le croire depuis que vos amis doivent se fixer ici. Je serai bien heureux de cette occasion de vous conduire au bord des précipices. Je vous avoue que je serais ravi de vous voir un peu de vertige une fois en votre vie! Ce sera peut-être une révélation pour vous. Mais n'anticipons pas. Nous avons ici une petite collection d'abimes des plus complètes, et je me mets entièrement à votre disposition pour vous les faire admirer. Je vous demande une faveur, c'est de vouloir bien me prévenir huit ou quinze jours avant votre voyage en Suisse, afin que je ne commette pas la stupidité d'être absent à ce moment-là. Mille et mille remerciements de votre bonne lettre. Croyez-moi toujours

Votre affectionné et dévoué.

A MADAME M. S.

1872.

Il n'y a eu de ma part ni infidélité ni banalité; mais il pourrait bien y avoir de la vôtre défaut de mémoire. D'abord, je vous ai fait, après le 22 mai, deux visites sans vous rencontrer; mes cartes ont dû vous le dire. Et ensuite, si je n'ai pas renouvelé la tentative, la faute en a été à la Chambre et à mon travail qui ne me permet de sortir que très tard. Or, la personne à qui vous faites allusion demeure à deux pas de chez moi, et ce n'est que depuis qu'elle a été malade que je l'ai vue plus souvent. Auparavant, elle se plaignait toujours de la rareté de mes visites. Quant à vos autres suppositions, elles tombent devant ce simple fait : c'est que la personne à qui vous faites cette injure a quitté Paris depuis trois mois. Cette justification est-elle assez limpide, assez irréfutable ? Et vous, pendant ce long temps, avez-vous daigné me donner une seule marque de souvenir? Je suis vraiment bien bon de me justifier quand je devrais accuser. Tenez, n'en parlons plus; je vous le demande pour vous ! Proclamons une amnistie et que ce soit fini.

A MADAME M. S.

Il y a environ un mois, je vous ai parlé d'une chose en manière de plaisanterie. Trois jours après, cela m'est revenu par madame T... Cela m'a d'abord été assez indifférent. Je ne vous en ai même pas parlé. Mais, depuis ce temps, le propos a circulé de nouveau, colporté par un autre de vos amis, qui a eu l'obligeance d'aller le loger juste à l'endroit où il pouvait m'être désagréable. Je suis sûr de l'origine de ce commérage; car je n'ai jamais dit cela qu'à vous. Est-ce là un procédé amical? Je vous en fais juge.

A M. BEBERT François.

Berne, 1872.

Ce que vous m'écrivez est l'évidence même, mon cher Bebert. Le mal est encore pire, peut-être, que vous ne le pensez ; mais où vous vous faites illusion, selon moi, c'est en croyant qu'il dépend de ce gouvernement de jouer au Cromwell. D'abord, il ne le veut pas, et, à mon sens, il a raison : ce n'est pas la peine de chasser les Bonapartes pour faire du bonapartisme. Il faut que chacun garde son rôle, son caractère et ses principes. Mais, en outre, il ne le peut pas; il lui faudrait pour cela un point d'appui. Il n'y a pas en France à l'heure qu'il est — et c'est là notre plus grande misère — un seul parti qui soit assez fort pour soutenir un gouvernement. Par conséquent, nous ne pouvons avoir qu'un gouvernement d'équilibre, se recrutant un peu partout, vivant de concessions et de compromis. Et ensuite, est-ce bien à un vieillard de soixante-quinze ans que vous allez demander des coups de force et d'audace ? Il n'en a ni le tempérament ni le goût. Pour moi, ce n'est pas là ce que je lui reproche; ce qu'on pourrait lui imputer plus justement, c'est, avec des dons merveilleux, de n'avoir pas la sagesse et le bon sens qu'un simple paysan aurait à sa place. C'est de céder à des impatiences, à des susceptibilités d'enfant, de pousser l'obstination jusqu'à l'absurde, de laisser, par un dépit puéril, l'assemblée sans aucune direction, parce qu'elle n'a pas voulu suivre dans tous ses détours celle qu'on a voulu lui donner. Si le gouvernement, au lieu d'affecter de se désintéresser du travail législatif, appelait assidûment l'attention et l'activité des hommes de bonne volonté sur toutes les réformes qui réclament une prompte solution ; s'il s'appliquait à stimuler leur ardeur en présentant de bons projets de loi, de sérieuses études sur les questions d'affaires, le seul contraste de sa conduite avec les pauvres intrigues de ses adversaires, suffirait pour lui attirer une grande popularité; mais il ne fait rien, voilà le grand mal, et la souveraineté a l'air d'être à l'encan, la place semble vacante; c'est à qui se l'adjugera. En cela, ces prétendants de tout étage me paraissent plus avides que difficiles. Est-il donc si tentant de posséder le cadavre d'une nation? Pour vous dire mon avis, en un mot, mon cher Bebert, en France aujourd'hui tout est impossible. Partez de là quand vous voudrez inventer une politique. Croyez-vous, par hasard, que le mal dont nous parlons soit un mystère? Mais tout le monde le connaît, le signale, le rabâche à satiété, et personne ne fera rien pour le guérir. Quand les terribles événements de l'année dernière n'ont rien produit sur l'esprit de ce peuple, pensez-vous que ce sont quelques phrases plus ou moins bien tournées qui vont le rappeler à la raison? Vous êtes un peu médecin, mon cher Bebert; eh bien, souvenez-vous que, s'il est permis à la science de s'agiter et de se troubler devant les souffrances qu'elle peut soulager, elle doit être calme devant les maux incurables.

Tout à vous.

A M. DE BENAZÉ.

Berne, 1872.

Mon cher ami, je fais avec le plus grand plaisir ce que tu veux bien me demander, bien que je doute que ma recommandation ait la moindre influence dans la circonstance en question. D'abord, je ne connais pas personnellement l'amiral Pothuau ; et ensuite il ne manquera pas de se demander quel genre de compétence je puis avoir pour juger des services rendus dans la marine. Je t'envoie néanmoins cette recommandation vaille que vaille, en souhaitant de tout mon cœur qu'elle puisse être bonne à quelque chose pour ton beau-frère. Je crois que s'il pouvait en réunir deux ou trois autres, ce faisceau aurait beaucoup plus d'efficacité qu'une démarche isolée. Il est excellent, dans ce cas-là, de former un petit dossier. Je n'ai pas grand'chose d'intéressant à te raconter de ma nouvelle existence. L'hiver à Berne n'est pas très réjouissant, et la diplomatie pratiquée dans ces conditions lilliputiennes n'offre pas un immense intérêt. Dans un centre plus actif et plus important, j'y prendrais tout à fait goût. Je suis surtout préoccupé de nos affaires intérieures, que, du reste, on juge beaucoup mieux de loin que de près. Si nous pouvions faire trêve, pendant un an ou deux, à nos querelles de parti, on peut dire que la partie serait presque gagnée ; mais aurons-nous assez de sagesse pour comprendre cela ? Donnons à la France ces trois choses : l'acquittement des cinq milliards, l'instruction réorganisée, une armée forte et sévèrement disciplinée ; et la République sera fondée ; car tous les intérêts conservateurs, dans le sens élevé du mot, se rallieront à elle. Adieu, cher ami, je te serre affectueusement la main, et te prie de présenter mes meilleures amitiés à madame de Benazé.

A M. DE BENAZÉ.

Berne, 1872.

Mon cher ami,

Je t'adresse, sous ce pli, la réponse que je viens de recevoir de l'amiral Pothuau. J'espère que ce ne sera pas de l'eau bénite de cour, car il n'est pas seulement un homme très courtois, il tient ses promesses, ce qui n'est pas commun dans les ministères. Fais-moi le plaisir de me rappeler au bon souvenir de madame de Benazé et crois-moi toujours,

Ton ami très affectionné.

A M. A. ROUX.

Versailles, ce 25 novembre 1872.

Cher ami, je n'ai rien reçu de toutes les publications que tu m'annonces, mais peut-être trouverai-je la dernière en arrivant à Berne où je me propose de retourner dans peu de jours. Tu peux être assuré, dans tous les cas, que je lirai avec un plaisir extrême tout ce qui sort de ta plume en langue franque ou non. Je t'écris seulement ce mot pour te remercier de ton amical souvenir et t'envoyer mes meilleurs souhaits. Je suis à la fois trop attristé et trop irrité de tout ce que je vois ici pour t'en parler comme je voudrais. Nous tournons terriblement à la Pologne du dix-huitième siècle, et je crains fort que nous ne finissions comme elle!

Je te serre affectueusement la main.

A MADAME JAUBERT.

Berne, ce mercredi 18 décembre 1872.

Oui, je suis sans excuse, je le proclame et suis prêt à le crier sur les toits et sur tous les tons! Je ne saurais vous dire combien d'injures intimes je me suis décernées pour mon indigne négligence à votre égard, — mais pour mon oubli! — Non! — J'en atteste les échos auxquels j'ai demandé de vos nouvelles depuis que je n'ai eu la fortune de vous voir. Et aussi la façon dont je leur ai parlé de vous. — J'en appelle à Montbrun, — à Doubet, — au petit Lefébure, — enfin, au feu follet lui-même que j'ai vu ici et qui, je l'espère, portera témoignage en ma faveur. Pourquoi cependant ne vous ai-je pas vue, en ayant dans le cœur un si violent désir que je suis allé, un jour, jusqu'à votre porte avec cette intention? Pourquoi, grands dieux, pourquoi? — Ma foi, je vous le dirai, — car, par la sang-bleu, je m'appelle Férocino, et ce nom me donne des droits et même des privilèges. — Je vous avouerai donc très simplement que c'est parce qu'on m'a assuré que votre salon ne désemplit plus du citoyen Hugo et que j'ai craint de vous mettre dans une fausse situation en l'y rencontrant, lui ou ses amis. Vous savez que j'ai le malheur d'avoir des aversions beaucoup trop prononcées pour ma tranquillité. — Celle-là en est une. — Il me serait positivement insupportable de passer une demi-heure en présence de ce dieu; je crois bien que je n'irais pas jusqu'à lui tirer la langue devant vous, mais mon attitude serait, je le crois, très loin d'exprimer ce respect plein de tremblement qu'on doit ressentir en présence de la divinité. Je me suis dit que je serais contraint, irrévérencieux, que je vous mécontenterais, enfin, qu'il valait beaucoup mieux ne pas vous exposer à cet ennui. Voilà, chère et aimable amie, très franchement exposé le motif qui m'a détourné d'aller vous voir lors de mes deux derniers voyages à Paris, en mars et en novembre. Je n'ai pas changé à l'endroit du gambettisme. — Ses paroles mielleuses ne m'ont pas fait oublier ses actes et, à mes yeux, l'avènement de cette séquelle est toujours le pire malheur qui puisse arriver à notre pays. — Je dis le pire, sans même excepter une restauration du régime bonapartiste. — C'est vous dire dans quelle estime je tiens ces hommes, et je vous avoue que c'est un vrai supplice pour moi que de me rencontrer avec eux sans pouvoir leur dire ce que j'ai sur le cœur. Me pardonnez-vous cet aveu bien peu diplomatique ? — Oui, car vous êtes la bonté et l'indulgence même. La même raison m'a éloigné, à contre-cœur, de chez les d'Alton, que j'aurais eu tant de plaisir à revoir. Oserai-je vous prier de leur offrir mes meilleures amitiés, ainsi qu'à madame la marquise de Lagrange et à mademoiselle Juliette. Quant à vous personnellement, vous savez assez quel charme, quel vrai et rare plaisir j'ai toujours trouvé dans vos entretiens, mais laissez-moi vous dire combien je vous suis et vous serai toute ma vie reconnaissant de votre accueil si aimable, de votre amitié si bonne et si bienveillante, malgré tant d'esprit ! Vous avez mille fois plus de mérite qu'une autre ! Écrivez-moi donc que vous ne me gardez pas rancune, et croyez-moi toujours

Votre tout affectueusement dévoué.

FÉROCINO.

A M. ÉMILE REY.

Berne, ce 20 décembre 1872.

Je suis un peu en retard avec vous, mon cher ami, mais vous aurez sans doute conclu de ce seul fait que je ne jugeais pas l'opportunité dont vous m'entretenez aussi pressante que vous le pensez. Je n'ai nullement cessé de croire qu'il n'y a de salut possible, — je ne dis pas pour la République, qui est fort secondaire à mes yeux, — mais pour la France, qui est tout, que dans la formation d'un parti républicain conservateur et libéral, seul capable, à mes yeux, de maintenir, dans notre pays, un gouvernement régulier contre les factions de droite et de gauche. Je crois aussi que nous devons tous travailler sans relâche à l'œuvre de réconciliation qui doit amener les conservateurs à accepter le régime actuel qu'eux seuls peuvent consolider. Mais avons-nous à Chambéry les éléments nécessaires pour fonder et soutenir un journal qui soit l'organe de cette opinion ? Voilà ce qui n'est point démontré, malgré les souhaits si généreux que vous exprimez à cet égard. J'ai toujours présente à l'esprit la profonde indifférence avec laquelle nos efforts ont été accueillis lorsque nous avons entrepris cette tâche dans des circonstances bien autrement graves et importantes que celles où nous nous trouvons aujourd'hui. Vous supposez que ma présence en Savoie pourrait être de quelque utilité pour mettre fin à cette déplorable apathie. Je voudrais bien partager cette illusion de votre amitié, mais j'avoue qu'il m'est difficile de m'y associer. Les partis extrêmes ont seuls prise sur notre malheureuse Savoie. — Les opinions modérées n'y trouvent aucun écho. Clérical ou radical, on ne sort pas de là. Je ne connais aucun fait nouveau qui soit venu modifier ce qu'une dure expérience m'a appris à cet égard. Si vous pouvez m'en signaler, je vous en serai extrêmement reconnaissant. Pour en revenir à ce projet de journal, en concevoir le plan et le programme est chose facile, mais où prendrez-vous le rédacteur, car je considère comme essentiel à sa réussite qu'il soit choisi dans le pays même. — Quels seront ses auxiliaires? Réunir des fonds pour la publication n'a rien d'irréalisable, mais où est le public qui le lira? Où sont les abonnés qui le feront durer? Je vous soumets ces simples questions en souhaitant de tout mon cœur que vous y trouviez une réponse. En attendant, merci de votre bon et aimable souvenir. Présentez mes meilleures amitiés à Bebert, et croyez-moi toujours, mon cher Rey,

Votre bien affectueusement dévoué.

A MADAME PLANAT DE LA FAYE.

Berne, ce 22 décembre 1872.

Chère madame Planat,

J'aurais été, en effet, bien impardonnable si j'étais resté à Paris jusqu'au 16 décembre sans retourner vous voir, après avoir reçu de vous un accueil, comme toujours, d'une grâce et d'une bonté parfaites. Mais je ne suis resté que jusqu'au 6 décembre, et jusqu'au dernier moment j'ai été forcé de continuer mes allées et venues à Versailles pour prendre part à des votes importants dans lesquels on se battait à une ou deux voix de majorité. Ces petits voyages ont encore ajouté à la précipitation qui accompagne toujours un départ, en sorte que je me suis trouvé, à mon très vif regret, dans l'impossibilité de remplir ma promesse en allant prendre congé de vous.

Voilà, chère madame Planat, toute l'explication de ce brusque départ. J'avoue que j'ai quitté avec un véritable soulagement l'atmosphère de Versailles. Il me tardait de n'avoir plus sous les yeux ce spectacle de l'impuissance satisfaite. Tous ces hommes soulèvent à la fois mille questions qu'ils savent fort bien ne pouvoir résoudre, pour le simple plaisir de faire des discours ou des effets de théâtre, sans le moindre souci du trouble qu'ils jettent dans le pays; tous ces partis qui n'éprouvent pas le moindre scrupule à diviser la patrie devant l'ennemi, qui, au besoin, s'entendraient avec lui pour réussir, qui remettent tous les huit jours en question notre avenir et qui, avec tout cela, ont le plus parfait contentement d'eux-mêmes, m'irritent et m'humilient, et j'en arrive à me sentir presque fier de l'isolement dans lequel je me trouvais au milieu de toutes ces passions si peu clairvoyantes et si peu patriotiques. Sur beaucoup de points, je suis, je le sens avec une certaine tristesse, mais sans regrets, devenu un étranger dans mon propre pays. Je n'ai à aucun degré cette merveilleuse faculté d'oublier, dont le Français est si fortement pourvu. C'est un vrai malheur chez nous, et le jugement le plus indulgent que je puisse espérer, c'est qu'on dise de moi que je suis plus à plaindre qu'à blâmer.

Adieu, chère madame Planat, tâchez de me donner un petit souvenir de temps en temps, lorsque vous vous sentirez d'humeur écrivante. Je vous en serai infiniment reconnaissant.

Croyez-moi toujours, je vous prie, votre tout dévoué et bien respectueusement affectionné.

A M. CÉRÉSOLE,

PRÉSIDENT DE LA CONFÉDÉRATION SUISSE

Paris, le 3 juin 1873.

Mon cher Président,

J'ai reconnu votre amitié si indulgente et si délicate dans les regrets que vous voulez bien m'exprimer au sujet de ma démission. M. Kern m'avait déjà informé de votre intention de m'écrire, ainsi que de la démarche infiniment honorable pour moi que vous et vos collègues du Conseil fédéral l'avez chargé de faire à cette occasion auprès de notre nouveau gouvernement. Ces témoignages si flatteurs d'estime et de sympathie me font un devoir de vous dire, avec une entière franchise, dans quelle mesure je crois possible de revenir sur une résolution qui m'a beaucoup coûté, bien que je l'aie prise sans aucune hésitation. J'ai le plus grand désir de retourner à Berne où j'ai laissé tant d'excellents amis et de si bienveillantes relations, mais je ne le ferai qu'à une seule condition : c'est que j'y puisse retourner honorablement. Le renversement de M. Thiers a été un acte d'ingratitude révoltante ; je l'ai dit sans détour aux chefs du gouvernement lorsqu'ils sont venus me prier de conserver mon poste. Cependant, ils m'ont répété à plusieurs reprises qu'on les calomnie en leur prêtant des arrière-pensées de restauration monarchique, — qu'ils ne songent à rien de pareil, — qu'ils ne toucheront à l'ordre actuel des choses que pour le consolider par une administration à la fois ferme et libérale, — que leur seul but est de reprendre le programme que Thiers n'a pas su réaliser, c'est-à-dire de gouverner avec l'appui des deux centres; — qu'enfin, ils demandaient à être jugés, non pas sur leurs paroles, mais sur leurs actes. J'ai opposé à ces belles assurances toutes les objections qui se présentent naturellement à l'esprit; mais comme, en somme, ils sont hors d'état de tenter autre chose, j'ai résolu de les attendre à l'œuvre. Je ne me sépare pas de mes amis politiques. Si par leurs concessions les chefs du gouvernement parviennent à regagner l'appui du centre gauche, je reprends mes fonctions, sinon, non. Je n'ai pas retiré ma démission et je ne me dissimule pas qu'on peut d'une heure à l'autre me donner un remplaçant. Je dois dire toutefois que le duc de Broglie, dans le seul entretien que j'ai eu avec lui, le lendemain de la chute de Thiers, m'a répété avec insistance qu'il laisserait le poste vacant jusqu'à ce que j'aie pu me faire, sur ses actes, une opinion motivée. Voilà, mon cher ami, la détermination à laquelle je me suis arrêté. J'espère que vous ne la désapprouverez pas. Ce rapprochement entre les deux centres se réalisera-t-il? Je crois qu'il nous épargnerait bien des déchirements. Thiers a pu le faire et ne l'a pas voulu. Par un entêtement de vieillard ou d'enfant, il a perdu la plus magnifique partie. Je doute qu'il retrouve jamais l'occasion perdue. Il est à un âge où la fortune ne pardonne plus.

Au revoir, mon cher Président. Veuillez, je vous prie, dire à messieurs vos collègues combien je leur suis reconnaissant de l'intérêt qu'ils ont bien voulu prendre à ma position, et croyez à mes meilleurs sentiments d'estime et d'affection.

A M. CHARLES DOLLFUS.

Paris, 4 juin 1873.

Merci de votre excellente lettre, mon cher Dollfus. Les choses sont, en somme, beaucoup moins sombres qu'elles l'ont semblé au premier abord. Le nouveau gouvernement va, je le crois, tenter ce que M. Thiers n'a pas voulu faire, — c'est-à-dire de gouverner par l'union des deux centres. Il ne peut entreprendre autre chose dans l'état actuel des partis. Il n'est pas impossible que je revienne sur ma détermination, si ce pronostic se réalise.

Affectueusement à vous.

A M. MILAN.

Berne, le 9 octobre 1873.

C'est bien aimable à toi, mon cher Milan, d'avoir pensé à me donner de tes nouvelles ; je regrette seulement qu'elles ne soient pas meilleures. Je n'ai, à mon vif regret, aucun souvenir de t'avoir parlé d'un remède particulier employé ici et concernant la goutte. Je n'ai jamais entendu mentionner rien de semblable à Berne et les informations que j'ai prises ont été sans résultat. En général, je ne crois pas aux spécifiques — et pour la goutte moins encore que pour toute autre maladie. — j'ai eu beaucoup d'amis goutteux, et comme ils souffrent beaucoup ils étaient naturellement exploités par des charlatans. Mais, en somme, je ne les ai jamais vus soulagés sérieusement que par trois choses : le régime, l'exercice et les eaux. — Ces trois choses combinées donnent souvent des résultats merveilleux. — Ainsi il y a des eaux à Kropina, en Croatie, près de Gratz, qui produisent des effets surprenants et rendent frais et dispos des malades absolument contorsionnés par la goutte. Il paraît que ce sont les meilleurs qui existent, mais il faut y aller en été. Comme remède nouveau et à la mode, tu sais que ce sont ceux-là qui réussissent le mieux, on emploie beaucoup en Allemagne une substance chimique appelée la lithine. — Cela doit être connu de nos médecins. Mais quant à moi je ne crois qu'aux trois choses que je t'ai dites. Malheureusement le régime n'est pas toujours facile à observer dans votre cher pays. Mais à ta place, plutôt que de m'exposer à ces atroces souffrances, je renoncerais absolument à l'usage du vin.

Tu veux maintenant que je te parle de la situation politique de notre pays. C'est un sujet qui va en effet assez bien avec la goutte. Mais ta goutte, mon bon Milan, n'est qu'un mal à l'eau de rose auprès des quatre ou cinq maladies mortelles qui le rongent à tour de rôle : radicalisme, socialisme, cléricalisme et césarisme. Dans ce moment c'est la pestilence cléricale qui l'emporte, car c'est elle seule qui a fait la fusion. Je suppose que nous en venions à bout, ce qui est loin d'être certain — nous aurons travaillé au profit d'un autre de ces fleaux; probablement du césarisme, de même que nous n'avons vaincu les radicaux qu'au profit du cléricalisme. Tout cela est comme tu vois bien consolant et encourageant. Quant à moi je voudrais être né Huron, vivre au fond des bois et n'avoir jamais entendu parler de la France.

Adieu, cher ami, remercie madame Milan de son aimable souvenir et présente mes amitiés à Bebert, Émile Rey, Henry et aux autres.

Crois-moi toujours ton affectionné.

A MADAME ***

Versailles, ce 9 novembre 1873.

Madame et chère amie.

Voici deux billets dont vous ferez l'usage qu'il vous plaira. Je vous les envoie d'ici afin qu'ils vous arrivent plus tôt. La séance de demain sera probablement intéressante. Si vous pensez y assister, je serai très heureux si vous voulez bien disposer de moi pour vous accompagner.

Dicey m'écrit que le temps affreux qu'il fait à

Londres le décide à retarder son voyage de quelques jours et à renoncer au plaisir de dîner chez vous jeudi. Il me charge de vous exprimer ses vifs regrets avec ses excuses. Au reste, il vous écrira lui-même.

J'ai fait route ce matin avec le petit B... Il m'a fort amusé. Dans notre wagon se trouvait une belle jeune femme blonde, fort élégante et dont les manières étaient à la dernière mode aussi (que j'appellerai genre hommasse, renfoncé d'une teinte de précieuse *radicale*). Elle était accompagnée de deux de mes collègues à la chambre, en parfaite camaraderie, d'où la gêne était absolument exclue. Le petit B... en était stupéfait. Sur ce, arrive madame de X... (la distinction même comme vous savez), elle était avec son frère. La présence de madame X... a suffi pour imposer un peu de réserve à nos premiers compagnons de voyage. B... m'a dit : « Voilà la démonstration à priori des bonnes et mauvaises manières dont nous parlait madame *** avant-hier au soir. Je vais surveiller mes sœurs ! ! ! » Il y a quelque chose de touchant chez ce garçon lorsqu'il se souvient de ses devoirs de chef de famille. Je crois qu'il y aurait quelque chose de mieux à faire de lui qu'un attaché d'ambassade. Usez donc de votre influence sur lui.

Je viens de causer avec M. Thiers. Il m'a paru fatigué. Il m'a parlé des événements présents sans aigreur, mais avec un peu de découragement. Ce qu'il m'a dit m'a montré la bonté de son cœur. J'ai été profondément ému en écoutant ce vieillard attristé par tant d'ingratitude. Il s'en est aperçu, car en me quittant il m'a serré fortement la main à deux reprises comme quelqu'un qui vous dit : Allons, vous me comprenez !

A demain, je l'espère, chère madame et bien chère amie, à moins que nous ne soyons retenus par une séance de nuit, ce qui pourrait fort bien arriver.

Mille tendres respects.

A MADEMOISELLE LAUBÉ.

Paris, 10 novembre 1874.

Tu as bien raison, chère Thésie, je suis vraiment criminel de ne vous avoir pas écrit plus tôt comme j'en ai eu tant de fois la pensée. Mais j'ai tant travaillé depuis mon retour ici que je n'ai trouvé de temps pour rien et ne me rends plus compte de ce que je fais ou ne fais pas. Je ne suis pas sorti une seule fois de chez moi avant qu'il fût nuit close. Enfin mon volume est presque terminé et je pourrais commencer prochainement l'impression. Ne sois donc pas si féroce à mon égard — cela ne va pas bien à une femme. — J'étais sûr que ma mère devait se bien porter par ce beau temps. Mais c'est maintenant qu'il faut avoir des précautions parce que les saisons de transition sont toujours les plus dangereuses. Tu ne me dis rien de ta santé. J'espère qu'elle est bonne. Cela dépend beaucoup de toi. Si tu savais te passer de *café* et de *vinaigre*, je suis sûr que tu arriverais en peu de temps à te porter très bien. Fais toutes mes amitiés à Françoise[1] et donne-moi quelques nouvelles du pays.

Adieu, chère Thésie. Dis à ma mère que je l'embrasse bien tendrement.

Ton cousin affectionné.

A M. CHARLES DOLLFUS.

41, rue Abbatucci, ce 2 décembre 1874.

Mon cher ami,

Voici au juste où j'en suis avec la Bulozerie. L'année dernière, au mois de janvier, je publiai un premier article dans la *Revue* à la suite duquel le fils Buloz vint chez moi presque tous les jours pendant plus de deux mois pour m'en demander un second. J'étais alors fort occupé d'autre chose, cependant je cédai à l'obsession et leur remis cet article au mois de *Mars dernier*. Je m'y occupais du septennat, alors dans sa fleur. Je disais que la majorité qui l'avait fait ne *voulait* pas et ne *pouvait* pas faire des lois constitutionnelles; que M. Thiers était tombé pour avoir voulu faire quelque chose d'analogue; que de Broglie tomberait également en cherchant à l'imiter; que cette impuissance étant constatée une fois de plus, le plus sage serait de retourner devant les électeurs avant que le pays ne s'exaspérât tout à fait. Tout ce que je disais dans cet article s'est réalisé

1. Sa vieille bonne.

depuis si ponctuellement qu'après dix mois écoulés je n'aurais pas à en retrancher une syllabe. Le jeune Buloz le lut, l'approuva, me dit qu'il me demanderait quelques changements pour ne pas indisposer certaines catégories de lecteurs — puis il emporta le manuscrit — et depuis cette époque oncques je ne l'ai revu ni n'ai entendu parler de lui en aucune manière. Je lui ai écrit six mois après pour lui faire mes compliments sur sa façon d'en user avec moi et le prier de me renvoyer mon manuscrit. — Je n'ai reçu aucune réponse. — En revanche j'ai su que le père Buloz se plaignait amèrement à des amis communs de ma négligence envers lui, après toute l'amitié qu'il m'avait témoignée. — A quoi je n'ai pas daigné répondre.

Voilà, mon cher ami, les mœurs de cette bande. J'avoue qu'il ne m'était jamais rien arrivé de semblable, bien que j'aie plus d'une fois navigué dans des eaux infestées de requins. C'était donc une bien grande fatuité de ma part de vous offrir ce que vous appelez mon patronage auprès de la Bulozerie. — Je n'y puis rien, excepté vous compromettre et vous entraîner dans ma disgrâce. Mais je pourrais, si vous n'avez personne sous la main, vous recommander à Mazade qui se ferait, j'en suis sûr, un plaisir de présenter votre nouvelle.

Je ne vous dis rien de notre situation politique. Nous nous enfonçons de plus en plus dans le bourbier et Dieu sait où cela nous mènera. Adieu, mon cher Dollfus, je vous serre bien affectueusement la main et vous prie de présenter tous mes hommages à madame Dollfus.

A MADEMOISELLE LAUBÉ.

Paris, 20 janvier 1875.

Chère Thésie, j'allais t'écrire au moment où je reçois ta lettre. En lisant hier soir dans les journaux le détail de cette nouvelle inondation, je me figurais qu'on en avait exagéré l'étendue et je ne pouvais en croire mes yeux. Il est très probable qu'on aura fait, dans ces dernières années, des travaux d'endiguement qui ont trop resserré le lit des deux rivières et, comme elles ne peuvent plus sortir dans les campagnes, elles se répandent dans la ville. Ces malheurs-là arrivent presque toujours par suite des bévues des ingénieurs. Ils ne sont pas tous à la Chambre et il en reste toujours assez en dehors pour faire des sottises. J'espère qu'en ce qui vous concerne, ma mère et toi, vous n'en éprouvez pas d'autres inconvénients que celui de cette désagréable visite. Je vous envoie à toutes deux mes meilleurs souhaits. — Tu sais qu'on a tout le mois de janvier pour cela. Dis à ma mère que je lui apporterai moi-même ses étrennes vers le 25 mars et que je l'embrasse bien tendrement.

Ton bien affectionné.

A M. B.....

Paris, ce 21 avril 1875.

Je suis bien en retard avec vous, mon cher B..., mais vous auriez bien tort de voir dans mon silence une hésitation quelconque à vous être agréable, à vous qui avez toujours été si obligeant pour moi — ou à M. le marquis de la Serraz qui est un homme fort aimable. La vérité est que je me trouve toujours très embarrassé lorsqu'on m'adresse une demande de ce genre, attendu d'une part que je ne conserve jamais aucun manuscrit de ce que je publie, et d'une autre, que je n'ai pu de ma vie faire quoi que ce soit *pour la montre*. La seule idée qu'on attend de moi quelque chose de ce genre suffit pour me paralyser. Et même lorsque j'étais enfant on n'est jamais venu à bout de me faire réciter une fable. Cette infirmité, que je suis loin de chercher à justifier, me servira, j'espère, d'excuse à vos yeux et à ceux du marquis de la Serraz.

J'avais, en effet, l'intention de profiter des vacances parlementaires pour retourner en Italie où il faudrait passer non pas quelques mois mais plusieurs années, lorsqu'on s'intéresse aux belles choses et aux grands souvenirs ; mais je suis retenu ici par diverses occupations qu'il ne dépend pas de moi d'ajourner. Quant aux changements diplomatiques auxquels vous faites allusion on y viendra un jour ou l'autre, mais le plus tard possible. Nous avons parmi nos diplomates actuellement en exercice des hommes d'une effrayante nullité. — Si l'on touche à un seul d'entre eux ils tomberont aussitôt les uns sur les autres comme des capucins de carte. Voilà ce qui retarde le mouvement.

Mille amitiés, mon cher B...

A MADAME ***

Chambéry, ce 29 avril 1875.

Chère madame,

Je pars aujourd'hui par un très beau temps et dans de bonnes dispositions avec mon ami Rey. Ma lettre d'avant-hier a dû vous apporter une réponse à toutes vos questions et vous avez dû recevoir mon volume. Je suis impatient de savoir ce que vous en pensez.

Je suis bien heureux qu'on vous ait empêchée de pénétrer chez la marquise ; il n'y a rien de plus contagieux que ces angines couenneuses. Comment va-t-elle ?

Écrivez-moi à Milan, poste restante. J'y serai jeudi soir et j'y passerai le vendredi. De là, j'irai à Venise où je passerai trois jours (dimanche, lundi, mardi) ; de là à Bologne et Florence.

Nous avons eu ici un très beau temps, mais assez froid encore à cause du voisinage des hautes montagnes, où l'on voit des restes de neige. — Écrivez-moi souvent, je vous en prie. N'oubliez pas de me tenir au courant de ce que vous faites. Je ne sais plus rien de vous depuis si longtemps. Au fond je voudrais déjà être de retour à Paris. Un voyage en Italie a cependant beaucoup d'attraits pour moi, mais fait si rapidement il perd presque tout son prix à mes yeux, et il me semble que je le ferais tellement mieux, au coin de votre feu, en causant avec vous.

J'ai donc passé deux jours ici sans aucune impression mauvaise. C'est la première fois que cela m'arrive depuis 1870. Les amis que vous connaissez sont de dignes et bons garçons, incapables de changer, *eux!* Je laisse ma mère en bonne santé, tout le monde bien disposé pour moi. C'est un changement incroyable chez les républicains ; mes anciens ennemis, les radicaux, me tirent des coups de chapeaux jusqu'à terre. Vous ne pouvez vous faire une idée de cela. Je ne puis vous dire toutes les avances qu'ils m'ont faites. J'ignore seulement si, même avec leur appui, il y a des chances sérieuses de succès. Les bonapartistes sont devenus bien forts.

Adieu, à bientôt, chère madame et amie, je vous baise tendrement les mains.

A MADAME ***

Florence, ce 7 mai 1875.

Madame et chère amie,

Je suis arrivé ici hier au soir et j'y ai trouvé votre lettre, mais j'ai eu le regret de manquer celle de

Venise. J'ai cru vous avoir prévenue de ne plus m'écrire là et je ne suis pas retourné à la poste. J'espère bien qu'on me la renverra ici. J'ai été jusqu'à présent enchanté de mon voyage. J'ai souvent pensé à l'enthousiasme passionné qui vous animait en 1867, lorsque vous étiez décidée à venir vivre à Florence. Comme je le comprendrais si je pouvais y demeurer aussi! *Pero quien sabe ?*

J'ai passé une journée à Milan, quatre heures à Vérone, cinq jours à Venise, deux heures à Bologne et une nuit à Florence. Je suis convaincu que j'ai mieux vu tout cela que des gens qui y ont passé des mois, mais je suis obligé de proportionner mes visites à *la brièveté de mon temps*, et je ne dépasserai pas Florence. Je n'ai que trois ou quatre jours pour cette ville; et la quitter sans avoir vu les quinze ou vingt merveilles qui s'y trouvent pour aller contempler des murs et des paysages serait le comble du ridicule. Il me semble même déjà voir votre fin sourire de grande dame (un peu moqueur pour votre serviteur).

Je conviendrai donc avec le mélancolique baron X... que vous êtes, selon son expression : une montagne de dévouement, mais je n'irai pas à Rome [1]. Avec mon système je n'emporte qu'une idée sommaire des choses, mais j'en emporte une idée; avec le vôtre j'en aurais une encore moins complète qu'après avoir regardé un album de photographies. Non, montagne de dévouement, je ne ferai pas cela.

1. Madame *** s'était occupée de l'envoi, à ses amis, du cinquième volume de Napoléon Ier qui venait de paraître.

A Venise, après vous avoir écrit, j'ai retrouvé mon ami Mocenigo, qui m'a fait connaître à fond certains côtés de la ville que des étrangers ignorent. J'ai vu très vite, mais j'ai vu presque tout. C'est une vraie féerie. Je vous conterai cela au coin de votre feu.

Il est difficile, d'après ce que vous m'écrivez au sujet de mon livre, de me rendre compte si l'impression est favorable ou détestable, ou ni l'un ni l'autre, ce qui serait le pire. Vos phrases ont un certain air diplomatique qui ne me dit rien de bon; mais à cette distance, au milieu de tant de belles choses, tout cela m'est égal et je ne m'en occupe pas un instant. C'est une idée excellente que de voyager dans un moment pareil. Je recommanderai cela aux jeunes auteurs.

Adieu, chère madame et amie, que n'êtes-vous ici! Quel charmant cicerone vous feriez! Florence serait alors comme vous l'appelez dans votre belle langue: *El divino Paraiso!*

Tutto suo.

A M. LE COMTE D'HAUSSONVILLE.

Ce 21 mai 1875.

Mon cher monsieur,

Je serais très heureux et très honoré d'obtenir votre approbation, mais elle a un prix tout particulier en un sujet que vous avez fait vôtre par le droit de conquête le plus légitime qu'il y ait jamais eu. Je ne saurais jamais assez vous remercier de tout ce que je dois à vos excellents travaux.

Nous avons tous deux combattu le même combat et encouru les mêmes inimitiés. Quant à moi j'y attache si peu d'importance que je n'ai pas même eu la curiosité de lire les invectives auxquelles vous faites allusion. Autant je serais porté à tenir compte d'une réfutation raisonnée, autant je dédaigne les pasquinades de ces écrivailleurs qui cherchent l'impunité dans le mépris qu'ils inspirent. Ce qui doit être une consolation pour vous comme pour moi, c'est que jamais on ne vous a opposé une réponse, je ne dis pas solide, mais tant soit peu spécieuse. Cela prouve que si le bonapartisme a encore, comme je le crains, quelques bons arguments au fond de son sac, ce ne sont du moins pas ceux du bon sens et de la vérité. — Et sans eux on ne va jamais bien loin.

Recevez, je vous prie, mon cher monsieur, mes meilleurs sentiments, en même temps que l'assurance de ma respectueuse considération.

A M. BEBERT FRANÇOIS.

Paris, ce 27 mai 1875.

Votre article est parfaitement écrit et pensé, mon cher Bebert. Vous verrez que peu à peu ces idées feront leur chemin. Quand le bon sens est soutenu par le courage et la persévérance, il est invincible. En ce qui me concerne, je suis, comme vous le remarquez, très détaché de cette candidature, Ce n'est pas, comme on m'en félicite souvent, parce que je n'ai pas d'ambition, mais parce que j'en ai trop et que les petits succès me sont assez indifférents. Si l'on veut de moi on me prendra, sinon ce sera un autre, et s'il est bon, j'applaudirai. Quant à la petite guerre de ceux qui me visent par derrière, je n'y fais aucune attention. Je suis suffisament vengé du citoyen N... lorsque je vois toute la peine qu'il se donne pour se rapprocher de moi.

Ici on commence à s'irriter contre l'inertie systématique de Buffet et il n'est pas impossible que d'ici à peu de temps on ouvre le feu contre lui. On se dit qu'après tout mieux vaudrait aller aux élections avec de Broglie qui a au moins le don précieux de donner sur les nerfs à ce pays.

Adieu, cher ami. Je vous remercie et vous serre affectueusement la main. J'ai pleinement vérifié pendant mon court voyage les observations que vous m'aviez fait au sujet de X.

Donnez-moi souvent de vos nouvelles.

Votre bien dévoué.

A M. BEBERT François.

Ce lundi 11 juin 1875.

Mon cher Bebert,

J'ai lu avec beaucoup de plaisir et d'intérêt l'article que vous avez bien voulu consacrer à mon volume dans le *Patriote*. J'ai, comme vous, le désir d'en finir le plus tôt possible avec cet ouvrage, mais j'avoue qu'il m'en coûte beaucoup, et je préférerais infiniment pouvoir m'occuper d'autre chose. C'est sous l'empire que j'aurais dû terminer ce travail afin de pouvoir me donner tout entier aujourd'hui à la politique active; c'est un très grand regret pour moi, mais cela est sans remède et il faut que je porte le fardeau jusqu'au bout.

Notre situation politique est, selon moi, bien mauvaise. De concession en concession nous en sommes venus à accepter toute espèce d'énormités. Selon toutes les probabilités nous n'aurons pas la dissolution. En revanche, nous aurons certainement une crise ministérielle à l'occasion du scrutin de liste. Je crois cependant qu'il a de grandes chances de passer, sous sa forme inoffensive, je veux dire avec des circonscriptions limitées à cinq ou six noms, et il est certain que, dans ces conditions, il perd ses inconvénients et peut donner d'excellents résultats.

Si son adoption nous débarrassait en outre du ministère actuel, je considérerais cela comme un bienfait. Car je préfère une lutte ouverte à cette inimitié hypocrite et doucereuse de gens qui sont censés nos alliés et qui nous combattent par tous les moyens.

Adieu, mon cher Bebert, recevez je vous prie mes biens affectueux remerciements.

A M. CHABERT, AVOCAT A CHAMBÉRY.

Mon cher Chabert,

C'est avec regret, mais en présence d'une évidence absolue, que je dois vous dire que pour le moment nous ne pouvons rien. Ce ministère est tout à fait dans les mains de nos adversaires, bien que composé en partie de nos amis. Il nous combat à outrance sous prétexte d'impartialité. Je ne crois pas qu'il puisse porter son hypocrisie bien loin. Il serait déjà par terre si nous pouvions compter nos alliés. Mais ceux-ci n'ont été occupés jusqu'ici qu'à nous trahir. Nous devons nous attendre encore à beaucoup de soubresauts. Il n'y aura pas à s'en inquiéter outre mesure. Si nous n'avons pas une majorité, nous sommes de beaucoup la fraction la plus compacte de l'assemblée, tandis que nos adversaires sont dans le plus complet désarroi.

Tout ceci entre nous.

Votre bien dévoué.

A M. E. REY.

Paris, 17 juin 1875.

Je suis bien en retard avec vous, mon cher Rey. C'est que ma manière de vivre a beaucoup changé depuis que j'ai eu le déplaisir de vous quitter. Aux loisirs de notre existence vagabonde et variée en Italie, ont succédé les obligations innombrables de la vie de Paris et les corvées de député, toujours en retard comme le gendarme. Vous n'êtes donc pas seul à regretter que la petite école buissonnière que nous avons faite ensemble ait été si courte. Vous êtes plus heureux que moi puisque vous pouvez jouir en toute liberté de la belle saison dans un beau pays. Une fois les chaleurs venues, Paris perd tout son attrait et le premier hameau venu lui est infiniment supérieur.

J'ai eu le plaisir de voir il y a quelque temps ici, un de nos jeunes compatriotes, qui s'est présenté à moi comme votre ami et qui m'a laissé la meilleure impression. Mais comme il me demande de le recommander pour entrer dans la magistrature, je me crois obligé d'avoir sur les titres qu'il peut avoir une autre opinion que la sienne propre, qui est naturellement des plus favorables. Je suis tout disposé à l'appuyer si c'est votre avis. Dans ce cas, soyez assez bon pour le prier de ma part de se faire présenter d'abord par le procureur général et par le premier président. Il me donnerait avis de la présentation au moment où elle serait faite et alors, de mon côté, je ferais la démarche. Dites-lui seulement que je lui serais obligé de retarder d'un mois sa demande, parce que je persécute en ce moment le ministre pour une nomination importante (dans un autre département), et que deux recommandations faites ensemble courraient risque de s'infirmer l'une l'autre.

Les renseignements du *Figaro* auxquels vous faites allusion n'ont aucune espèce de valeur. Ce ne sont pas les *titres officiels* qui feront les sénateurs à vie. Ce seront des nominations exclusivement politiques et où on ne tiendra aucun compte ni de la hiérarchie, ni des catégories. Quant à moi je suis l'homme de France qui s'occupe le moins de cette question. Je n'ai de ma vie demandé quoi que ce soit à qui que ce soit : si l'on veut de moi on sait où me trouver. Sinon, je m'en moque. J'ai là-dessus une forte dose de philosophie et ne m'en suis jamais mal trouvé. Adieu, mon cher Rey, je vous serre affectueusement la main.

A MADAME ***

Paris, 5 août 1875.

Je vous remercie mille fois, chère amie, vous pensez à tout. Ne vous préoccupez donc pas de ma santé mais de la vôtre ; ayez-en bien soin afin que je vous retrouve mieux à mon retour. Ayez la volonté de vivre! Je vous en prie[1]. Vous me restez seule au monde maintenant, ne l'oubliez pas. O soyez mille fois bénie pour le bien que vous m'avez déjà fait!

Faites-moi savoir comment vous allez. Adressez vos lettres, *Hôtel de France*, car je n'aurai pas le courage de m'installer chez moi.

Merci, merci encore une fois, chère amie. Que vous êtes grande et bonne dans tout ce que vous faites! Je vous ai admirée avec une sorte de respect pour votre courage moral dans les circonstances si cruelles de la mort de votre pauvre frère. Faites encore un effort sur vous-même; vous êtes si jeune pour envisager l'idée de la mort comme vous le faites! En vous écoutant parler de ces choses avec le calme et la sérénité qui vous caractérisent je me sentais le cœur brisé l'autre soir. C'est le repos, disiez-vous. O si ce n'est pour vous, vivez pour ceux qui vous aiment!

Adieu, chère amie, je vous baise tendrement les mains. Je ne pense être absent que quelques jours, comme je vous le disais ce matin.

Adieu, adieu, soignez-vous! Ne négligez rien.

1. Madame *** était gravement malade.

A MADAME ***

Chambéry, ce 7 août 1875.

Madame et chère amie,

Merci de votre bonne lettre. Je n'ai que quelques instants pour vous écrire, mais je ne veux pas attendre un moment pour vous remercier. J'ai eu tous les malheurs en chemin. Un torrent a emporté une partie du chemin de fer. Il nous a fallu faire un kilomètre à pied dans l'eau et la boue et j'ai eu un retard de cinq heures. Je suis arrivé ici au moment même où la cérémonie avait lieu, et je me serais rencontré avec le convoi si des amis n'étaient venus m'emmener précipitamment de la gare. Si j'étais arrivé à l'heure ordinaire, j'aurais eu la consolation de revoir ma pauvre chère mère, morte il est vrai, mais nullement défigurée et comme endormie et même souriante. Ç'a été un grand soulagement pour moi d'apprendre qu'elle n'a pas souffert un instant. Elle s'est éteinte en une demi-minute, en se levant de table, après une journée où elle avait été très animée, mais d'une excitation douce et gaie, pleine de santé et sans le moindre pressentiment même d'un malaise. Vous savez que j'ai toujours considéré ce genre de mort comme le plus désirable et en quelque sorte comme la récompense d'une vie bien remplie.

Nous avons ici beaucoup d'inondations, mais aujourd'hui le soleil a reparu.

Chère madame, chère amie, j'espère de tout mon cœur que vous avez retrouvé aussi le beau temps, qui est si nécessaire à votre rétablissement. Soignez-vous avec une attention de tous les instants, c'est la façon de réussir. Vous savez combien ceux qui vous aiment le désirent, et vous nous l'avez promis !

Ne vous fatiguez pas à m'écrire de longues lettres. Seulement deux mots pour me dire comment vous vous portez. Voilà l'essentiel.

Adieu, bien chère madame, ma meilleure amie. Soignez-vous.

Je vous baise tendrement les mains.

Je pense rester ici quelques jours encore. Une huitaine au plus.

A MADAME ***

Chambéry, ce 10 août 1875.

Madame et chère amie. Je n'ai rien reçu de vous, ni dimanche, ni lundi, ni aujourd'hui. Je ne puis croire que vous soyez plus malade, car le temps est redevenu magnifique et vous devez en éprouver la bonne influence. Je ne puis cependant me défendre d'une certaine inquiétude, connaissant tous les caprices de cette maladie.

J'ai terminé ici toutes les tristes affaires qui m'y retenaient, et je compte repartir pour Paris dès demain mercredi. Je serai donc de retour jeudi matin.

J'espère que vous serez assez bonne pour me faire savoir de suite de vos nouvelles, afin que je n'aie pas à attendre le milieu de la journée pour aller m'en assurer par moi-même. J'espère que vous avez reçu ma lettre de samedi. Elle vous a fait connaître toutes les circonstances essentielles de ce malheureux voyage, et je n'ai rien à y ajouter. Je suis resté enfermé tous ces jours derniers et n'ai lu aucun journal. Je ne sais par conséquent rien de ce qui s'est passé dans le monde depuis une semaine.

Même jour.

Je reçois à l'instant votre chère lettre de hier lundi, qui était un peu en retard, ce qui m'a fait croire que je ne la recevrais pas. Je suis bien heureux de voir que votre santé est toujours meilleure. Nous allons avoir un magnifique automne qui achèvera de vous rétablir (puisque vous me dites que vous en avez maintenant la volonté).

Mille et mille tendres respects.

Votre dévoué et affectionné.

J'ai reçu beaucoup de témoignages de sympathie et d'amitié.

A MADAME PLANAT DE LA FAYE.

Chambéry, ce mardi 10 août 1875.

Merci de votre bon souvenir, chère madame Planat. J'ai eu la douleur de perdre ma chère mère avant même de quitter Paris. Je n'ai pas même eu la consolation de pouvoir l'embrasser une dernière fois, ayant été arrêté en chemin pendant six heures par un torrent qui avait emporté une partie du chemin de fer. Mais, dans mon malheur, ç'a été un soulagement pour moi d'apprendre que ma mère n'a pas souffert un seul instant; elle s'est éteinte en une demi-minute en se levant de table; elle ne m'a pas attendu et appelé en vain dans ses derniers moments. Cette crainte qui me déchirait le cœur ne s'est pas réalisée. Elle a eu la fin que j'ai toujours considérée comme la plus enviable, comme la récompense d'une vie honnête et bien remplie. Elle était âgée de 86 ans. Je compte partir d'ici demain mercredi, j'aurai donc très prochainement la consolation de vous voir. Vous avez toujours été si bonne pour moi, chère madame Planat, que ce sera un grand bien dans ces tristes circonstances pour

Votre tout affectionné et dévoué.

A M. ÉDOUARD GRENIER.

Paris, ce 17 août 1875.

Merci mon cher, mon bon Grenier. Vous êtes poète par le cœur comme par l'esprit. Aucun sentiment généreux ne vous est étranger. Puissiez-vous conserver encore longtemps votre mère, car vous avez bien raison de dire que c'est la seule perte dont on ne se console pas. C'est un amour que rien ne remplace. Votre souvenir sympathique m'a fait beaucoup de bien, et c'est du fond du cœur que je vous en remercie.

Votre ami affectionné.

A M. MILAN.

Paris, ce 18 décembre 1875.

Je te remercie bien affectueusement, mon bon et cher Milan, de la part que tu veux bien prendre à ma réussite. Tu es de ceux qu'on retrouve toujours inébranlables dans la bonne comme dans la mauvaise fortune. Tu sais qu'ils ne sont pas très nombreux dans notre cher pays, mais leur sympathie a un prix infini à mes yeux. Elle m'est d'autant plus chère dans les circonstances actuelles, que je sais, de source parfaitement certaine, qu'aucune place ne m'avait été réservée dans les candidatures pour les prochaines élections. Les bonnes âmes qui en ont disposé ainsi ont voulu sans doute m'épargner le fardeau de la reconnaissance. J'aurais cependant aimé à leur devoir quelque chose, ne fût-ce que le grade de caporal dans la garde mobilisée. Heureusement pour moi, l'Assemblée nationale m'a jugé avec plus d'indulgence que ces austères patriotes. Je t'amuserais bien si je pouvais te raconter les péripéties de la dégringolade de certain individu répugnant que je n'ai pas besoin de désigner autrement. La surprise, le dégoût et enfin l'indignation ont été inexprimables. Cette pauvre assemblée a passé en quelques jours par tous les tourments d'un malade auquel on a fait prendre un vomitif à son insu. Cela a commencé par de vagues angoisses, puis sont venues les nausées, puis les tressaillements et enfin elle n'y a plus tenu, elle a vomi et a été immédiatement soulagée.

Je te demande pardon d'une comparaison aussi peu séante, mais elle seule peut rendre compte de ce qui s'est passé au sujet de ce personnage. Il faudrait d'ailleurs un volume pour détailler convenablement les intrigues qui l'ont fait figurer un instant en qualité de premier rôle sur une scène où il ne jouera jamais que celui des valets:

Inutile d'ajouter qu'une partie de ceci est entre nous, et je laisse à ton tact la mesure dans laquelle tu peux en parler.

Adieu, cher ami et merci encore. Présente mes meilleurs compliments à madame Milan, et crois-moi toujours

ton ami.

A M. MILAN.

Paris, ce 9 janvier 1876.

Mon cher Milan,

Aujourd'hui que je ne puis plus être suspect d'aller quémander un siège législatif aux radicaux de Marseille, je me dispose à aller faire ma première visite à la Cannebière, pour remercier mes électeurs. J'ai l'intention d'y passer quelques jours et d'y voir les personnes qui m'ont fait l'honneur de patronner ma candidature, afin de leur expliquer pourquoi je n'ai pas fait plus tôt cette démarche. Je te serai fort obligé de vouloir bien me donner l'adresse d'un certain hôtel que tu m'avais recommandé vivement il y a quelque temps et dont j'ai oublié le nom. Tu me feras plaisir, par la même occasion, de me dire la suite et la fin de l'histoire d'un certain crachat, dont je n'ai plus entendu parler à mon grand étonnement. J'en étais resté au moment le plus palpitant, provocation, duel au sabre décidé, massacre général, etc. Mais depuis le départ de Costa, qui m'avait communiqué ce programme dramatique il y a bientôt quinze jours, on ne m'a pas soufflé mot sur cette affaire. Seraient-ils tous restés sur le champ de bataille? Je ne puis croire à un dénoûment aussi féroce et je te prie d'achever de me rassurer.

Il me paraît singulier dans tous les cas qu'une aventure aussi extraordinaire ait fait si peu de bruit.

Parle-moi aussi de la tournure que prennent les élections dans ce cher pays. Je te serre bien affectueusement la main.

A M. MILAN.

Paris, 12 janvier 1876.

Cher ami,

Il est fâcheux pour ce plan, qui me sourit infiniment, que je me sois engagé à être à Marseille pour le 30 janvier, afin d'y prendre part au vote pour le Sénat, en ma qualité de député. Cela rendrait notre rencontre à peu près impossible, car je ne compte pas m'arrêter à la Cannebière plus que le temps nécessaire pour distribuer une douzaine de cartes et manger deux ou trois bouillabaisses. Si donc, comme je le crains, tu as le préjugé des noces (que je considère comme un des fléaux de l'humanité), il est fort probable que j'aurai le regret de ne pas te rencontrer. Tu aurais une manière très simple d'arranger cela. Ce serait de dire que tu as un cousin du beau-frère de ta tante très dangereusement malade à Marseille, et de te mettre en route le 27 ; le 28 nous tombons dans les bras l'un de l'autre sur la Cannebière. Nous passons là quelques jours ensemble à nous promener sur la Corniche. Le 14 février tu envoies à Python une dépêche télégraphique constatant que ton parent est au plus mal, et le 16 madame Milan qui est restée à Chambéry et qui a assisté à la noce (ce qui est toujours un très vif plaisir pour les femmes), vient te rejoindre à Marseille.

Voilà comment les choses se passent aujourd'hui

dans le monde civilisé. Il n'y a plus que les peuplades très arriérées chez lesquelles on ait conservé l'habitude barbare d'assister à ces sacrifices humains qu'on appelle des noces. Je vois que vous êtes au point de vue électoral entre la corde et le poison — sauf en ce qui concerne Carquet, qui est un brave homme quoiqu'un peu faible. Je suis bien enchanté, quant à moi, de n'avoir pas à faire un choix entre ces candidats — car ma main se dessécherait plutôt que de voter pour un coquin.

Adieu, mon cher Milan, je te serre bien affectueusement la main.

A M. BEBERT François.

Paris, 14 janvier 1876.

Je vous suis bien reconnaissant, mon cher Bebert, de tous les renseignements que vous avez bien voulu me transmettre sur notre mouvement électoral et les épisodes tragi-comiques qui s'y sont mêlés. Le manifeste de notre ami G..... est d'un beau fanatisme et je doute qu'on trouve rien de pareil dans le reste de la France. Si, comme il le dit, toute la politique se réduit à une question de dévotion, il ne doit guère être content de ses propres candidats. — C'est parmi les bedeaux de sacristie qu'il aurait dû les choisir ou au couvent des capucins. Je reconnais cependant que ce factum est très habilement rédigé au point de vue des passions de ce cher et aimable pays. Que je me trouve heureux de n'avoir rien à démêler avec tout cela ! Je partage absolument vos appréhensions au sujet de l'issue de cette lutte. Si, comme il y a lieu de le craindre, les bigots l'emportent, ce sera en grande partie par suite de la faiblesse des hommes libéraux et modérés, qui subissent toujours leurs candidats au lieu de les choisir. Je plains un parti réduit à aller au combat pour un champion qui ne lui inspire ni sympathie, ni estime. C'est être vaincu à l'avance que de voter dans de telles conditions. Ces élections générales m'inquiètent beaucoup, je l'avoue. Ce serait presque un miracle si nous échappions au danger que nous a créé la Constitution, en organisant deux Chambres, dans des conditions si différentes. Elles seront élues dans un esprit tellement opposé que leur antagonisme paraît presque inévitable, et alors Dieu sait dans quelles complications elles peuvent nous jeter, surtout si leur rivalité est exploitée par un gouvernement qui aura tout intérêt à l'envenimer. Je souhaite vivement que ces prévisions soient démenties par l'événement, mais jusqu'ici je ne partage pas, je dois le dire, l'optimisme du plus grand nombre de mes collègues et amis politiques. Dans tous les cas, si notre bonne fortune l'emporte, si nous avons des élections sagement républicaines, si nous obtenons non pas une victoire trop complète parce que notre parti en perdrait la tête, mais purement et simplement une bonne et saine majorité constitutionnelle, ces élections resteront, je le crois, une date mémorable dans l'histoire de France.

Je vous remercie encore, mon cher Bebert, de la part que vous prenez à tout ce qui m'intéresse. J'ai bien l'intention, comme vous l'avez supposé, de me mêler un peu plus activement que je ne l'ai fait jusqu'ici aux questions politiques, et cela autant que possible sans renoncer au grand travail que je tiens beaucoup à terminer.

Votre affectionné.

A MADAME ***

Marseille, 28 janvier, soir, 1876.

Madame et chère amie, je vous écris un mot ce soir avant de me coucher parce que je prévois bien que demain j'aurai très peu de liberté pour le faire. Mon voyage a été parfait, sauf deux ou trois petits accrocs qui n'étaient pas dans mon programme. Ainsi 1° j'ai dû me passer complètement de dîner, le train rapide partant à 7 heures 15 au lieu de 8 heures. On m'a pris jusqu'à la dernière minute pour l'enregistrement des bagages. 2° Je n'ai réussi à attraper au passage une bouchée de pain que vers minuit et ç'a été tout mon dîner jusqu'au café au lait de Lyon. 3° Il a plu à verse toute la nuit et toute la journée d'aujourd'hui. Il faut venir à Marseille pour savoir ce que c'est que la boue, mais je ne suis sorti qu'en voiture. A part ces anicroches, tout s'est passé à merveille et j'ai dormi avec un aplomb surprenant[1] J'ai déjà refusé deux invitations pour lundi, ce qui me donne une situation inattaquable pour refuser les autres, s'il en vient. J'ai vu quatre ou cinq Marseillais qui sont des hommes de sens et agréables, mais celui que j'aurais eu le plus de plaisir à voir et dont j'avais fait la connaissance à Bordeaux est mort. Demain samedi j'irai entendre hurler les loups radicaux dans la réunion projetée. Dimanche je vote et lundi je m'évapore. — Tâchez, chère madame, que je trouve une lettre de vous en arrivant à l'hôtel Chauvin à Nice.

Je déjeune demain matin avec mon collègue Frayssinet (ce n'est pas M. de Freycinet), qui est très bien sous tous les rapports. Il a l'intention de parler à la réunion et sera tout à fait à l'aise pour cela, n'étant pas candidat.

Adieu, bien chère madame et amie, soignez-vous bien pour ceux qui vous aiment et pour obéir à l'excellent docteur Frémy.

Je baise vos belles mains

A los piés de Usted

A MADAME ***

Nice, ce 4 février 1876.

Madame et bien chère amie, voici je ne sais combien de jours que je veux vous écrire et qu'une foule

1. Il souffrait d'insomnie.

de ces petits riens qui remplissent l'existence en voyage me font remettre au lendemain. J'ai l'intention de partir après-demain samedi matin. Ce qui me permettra de gagner ma soirée de dimanche[1] que je compte passer avec vous, si vous le permettez; j'ai bien des choses à vous conter.

Jusqu'ici mon voyage s'est accompli dans les meilleures conditions et je ne me suis en rien écarté du programme que je m'étais tracé.

J'ai quitté Marseille lundi. Je n'y ai vu qu'un petit nombre de personnes toutes fort agréables. Ce sont les hommes qui avaient patronné ma candidature en 1871. Je suis arrivé à découvrir celui qui en avait eu le premier l'idée. C'est un homme très distingué sous tous les rapports et tel que je pouvais le souhaiter.— Je n'ai accepté que des invitations à déjeuner et sans cérémonie. Je me suis tenu soigneusement à distance des radicaux qui d'ailleurs m'ont témoigné de la réserve sans hostilité. Ici, j'ai trouvé madame Dicey un peu affaiblie mais bien portante, elle s'est informée de vous avec beaucoup d'intérêt, — puis une quantité de monde plein de clinquant et de tournure fort équivoque malgré tout son luxe. — Mais en revanche un ciel admirable, des arbres en fleurs, une température si douce que nous avons plusieurs fois déjeuné en plein air, sans paletot. Je suis allé voir à Menton mon ami Duvergier de Hauranne, que j'ai trouvé mieux que je ne l'espérais, — avec un

1. M. Lanfrey dînait tous les dimanches chez Thiers.

aspect de force et d'ampleur assez remarquable, — mais se plaignant beaucoup d'une fatigue constante qui ne lui permet ni de lire, ni d'écrire. Sa femme est sur le point d'accoucher. Ils ont beaucoup insisté pour me retenir quelques jours et ont paru sensibles à ma visite. Nous avons fait aussi quelques jolies excúrsions sur la côte aux environs de Nice et de Monaco. Voilà, bien chère madame, l'emploi de mon temps. Si le vôtre a été aussi innocent (je parle bien entendu d'imprudence dans les soins de votre santé), je ne me plaindrai pas. Il me tarde de retourner à Paris et de vous revoir. — A dimanche si vous le permettez.

For ever yours truly.

A M. BEBERT François.

Paris, ce 9 février 1876.

Je vous remercie, mon cher Bebert, des informations aussi curieuses qu'intéressantes que vous avez eu l'obligeance de m'adresser. Je vous avoue que j'ai été étonné du refus des trois candidats proposés pour le canton Nord, cela semblerait démontrer qu'on le considère comme un bien mauvais terrain électoral, ce dont je ne me doutais nullement. D'après ces refus et plus encore d'après le choix auquel on s'est arrêté, je crains fort que vous ne soyez encore battus. Pour lutter avec avantage contre des gens aussi passionnés que vos adversaires, il faut l'être un peu soi-même ; or, je défie bien la brute la plus accomplie de se passionner pour un candidat tel que celui qui est échu au canton Nord. Vous expiez aujourd'hui le tort d'avoir subi si longtemps ce joug répugnant. Vous êtes condamnés à aller au scrutin comme des chiens qu'on fouette, sans entrain, sans conviction et secrètement furieux contre vous-mêmes. — Ce n'est pas ainsi qu'on entraîne les autres. Si vous aviez choisi, envers et contre tous, un homme aimé et respecté, vous pourriez encore être battus, sans aucun doute, — cela est toujours possible, — mais vous marcheriez tête haute, enseignes déployées, avec ardeur, acharnement, et le courage change bien des choses. Vous serez vaincus parce que vous avez été faibles, parce que vous avez oublié que le premier devoir dans ce genre de combats n'est pas de choisir un homme de son opinion, c'est avant tout de choisir un homme honorable.

L'article : « Il ne sera pas député » est très joliment tourné et d'un homme d'esprit. Mais en me faisant honneur d'un résultat qui a été certainement mon ouvrage, il oublie trop ce qu'il y a eu de purement fortuit dans le nombre de voix qui, à deux ou trois reprises différentes, s'est porté sur ce nom. Le nom étant maintenu sur la liste par les meneurs, — il suffisait qu'on oubliât un jour de l'effacer par négligence ou distraction, pour qu'il remontât du bas de l'échelle au sommet. C'est ce qui est arrivé plusieurs fois en raison même de l'obscurité du personnage. Mais dès l'instant où un rayon de lumière est tombé sur son affreux visage, il a été perdu.

Je reviens d'une petite excursion dans le Midi, entreprise à l'occasion des élections sénatoriales. — J'en ai profité pour aller remercier à Marseille les hommes qui m'ont fait l'honneur de patronner ma candidature en 1871. J'ai été heureux de voir que c'étaient tous des hommes très distingués et très modérés d'opinion, n'ayant rien de commun avec la radicaille de cette ville. Ç'a été un vrai plaisir pour moi de faire connaissance avec eux.

Adieu, mon cher Bebert, je vous serre affectueusement la main.

A M. VALLET.

Paris, 27 mars 1876.

Mon cher ami,

Le nouveau ministère a pris le pouvoir au rabais et sans faire de conditions après le très honorable refus de Casimir Périer ; et, comme il était facile de le prévoir, il commence dès aujourd'hui à porter la peine de cette faute. Le Maréchal résiste, à chaque changement qu'il faut faire ; il a poussé des cris de paon lorsqu'on lui a parlé de renvoyer le cousin Fournès. C'est le même homme qui, après le 24 mai, à la suite d'un simple changement d'équilibre parlementaire, a trouvé bon qu'on bouleversât le pays de fond en comble. Aujourd'hui qu'au lieu d'une petite modification des formes parlementaires, il y a une grande manifestation nationale, on voudrait ne rien faire et on croit s'en tirer avec quelques remaniements préfectoraux. C'est peu intelligent et cela ne nous pronostique rien de bon.

Merci de votre bonne et intelligente lettre, mon cher Vallet. Je vous serre bien affectueusement la main.

A M. E. REY.

Paris, 24 avril 1876.

Je ne puis vous conseiller de venir ici si votre voyage a pour but d'obtenir immédiatement quelque chose du ministère actuel ; mais si vous teniez à vous rendre bien compte des difficultés que vous rencontrerez sur votre chemin, je ne saurais trop vous y engager. — Je vous mettrais de suite en rapport avec M. de Marcère et vous verrez bien vite ce que vous avez à faire. Quant à moi, mes sentiments pour vous n'ont pas varié et je suis tout prêt à appuyer votre demande, mais, contrairement à votre impression, je ne dois pas vous dissimuler que c'est dans le moment actuel que vous avez le moins de chances d'aboutir à un bon résultat. Vous ne visez pas, dites-vous, et en cela je ne puis que vous approuver, à une situation politique. — Cependant vous demandez une place de sous-préfet ou de conseiller, et dans ce moment il ne se fait dans ces fonctions que des *nominations politiques*. Tous les nouveaux changements ont nécessairement cette couleur : l'opinion l'exige. Il est absolument impossible d'échapper à cet inconvénient ! Il faut donc vous y attendre, c'est au point de vue politique que vous serez examiné au ministère, — et à ce point de vue rendez-vous bien compte de la notoriété et de la signification de M. de Fournès dont vous avez été le secrétaire particulier ? Savez-vous bien qu'il a été le plus impopulaire de tous les préfets, celui contre lequel ont été dirigés les plus grands efforts en raison même de la haute protection qui le couvrait ? Comment pouvez-vous espérer qu'on ne vous rendra pas jusqu'à un certain point solidaire de ses actes ? Les ministres actuels sont mes amis, mais leurs objections sont écrites à l'avance et qu'y pourrais-je répondre ? Vous voyez comme ils sont maltraités par la presse pour leur timidité ; ils sont bien loin de pouvoir faire ce qu'ils voudraient. Selon moi, la tactique la plus sûre pour vous serait plutôt de vous faire oublier pendant quelques mois dans des fonctions que le nouveau préfet vous maintiendra sans doute. Au bout de ce temps, votre nom ne sera plus identifié à celui de Fournès ; les esprits se calmeront ; on fera des nominations purement administratives et non politiques. Je crois que j'aurai alors beaucoup plus de chance de réussir qu'aujourd'hui, mais je n'en suis pas moins tout à votre disposition. Réfléchissez donc et selon votre réponse j'agirai. Je vous le répète, le moment est on ne peut plus mauvais.

Vous rappelez-vous nos conversations de l'année dernière à cette époque-ci? Vous voyez à quoi aboutit la politique de casse-cou.

Votre affectionné.

A M. VALLET.

Paris, ce 28 avril 1876.

Mon cher Vallet,

J'ai reçu, il y a quelques jours, une lettre de notre ami R..., pour le même objet que la vôtre. Je lui ai répondu en lui promettant mon appui dans le cas où il insisterait sur sa demande, mais en lui faisant observer qu'à mon avis il avait bien peu de chances d'obtenir quelque chose dans un moment où toutes les nominations étaient avant tout politiques, que sa candidature n'avait d'autre couleur que celle de l'administration Fournès, qu'enfin il valait mieux pour le moment se laisser oublier. Je n'ai reçu aucune réponse de lui à des objections que je crois évidentes par elles-mêmes, mais s'il revenait à la charge je ne pourrais lui refuser ma recommandation. Cependant je ne crois pas qu'il insiste. Envoyez-moi donc *immédiatement* votre demande en exposant vos titres, je l'appuierai de toutes mes forces. Mais, mon cher ami, il y a une telle quantité de demandes pour ce genre de fonctions que la vôtre se restreignant à une localité spéciale, vous avez, je le crains, mille chances d'être distancé. Pour vous donner une idée de cette rage de fonctions publiques qui s'est emparée de ce pays, je vous citerai un seul détail. Nous avions à disposer au Sénat d'une dizaine de places pour notre service intérieur, il y a eu un nombre total de deux mille quatre cent quarante-sept demandes !

Envoyez-moi de suite le papier en question, mon cher ami.

Je vous serre bien affectueusement la main.

A MADAME ***

Rome, ce samedi 30 septembre 1876.

Madame et chère amie,

Cette fois c'est pour de bon. — Je suis ici depuis hier à quatre heures de l'après-midi. Je viens de passer plusieurs heures à courir par la ville et j'ai visité aux deux extrémités opposées Saint-Pierre et le palais des Césars, qu'on a déterré depuis environ dix ans, non loin du Colysée. Je ne vous en dirai pas plus long, ayant souvent eu l'occasion de remarquer que les descriptions de voyages sont extrêmement ennuyeuses.

Mon voyage m'a fatigué le premier jour, parce que j'avais attrapé, je ne sais comment, un abominable mal de tête; mais le second j'étais tout à fait remis et j'aurais tout trouvé charmant, si je n'avais failli périr de faim faute de buffets. Sur la ligne qu'on m'a fait prendre, en profitant de ma distraction, c'est-à-dire celle de Pise, Grossetto et Civita-Vecchia, on ne trouve pour se ravitailler que des marchands de provisions à peu près du même style que ceux qu'on voit à Paris sur les places publiques. J'ai donc vécu toute une journée avec un œuf dur, deux pêches également dures et un *fiaschetto* d'un petit vin qui n'était pas mauvais. Et voyez l'inutilité des provisions, je mourais de faim et je n'ai pas pensé une seule fois à votre chocolat; ce n'est qu'en arrivant ici que je l'ai trouvé dans mon sac. Il avait l'air de me dire des injures du fond de sa boîte brillante et dorée.

Je suis à la *Minerve*, qui est un bon hôtel, — mais c'est plein de prêtres; — il en sort de tous les coins.

Écrivez-moi toujours poste restante. Je ne vous envoie que ce petit mot pour aujourd'hui, mais vous, madame, donnez-moi longuement de vos nouvelles. Il me tarde d'en recevoir, et surtout soignez-vous avec attention et appelez le bon docteur au premier malaise.

Votre bien affectionné.

Je n'ai encore vu personne ici.

A MADAME ***

Rome, ce 4 octobre 1876.
Hôtel de la Minerve

Madame et chère amie,

J'ai appris avec beaucoup de plaisir par votre lettre, que les petits embarras de votre déménagement allaient se trouver considérablement simplifiés. Maintenant, il dépend de vous de faire tout cela sans grandes fatigues, si vous voulez vous y préparer un peu d'avance et, le moment venu, opérer avec une sage lenteur.

J'espère que le temps se sera remis au beau. Je ne puis même me figurer qu'il en soit autrement, tant celui dont je jouis ici est magnifique. A partir de Pise, j'ai retrouvé le soleil et la chaleur que nous avions au mois de juillet, mais beaucoup moins accablante, grâce, je crois, à la qualité de l'air. Aussi presque personne ne sort de midi à trois heures. Les Romains disent qu'il n'y a que les chiens et les Anglais pour courir les rues à ces heures-là. J'espère qu'ils me classent parmi les Anglais. J'ai assez bien employé mon temps jusqu'ici et vu une quantité de choses, mais pas une âme vivante, à l'exception de mon compatriote dont je vous ai parlé et avec qui j'ai passé une soirée. Aujourd'hui seulement j'irai voir M. Melegari. Pas de théâtre fréquentable qui soit ouvert en ce moment ; en sorte que je passe mes soirées à lire tranquillement. J'ai achevé le roman de Bret Harte, *Gabriel Conroy*. C'est une histoire des plus embrouillées, souvent obscure, très incohérente, remplie de jargon yankee, nègre et même chinois, d'événements invraisemblables ; mais avec tous ces défauts, elle est excessivement attachante et les caractères en sont pleins de vie, de couleur et d'intérêt. Parmi beaucoup de choses choquantes, il y a des scènes admirables. En un mot, c'est fait par un demi-sauvage qui n'a pas beaucoup de délicatesse, mais qui touche le cœur jusqu'à le faire crier. Il m'a passionnément intéressé. Si vous voulez mon jugement sur Saint-Pierre, je vous le dirai en deux mots : c'est ce que j'appelle de l'excellente rhétorique. C'est noble, harmonieux, très savant, mais partout où on aura des artistes connaissant à fond leur art et cinquante millions à dépenser dans un seul édifice, on pourra faire quelque chose d'analogue. Ce n'est pas une œuvre de génie. Le moindre tableau de Raphaël me touche plus que cet immense entassement créé par vingt architectes différents.

Mais assez là-dessus, tout ce billet n'est qu'un prétexte pour arriver à vous dire que je suis le plus fidèle et le plus passionné de vos esclaves, bien *fier* de l'être. Je baise tendrement vos belles mains.

A MADAME ***.

Rome. ce 11 octobre 1876.

Madame et bien chère amie,

Je suis très heureux d'apprendre que votre santé continue à se fortifier. Comme je vous l'ai dit maintes fois, il ne s'agit pour vous que de gagner des forces. Tout est là. A ce point de vue, vos projets d'excursions à Saint-Germain sont excellents. Allez donc un jour jusqu'à *Maisons*, en partant d'un peu bonne heure. Vous jetterez sur le pays un de vos regards *inquisiteurs* auxquels rien n'échappe, et vous verrez par à peu près le cottage où vous pourrez demeurer l'été prochain avec la duchesse de Mesa.

J'ai été voir, comme je vous l'avais dit, M. Melegari[1], qui m'a reçu avec les plus tendres embrassements et le lendemain m'a fait dîner chez lui, au Quirinal. Il a de magnifiques appartements, décorés avec la plus grande richesse et tendus d'étoffes des plus rares et, en même temps, il ne sait où se loger au milieu de ces salles immenses. Il me montrait avec un désespoir comique un de ses salons, où l'on ferait danser cinquante personnes, et il me disait : Voilà ce que j'ai de plus petit, cela ne peut cependant pas servir de chambre à coucher à ma fille! Je lui ai conseillé d'acheter des tentes et de camper

1. Ministre des affaires étrangères alors.

au milieu de ses appartements. Il sera obligé de faire quelque chose de semblable.

Je commence à en avoir assez de Rome, et je compte partir demain, 12, pour Naples. Je ne sais si les chaleurs me permettront d'y rester plus de trois ou quatre jours, car le milieu de la journée est presque intolérable. Il faut s'enfermer chez soi de midi à quatre heures. J'ai vu ici à peu près tout ce qu'il y a d'important et de vraiment curieux. Il y a, à mon avis, énormément à rabattre sur tout ce qu'on dit de Rome, principalement de la beauté de ses édifices. Si l'on met à part deux ou trois palais et autant d'églises, tout le reste est aussi riche et aussi immense qu'on voudra, mais cela est fait de pièces et de morceaux et n'offre rien d'original. Il n'y a presque pas de palais et d'églises qui n'aient été refaits trois ou quatre fois en utilisant des constructions antérieures; tantôt des thermes, tantôt un temple, tantôt un cirque, un mausolée. Chaque édifice peut se décomposer en trois ou quatre parties d'époques différentes et d'architectures très différentes aussi, ce qui lui ôte tout caractère et toute harmonie. En revanche, les œuvres d'art, surtout les fresques et les sculptures antiques, ne se trouvent nulle part ailleurs dans un tel degré de beauté et en si grand nombre.

Ce malheureux hôtel de la *Minerve* continue à être rempli de prêtres à un point inouï. Il y a dix jours, c'étaient encore les pèlerins français, aujourd'hui ce sont les Espagnols. C'est un mélange de gens de toute condition, riches et pauvres, conduits par des ecclésiastiques au long chapeau à la Bazile. — Ce sont, à ce qu'on assure, des Asturiens. A de rares exceptions près, ils sont quelque peu épais. Les femmes sont petites et grosses, les hommes carrés, mais ils ont d'honnêtes et candides figures, et c'est vraiment dommage qu'on fasse des fanatiques avec d'aussi braves gens. Il y a dans le nombre deux ou trois jeunes filles qui ont de la finesse et de la grâce avec quelque chose de farouche qui leur va très bien.

J'ai vu les ruines du Colysée au clair de lune, pour vous faire plaisir. Mais je dois vous avouer qu'à mon humble avis c'est là un raffinement d'Anglaise romantique. En plein soleil on saisit bien mieux ses formidables proportions et surtout on se figure bien mieux ces trois cent mille spectateurs, altérés de jouissances et de sang, capricieux comme des Néron. On comprend que ces trois cent mille individus, pour qui ce théâtre colossal a été bâti, étaient les maîtres du monde entier, y compris les Césars qui leur servaient si souvent de jouets. Les idées, les souvenirs qu'évoque le Colysée ne prêtent pas à la rêverie, elles chassent le clair de lune.

A bientôt, chère madame et amie.

Votre affectionné et dévoué.

A MADAME ***

Naples, ce 16 octobre 1876.

Madame et chère amie,

J'ai bien pensé à vous et à toute la fatigue que vous avez dû avoir pendant ces trois derniers jours. J'espère pourtant que vous vous en serez tirée sans maladie, si, comme je me plais à le supposer, le temps a continué à être beau. Je me serais reproché le plaisir que j'aurais trouvé ici pendant ce temps-là, si réellement ce plaisir avait été très vif. Mais les voyages qu'on fait seul ne sont jamais bien divertissants, et le sort se charge d'ailleurs de vous fourrer à travers les jambes une foule de petites anicroches, qui, pour peu qu'on soit délicat ou susceptible, diminuent énormément la somme de jouissance qu'on peut y trouver. On supporte, d'ailleurs, ces petites misères avec infiniment plus de philosophie et de bonne humeur lorsqu'on est en compagnie que lorsque rien ne vous en distrait.

Naples serait un séjour digne des dieux, si l'on pouvait supprimer les Napolitains; mais la chose n'étant pas possible, j'aimerais mieux habiter parmi les Lapons, au milieu des glaces du pôle, que sous ce ciel tout délicieux qu'il soit. Je ne crois pas que nulle part sur la terre les hommes soient plus menteurs, plus voleurs, plus fainéants, plus lâches, plus mendiants que dans ce pays enchanté. Je parle, bien entendu, de la seule classe à laquelle j'ai eu affaire, qui est celle du peuple. Malheureusement, comme on a besoin de ces gens-là du matin au soir, cela n'est pas pour rendre la vie agréable. Il faut avoir sans cesse l'injure et la menace à la bouche pour obtenir d'eux un peu d'honnêteté et de respect. Ajoutez à cela la malpropreté universelle, les *zanzares*, qui ne vous laissent pas un instant de repos, c'est assez pour faire prendre en grippe ce paradis terrestre; aussi vais-je m'empresser de le quitter demain mardi. J'ai vu, d'ailleurs, à peu près tout ce qu'il y a de vraiment beau et curieux. J'ai reçu, au moment de quitter Rome, une lettre de Cérésole, qui m'attendait, *poste restante*, depuis le 1er octobre, et qu'on avait négligé de me donner. Il n'y a vraiment que l'Italie pour ces sortes de plaisanteries! Dans cette lettre, il me propose de venir au-devant de moi jusqu'à Milan, pour faire ensuite toutes les excursions que je voudrai. Je lui ai répondu que je serais à Milan le 19 octobre; mais je saurai seulement dans cette ville, où je vais directement, si ce long retard ne lui aura pas fait abandonner son projet. Je vous écrirai de là ce qu'il en sera. Dans tous les cas, ce ne sera qu'une prolongation de quatre ou cinq jours; car il me tarde de rentrer à Paris. J'ai vu que le pauvre général Valazé était mort. C'était un très brave et très galant homme sous tous les rapports. Les *inamovibles* n'ont pas pris, à ce qu'il paraît, un brevet de longue vie. C'est le contraire de l'Académie qui momifie et conserve indéfiniment. A propos de momies, j'en ai vu une douzaine, non pas au Vatican, comme vous me le disiez, mais au Musée de Naples; elles étaient assez bien conservées sous certains rapports, avec cheveux, dents, etc.; mais la peau était noire comme de l'encre.

J'ai eu occasion d'observer un ménage espagnol qui m'a paru assez turc — au point de vue de la réclusion. J'ai fait route en omnibus, pour venir à l'hôtel, avec une très jolie femme, sa petite fille et son mari. Elle ne paraissait pas du tout fâchée qu'on l'admirât; mais son mari lançait de tous côtés des regards furieux. Ils sont descendus à l'hôtel il y a quatre jours, et depuis ce temps-là personne ne les a plus revus. Ils mangent et sortent à des heures où ils sont sûrs qu'on ne les rencontrera pas. En revanche, la petite fille, qui est ravissante, se montre à chaque instant, et quant à moi, cela me suffit.

J'allais oublier de vous dire que mon premier regard ici a été pour le Palazzo de la via Toledo (aujourd'hui via Roma) et le coin du *vico campagna*. Il m'a semblé vous voir au balcon avec votre robe rose et vos quinze ans. C'est moi qui aurais dû être là à cette époque: j'aurais eu quinze ans de moins, et vous m'auriez rendu le plus parfait des hommes! Lastima!!

A bientôt, chère madame; j'espère trouver demain matin une lettre de vous pour me tenir compagnie en route, en attendant que je baise les belles mains de l'auteur.

Tutto suo.

A MADAME ***

Milan, ce 19 octobre 1876.

Madame et chère amie, j'ai trouvé à Naples, avant de partir, votre lettre du 12 octobre, qui m'a été renvoyée de Rome. Elle était toute triste et m'a fait de la peine, parce que j'ai dû reconnaître que c'était par ma faute. Il m'aurait été si facile de vous épargner l'ennui dont vous vous plaignez.

Ai-je blessé les B...? Je ne les ai vus qu'une fois, il est vrai; mais je crois pourtant pouvoir vous assurer que les bonnes paroles que je leur ai transmises de votre part leur ont fait le plus grand bien. Ils en paraissaient extrêmement heureux. Vous êtes vraiment grande et noble dans tout ce que vous faites. Nos amis B... vous apprécient comme vous le méritez; aussi ils ne tarissent pas dans l'expression de leur admiration pour vous. Pour le reste, je les ai trouvés bien réservés, bien accablés! J'aurais dû retourner les voir, j'en conviens, mais j'étais souffrant; car Dieu sait que ce ne sont pas les plaisirs qui ont été la cause de la négligence que vous me reprochez. Excusez-moi auprès de nos amis et pardonnez-moi vous-même. Vous comprendrez que quatre jours sont vite écoulés en voyage. On court toute la journée; on rentre chez soi accablé de fatigue, et on remet la lettre au lendemain, sans même se douter qu'on a laissé passer le délai et blessé ce qu'on aime le plus au monde. La vérité est, cependant, que pendant ce long voyage (je dis long parce qu'il m'a paru tel), je n'ai eu de vrai plaisir qu'en songeant au moment où je vous reverrais. J'ai eu, en dehors de cela, des jouissances intellectuelles quelquefois très vives, mais assez rares, à la vue de certains chefs-d'œuvre de l'art ou de la nature ; mais ce n'est qu'en pensant à vous que j'ai été heureux. Depuis dix ans que j'ai le bonheur de vous connaître, vous ne m'avez donné que des motifs de vous admirer et et de vous aimer toujours davantage, je ne puis plus séparer mes plaisirs des vôtres. Je vous assure que j'ai été désolé de vous avoir fait de la peine.

Dans quelques heures, je dois voir Cérésole, qui s'est piqué d'honneur à la lecture de mes plaisanteries (que vous avez bien modifiées), et qui vient ici exprès pour moi, ce qui est un dérangement considérable. Nous irons ensemble faire le fameux déjeuner au lac Majeur, et peut être ensuite me laisserai-je entraîner au Simplon pour ne pas le laisser retourner seul.

J'ai revu votre chère Florence à vol d'oiseau en revenant ici. Ce n'est pas éblouissant comme Naples, mais comme c'est charmant ; comme vous avez mille fois raison ; comme la population a l'air plus honnête et plus décente ; comme les habitations sont plus propres, mieux tenues ! Quelle grâce tranquille il y a dans toutes choses, au lieu de l'agitation perpétuelle de ces polichinelles demi-nus et braillards qui se vautrent dans la poussière et le fumier ! Je reviens avec le cauchemar du *Naboledano*. (Ils n'ont pas même assez d'énergie pour prononcer correctement leur nom.) Je regrette de n'avoir pas eu l'occasion, à Naples, de voir un peu la classe éclairée. Vos amis n'étaient pas encore rentrés de leur villégiature. Ils auraient probablement diminué cette mauvaise impression. La classe qui exploite les étrangers est, il faut le dire, détestable en tous pays, mais là mille fois pire que partout ailleurs.

Adieu bien chère amie, ne vous tourmentez plus pour moi. — Je ne suis qu'un pauvre homme plein de défauts, quoique vous m'ayez rendu meilleur ! Vous êtes *vous* mille fois trop parfaite, — heureusement que vous êtes aussi indulgente.

Dans ma prochaine lettre, je vous dirai le jour de mon arrivée à Paris.

Je vous baise bien tendrement les mains.

A M. BEBERT François.

Paris, ce 19 janvier 1877.

C'est bien aimable à vous de m'avoir écrit, mon cher Bebert et je suis très sensible à votre bon souvenir. J'avais prié, il y a une quinzaine, notre ami M. de me donner de vos nouvelles, mais ce paresseux n'en a rien fait et je vois bien que c'est au bout des doigts qu'il a la goutte. Vous avez raison de considérer notre situation comme un peu moins mauvaise que sous le ministère Buffet, cependant elle est loin d'être bonne. Le moment de répit dont nous jouissons ne doit pas nous faire oublier les dangers auxquels nous venons d'échapper et qui avant peu se présenteront de nouveau. Ces dangers proviennent en grande partie de la composition de la chambre actuelle qui est une sorte d'incarnation de médiocrité au point de vue intellectuel comme au point de vue moral. On peut tout craindre de la part de gens qui ne savent ni ce qu'ils veulent, ni où ils vont, qui se sont placés sous la direction du pire casse-cou qu'il y ait eu de nos jours et qui n'ont refusé de le suivre jusqu'au bout que par peur de la dissolution. Dans tout cela, je le reconnais, il y a eu beaucoup de la faute de M. Dufaure, l'homme le moins fait qui fut jamais pour conduire un gouvernement et une chambre. Sans plan, sans prévoyance, sans décision, M. Dufaure n'a jamais su vingt-quatre heures à l'avance la politique qu'il allait suivre sur une question donnée : il prenait son parti à la dernière minute, sans avoir jamais préparé ni discipliné les groupes de la Chambre comme c'était son rôle de chef parlementaire. Aussi ses plans tombaient-ils toujours au milieu d'une débandade générale de ses défenseurs naturels qui se laissaient escamoter leurs votes par les extrêmes. Ses collègues dont quelques-uns étaient excellents dans leur spécialité n'avaient rien de ce qu'il fallait pour suppléer à ce manque complet de direction. Ils auraient eu besoin eux-mêmes d'être dirigés. Aussi ce ministère plein de bonnes intentions a-t-il été tour à tour le jouet du maréchal et de la Chambre, faute de savoir tenir tête à l'un et à l'autre, d'avoir une volonté et de la défendre avec fermeté.

Simon a beaucoup d'esprit politique et j'espère de tout mon cœur qu'il réussira. — Mais le danger est toujours du même côté et la décomposition est bien avancée. — Cette chambre est dominée par des préoccupations électorales, c'est la crainte des petits meneurs démagogiques qui la mène. Sous cette pression, on peut, à un moment donné, lui faire faire bien des choses. Quant au Sénat, on peut lui adresser bien des reproches au sujet de certains de ses votes. — Mais il est après tout une garantie de stabilité et vous pouvez être sûr qu'il ne fera rien contre la constitution actuelle tant qu'il y aura un moyen quelconque d'en tirer parti.

J'ai été très heureux de la nouvelle que vous me donnez relativement à notre ami H... et je vous prie bien de lui dire combien je prends part à ce qui lui arrive. Ce sera une occupation mêlée de distractions agréables et lui laissant des loisirs suffisants. J'espère qu'il y prendra goût. La place de surintendant des beaux-arts n'existant pas à Chambéry, il me semble qu'il ne pourrait mieux choisir.

Vous ne me parlez pas de vous, mon cher Bebert, mais j'ai su par D..., que j'ai vu récemment, que vous avez sujet d'être très satisfait de vos affaires, ce qui m'a fait un grand plaisir, car il ne suffit pas toujours pour obtenir le succès de le mériter par une vie exemplaire comme est la vôtre. Quant à moi, j'ai depuis quelque temps une santé assez languissante, ce qui m'ennuie fort à cause de mon travail. Je suis depuis je ne sais au juste quelle date miné par une fièvre persistante dont j'ignore l'origine et que la quinine n'a pas encore réussi à chasser. Je ne serais pas étonné d'avoir attrapé cela en traversant à la fin d'octobre dernier le Simplon par deux degrés de froid trois jours après avoir quitté Naples où il faisait trente degrés de chaleur. Mais j'ai un excellent médecin qui, je l'espère, me délivrera de cela avant peu. Adieu, cher ami Bebert, rappelez-moi, je vous prie, au souvenir de nos amis communs, y compris Milan, quoique son amitié soit bien goutteuse.

Votre affectionné.

A M. E. REY.

Paris, 10 février 1877.

Mon cher Rey.

Votre préfet, M. Vallavieille a pris la peine de passer chez moi hier. — Mais j'étais au lit souffrant d'une fièvre que j'ai prise à Rome au mois d'octobre dernier et il m'a été impossible de le recevoir. Toutefois je sais très bien ce qu'il venait me dire puisque vous m'avez annoncé sa visite il y a déjà assez longtemps et je ne puis vous refuser les explications que je lui aurais données si j'avais eu l'honneur de le voir. Quelque pénible qu'il me soit de ne pas agir selon vos désirs, je vous dois l'aveu des motifs qui m'y déterminent à mon très vif regret. Le ministère actuel ne peut faire et ne fera que *des nominations politiques*. J'excepte, bien entendu, les cas d'avancement et de permutation. Ne disposant que d'un petit nombre de postes, il est forcé d'y placer des hommes de sa couleur politique afin de compléter sa majorité encore fort incertaine. J'ajoute que ma recommandation ne peut également être que politique, car, au point de vue professionnel, c'est votre préfet qui est le juge compétent. Cela étant, mon cher ami, avez-vous jamais songé à vous recommander à Jules Simon comme un homme représentant nos opinions ? Cette idée s'est-elle seulement présentée à votre esprit ? Je ne le pense pas. La question n'existe même pas pour vous. Vous suivez une carrière qui reste la même sous des ministères différents. — Voilà tout. — Mais, mon cher Rey, nier la difficulté n'est pas la supprimer. — Vous ne pouvez pas faire que cette carrière ne soit pas politique et que vous en particulier, vous n'ayez pris sous M. de Fournès une couleur politique très prononcée aux yeux du département tout entier. Et si je vous recommande comme un républicain libéral, quel compte voulez-vous qu'on tienne de ma recommandation ? Car enfin on connaît fort bien au ministère les antécédents de chacun et on les consulte avant de rien décider. On ne verrait là de ma part qu'une démarche de complaisance et rien de plus. Il m'en coûte beaucoup de vous faire une pareille réponse, car j'ai pour vous une amitié très sincère.

— Mais politiquement, nous sommes aux antipodes, comment pouvez-vous vous dissimuler cela ? Vous me répondrez qu'au fond la politique vous est indifférente et vous n'avez peut être pas tort, mais, dans ce cas, il n'y faut pas toucher, pas même du petit doigt, car la marque reste. Croyez, mon cher Rey, que je suis désolé de ne pouvoir vous être utile dans les circonstances actuelles, que cette impuissance est bien réelle et que le jour où elle cessera j'en serai certainement plus heureux que vous.

Votre bien affectionné.

A MADAME M. S.

Paris, février 1877.

Je vous suis très reconnaissant de l'intérêt que vous voulez bien prendre à ma santé. Jusqu'ici cela va de mal en pis, en dépit des remèdes les plus infaillibles. Je crois, comme vous, qu'un changement d'air me ferait du bien. Mais je suis très décidé à m'en rapporter à mon médecin, parce que du moment où l'on se met à suivre ses propres inspirations ou celles de ses amis, on tombe en plein dans le domaine de la fantaisie et l'on ne sait plus où s'arrêter. Je suis sûr que le docteur me donnera raison. Au reste, bien que les remèdes n'aient pas de prise sur moi jusqu'à présent, je ne veux pas dire que mon mal soit bien terrible. C'est peu de chose, mais très tenace.

Mille remerciements affectueux.

Le beau temps me permettra, je l'espère, d'aller vous voir un de ces jours.

A M. VALLET.

Pau (Basses-Pyrénées), ce 30 avril 1877.

Cher Vallet, encore un service pour obliger un ami bien malade. Choisissez-moi, je vous prie, un arbitre en remplacement de M. Bouvier. *Je l'accepte d'avance.* C'est vous que je préfère si la chose est possible. Aussitôt le choix fait, notifiez-le à M. Rosset et priez-le, de ma part, d'avoir l'extrême obligeance de le faire connaître à ses clients MM. Thorrion, dont j'accepte les conditions, c'est-à-dire une prolongation de délai de six mois pour le compromis. Je vous serai reconnaissant du fond du cœur. Ici j'ai eu une rechute grâce à un mauvais médecin et je suis en fort triste état. Pardon, mon cher ami, de tout l'ennui que je vous donne et merci de tout ce que vous pourrez arranger pour moi.

Votre affectionné.

Mes meilleures amitiés à M. de la Bâthie.

A M. LE MARQUIS COSTA DE BEAUREGARD.

Pau, 30 avril 1877.

Cher ami,

J'ai reçu votre billet avec votre volume qui exhale un si bon parfum de chevalerie ; je tiens à vous dire de suite combien je vous remercie et suis heureux de ce que vous me dites d'affectueux. C'est moi, cher ami, qui avais mille pardons à vous demander pour vous avoir manqué de parole. — Je pourrais vous donner beaucoup de petites raisons qui ne vous paraîtraient peut-être pas sans force ; mais, cher ami, chacun doit mourir dans sa croyance comme on s'enveloppait autrefois de toutes ses armes dans son tombeau. C'est le dernier témoignage à rendre au Dieu qu'on a servi. Le mien n'est pas ennemi du vôtre. J'adore la morale chrétienne d'un amour tout filial, mais sur tout ce qui est dogme, ma raison est inflexible. Elle ne pliera jamais, et cela ne dépend pas d'elle.

C'est d'une main défaillante que je vous écris ces lignes. Je suis dans un état de faiblesse extrême et ne crois plus guère à mon rétablissement. Il ne m'en tarde que davantage de vous écrire, très cher Costa, que je vous suis reconnaissant du fond de l'âme du mouvement si fraternel que vous avez eu à mon égard dans la touchante tentative que vous avez faite auprès de moi et que je vous aime parce que vous avez le cœur grand. Quel dommage que nous soyons nés à quatre cents ans de distance l'un de l'autre!

Adieu, bien cher ami, croyez-moi toujours,

Votre très affectionné

A MADAME JAUBERT.

Billère, ce 28 mai 1877.

Chère, parfaite, et la plus charmante des amies, que je serais ingrat si je ne profitais pas de mon petit mieux pour vous remercier de vos exquises petites lettres! J'ai bien chargé notre gentil préfet de vous dire combien je vous en étais reconnaissant, mais jamais on ne vous le dira à mon gré; pas même moi qui suis le débiteur; heureux dans un pareil état d'être insolvable. — Je ne puis, chère amie, vous écrire bien longuement étant encore bien faible. Cependant je ne puis passer sous silence votre pilau. Votre recette exécutée par un cuisinier intelligent a donné un vrai poème oriental — On entrevoyait des houris entre les champignons — Notre préfet est un homme charmant que je n'ai malheureusement pu voir qu'assez peu souvent à cause de ma faiblesse. Il n'est nullement menacé, j'en suis convaincu.

La révolution actuelle ne m'a pas ému une seconde. C'est un simple changement de personnel fait dans un esprit un peu plus clérical. — Mais tout cela ne peut rien et n'entreprendra rien de sérieux.

Chère amie, il faut que je termine ici ma petite fable. Présentez mes plus affectueux compliments à madame la marquise de la Grange et à madame d'Albert. Vos lettres sont un plaisir infini pour moi. Mille et mille souhaits — souhaits d'ami.

A MADAME JAUBERT.

Château de Mont-Joli, à Billère, par Pau. 16 juillet 1877.

Très chère et très aimable amie, il est écrit que désormais toutes mes lettres débuteront par la confession et le repentir. Il y a, en effet, plus de quinze jours que chaque matin je me dis : c'est pour aujourd'hui — et que j'arrive au soir furieux de n'avoir pas pu réaliser mes désirs. Je tenais infiniment à vous remercier de nouveau de vos lettres, qui sont toujours délicieuses et en même temps de *vos souvenirs*, charmants et spirituels croquis, tracés de la main la plus délicate et qui n'avaient certainement pas le poids requis pour être admis au pesage de la *Revue des Deux-Mondes*. En revanche, ils ont eu beaucoup de succès et ont été reproduits par un grand nombre de journaux.

Hélas oui, je perds le plus aimable des préfets, au moment où sa société me devenait la plus chère. Je pouvais enfin causer avec lui sans trop de fatigue. Je goûtais de plus en plus ses qualités qui sont du genre le plus charmant et il venait de m'amener sa jeune femme qui m'a paru un exquis petit *Greuze*. Tout cela s'est évanoui, en un instant, sous le prétexte le plus inique. Mais j'espère que notre ami n'aura pas à se repentir de s'être conduit en homme d'honneur. Il lui tardait bien d'aller vous voir lorsqu'il m'a quitté. — Ç'avait été un très grand regret pour lui de n'avoir pu le faire à son dernier voyage. Que je lui envie ce plaisir, chère amie, et que j'en suis encore loin malgré le mieux assez sensible que j'éprouve depuis quelque temps.

Vous me demandez ce que je mange. Bien que les repas soient toujours un travail pénible pour moi, je mange presque autant qu'un homme bien portant et je bois plus. Nous avons ici un cuisinier, qui connaît à fond la cuisine anglaise depuis le mock-turtle jusqu'au pudding au bifteck (chose excellente). Il satisfait le principal de mes goûts, en fait d'alimentation, qui est le goût du changement. Un de mes amis anglais vient de passer quinze jours ici — il l'a enchanté par son *éclectisme* anglo-français. Oserai-je vous confesser que j'ai essayé le thé suivant votre conseil et que je n'y ai pas persévéré ; je suis arrivé à une période de la maladie où il faut du *substantiel* et le thé représente trop de liquide. Je prends au lieu de thé (entre 8 et 9 heures du matin), un fort potage, accompagné d'un grand verre de Bordeaux. Je vous assure que c'est beaucoup plus fortifiant que cette tisane prétentieuse même avec les tartinettes beurrées !

Pardonnez-moi cette excursion sur le domaine culinaire, quand j'ai tant d'autres choses à dire et si peu de force pour écrire. Mais c'est là ce qui fait que je ne les aborde pas. Je sens bien que je ne pourrais aller jusqu'au bout. Mais vous prendrez cet insignifiant billet pour ce qu'il est. Il n'existe que pour vous porter mes plus tendres amitiés à vous et aux vôtres. — Il vous dira aussi que vos lettres me sont devenues aussi nécessaires qu'elles m'étaient déjà chères. Voilà tout ce que je voulais vous écrire. Quelle supériorité de cœur sur l'esprit de pouvoir tout dire en si peu de mots !

Mille et mille fois à vous très affectueusement.

A MADAME JAUBERT.

Château de Mont-Joli, ce 3 août 1877.

J'ai reçu hier seulement la boîte de madame d'Albert — avec quelle confusion, je vous le laisse à penser ; d'autant plus qu'il y avait de ma faute. J'avais reçu un premier avis de la gare, il y a près de quinze jours, mais il m'était arrivé le même jour une caisse de bonbons de madame Th. (laissez-moi caractériser d'un seul mot la sollicitude *éclairée* de cette excellente dame : la caisse contenait onze livres de bonbons, or il m'est tout au plus permis d'en manger un demi-gramme par jour). Enfin, j'ai été désolé d'avoir laissé si longtemps sans réponse un si gracieux souvenir. — Mettez, je vous prie, mes regrets et mes excuses aux pieds de madame d'Albert.

Madame de M*** sera très heureuse d'être en rapport d'amitié avec vous. Elle est enthousiaste de vos lettres. Lorsqu'il en arrive une, ce sont de vrais cris de joie. Elle la lit avec délices. Puis elle profite de ma faiblesse pour me la voler comme un simple brigand de grand chemin. Elle la met ensuite dans sa collection, — car elle les a toutes depuis le début. — Vous avez en elle une admiratrice parfaitement informée. — Je voudrais vous parler longuement d'elle. Je vous dirai qu'elle a été pour moi, dans cette maladie, la perfection du dévouement, et que si je vis, c'est à elle fort probablement que je le devrai. — Elle est d'ailleurs aussi gracieuse qu'intelligente en même temps que très simple — ce qui repose de certaines Parisiennes. Votre extrême modestie vous a empêchée de comprendre le compliment de l'Allemand qui vous a reconnue en vous voyant désignée comme la mère de Grignan, il a voulu tout simplement rendre hommage à sa manière à la Sévigné de notre temps ; et il a dit à sa façon obscure, mais sincère, que du moment qu'il était question d'une Sévigné contemporaine, il ne pouvait s'agir que d'une seule personne, qui était suffisamment désignée. — Voici mon sentiment sur ce Germain incompris. — Remerciez Bamberger et Hillebrand de leur souvenir auquel je suis bien sensible (la maladie rend si faible !).

Chère, aimable amie, pardonnez-moi de vous

écrire si brièvement. J'ai eu ces jours-ci un retour effectif de tous mes maux et je suis encore accablé. Recevez l'expression de mes sentiments les plus affectueux.

A M. H. FOURNIER, AMBASSADEUR,

Château de Mont-Joli, par Billère, près Pau, août 1877.

Que je vous remercie de votre souvenir, cher et excellent ami ! Je remonte peu à peu du fond de l'abîme, du moins à ce qu'il me semble, — et votre voix est une des premières qui vienne frapper mes oreilles, comme un des plus séduisants échos de la vie, car vous êtes si pensant et si agissant. Je suis, quant à moi, encore cloué à ma chaise longue et je ne puis faire un pas. J'ai toutefois repris un peu de force et je commence même à écrire assez facilement, mais lorsque je me laisse aller à ce plaisir au delà de quelques lignes, je le paye généralement par cinq ou six jours de maladie. Vous me pardonnerez donc, cher ami, la brièveté de ma lettre.

Le 16 Mai ne m'a pas beaucoup troublé. Je l'ai considéré, dès le début, comme destiné à la même fin que le 24 Mai. Je dois dire que je m'attendais à ce coup-là depuis bien longtemps, et il faut avouer que la Chambre a tout fait pour le provoquer. Je ne serais pas étonné qu'il réussisse dans les élections avec une très faible majorité. — Mais c'est avec sa victoire que commenceront ses embarras. — Et c'est alors que nous pourrons ouvrir la brèche. En attendant nous expions le tort d'avoir laissé mettre à notre tête un homme déconsidéré, qui ne sera jamais accepté par les honnêtes gens. Cet homme a trompé sciemment son gouvernement, à la fin de la guerre, sur le véritable état des choses, ce que je considère comme une trahison). Depuis lors, il a changé de conduite, — mais je le défie bien de changer de caractère.

Cher ami, il faut que je m'arrête. N'oubliez pas combien vos lettres me sont chères et précieuses, et donnez-moi souvent de vos nouvelles.

Mes respectueux hommages à madame et à mademoiselle Fournier.

Votre très affectionné.

A M. VALLET.

Château de Mont-Joli, par Billère, près Pau, le 19 août 1877.

Que je suis confus, mon cher Vallet, de vous remercier si tard de votre excellent mémoire, si clair, si précis, si net. Je l'ai lu avec un plaisir extrême. Je ne me souviens d'aucun fait qui puisse vous être utile. Ce procès a été poursuivi à mon insu, excepté à partir de 1850, et un ami se chargea alors de le suivre parce que j'étais étudiant à Paris. Il s'est terminé sans que j'en aie su quoi que ce soit. On ne m'a jamais demandé un centime pour les frais ni fait aucune communication, et je croyais de bonne foi tout fini pour toujours.

Comme vous le faites remarquer, on n'a jamais actionné les héritiers de la femme Hollier, qui cependant était copropriétaire et très probablement mariée sous le régime de la communauté.

Adieu, cher Vallet, la plume me tombe des mains car je suis toujours bien faible. — Souvenirs les plus affectueux à ceux de mes amis qui sont aussi les vôtres, mes meilleurs compliments à M. Perrier de la Bâthie.

A M. E. REY.

Mon cher Rey,

J'étais si malade à l'époque de votre nomination, que je ne lisais plus même les journaux que du bout des yeux, et n'ai su que bien longtemps après que vous étiez sous-préfet. Si ce n'avait été la crainte de venir le dernier, je vous aurais certainement écrit à cette occasion. Je vous aurais félicité, non de vous associer à une politique de casse-cou, et surtout sans issue, même dans le cas d'une victoire, mais d'entrer dans une carrière où vous pouvez vous honorer par l'impartialité et la modération dans un temps où ces qualités-là sont inconnues. Même au point de vue de votre intérêt, ce serait, je crois, un excellent calcul.

Je suis au bout de mes forces, cher ami, car je suis encore bien malade. Merci de tout ce que vous me dites d'aimable et recevez mes vœux les plus affectueux.

A M. DE CASTARÈDE.

CONSEILLER GÉNÉRAL A PAU.

Ce 19 octobre 1877.

Cher monsieur,

Quel magnifique et délicieux panier de fruits! C'est vous qui auriez dû en recevoir de chacun de vos amis pour votre belle conduite, qui a été toutefois récompensée sur le champ de bataille, par cette révocation si courageusement méritée. Je rassemble toutes mes forces pour vous envoyer les félicitations du cœur avec mes remerciements bien affectueux et bien dévoués.

Hélas! je n'ai plus même mon écriture!

A M. VALLET.

Pau, ce 21 octobre 1877.

Mon cher ami Vallet, encore un retard motivé par une faiblesse qui est toujours bien grande. — Il est évident que je n'accepte pas un instant votre offre trop généreuse. — Vous aurez donc la bonté d'ajouter le compte des honoraires, qui est vraiment absurde par son infimité, à l'autre, dont je vous prie de m'envoyer le total exact en francs et en centimes, afin que je puisse me libérer immédiatement. A qui envoyer la somme? A M. Doix probablement. Remerciez pour moi vos collègues de leur impartialité.

Adieu, cher ami, pardonnez-moi ma lenteur et mes lenteurs. Je suis bien malade.

DOCUMENTS POLITIQUES

I

LES PROCHAINES ÉLECTIONS

Extrait du *Patriote savoisien* du 21 septembre 1870.

La date des élections pour l'Assemblée constituante est avancée au 2 octobre prochain, selon le vœu que nous avons été des premiers à exprimer. Nous eussions préféré, pour plus d'un motif, qu'elles se fissent dès le lendemain de la chute de l'empire. La présence d'une Assemblée élue par la nation eût été d'une importance incalculable au milieu des événements qui viennent de s'accomplir. Nous pensons toutefois qu'on doit féliciter le gouvernement de sa détermination, car les prétextes ne lui manquaient pas pour ajourner cette mesure. Il y a toujours un grand désintéressement à abdiquer même un pouvoir de circonstance au profit d'un successeur dont on peut seulement conjecturer les dispositions. Maintenant que le pays est mis en demeure de se sauver lui-même, dans quel sens doivent se faire ces élections qui sont sa dernière ressource?

Nous ne parlons pas de leur opportunité. Pour trouver dans notre histoire une situation aussi désespérée, il faudrait remonter à l'époque du royaume de Bourges. Examinons seulement leur portée.

Pour tous les hommes qui réfléchissent, la réponse ne saurait être douteuse : les élections doivent être faites dans un esprit sincèrement républicain. Qu'on s'en réjouisse ou qu'on s'en afflige, la tâche de combattre et de gouverner est échue à la République, et personne n'est en état de la lui disputer. La force des choses la lui a imposée, sans même qu'il lui ait été possible de décliner ce redoutable honneur. La République n'a eu ni usurpation, ni violence à commettre : elle n'a fait que relever l'épée de la France que l'empire avait jetée devant l'ennemi. Enfin, elle a sur toutes les compétitions possibles cet avantage, inestimable dans les circonstances si critiques où nous nous trouvons, c'est qu'elle seule représente un principe ! Faire surgir les hommes les plus capables de lui faciliter l'accomplissement de sa mission : voilà l'objet le plus pressant des élections prochaines.

Nous savons quels préjugés ce mot de république soulève, mais nous savons aussi quelle force il porte en lui-même. Osons-le dire, même en face des périls qui l'assiègent, le sort de la République est aujourd'hui dans nos mains. Elle est dès aujourd'hui fondée si elle sait renoncer résolument à être cet épouvantail dont on évoque contre nous le souvenir et qui ne devrait plus faire peur, même aux enfants. Elle est fondée si elle sait rassurer, comme autrefois elle a su effrayer, laisser leur expansion à toutes les libertés, offrir une sanction à toutes les garanties ; si elle sait être plus juste, plus généreuse, plus largement compréhensible et libérale que les régimes bâtards qui lui sont opposés. Apprenons enfin à juger notre routine politique, à mettre à profit l'exemple des nations qui ont su créer là où nous n'avons réussi qu'à former d'imparfaites ébauches. La France a perdu le droit de dédaigner l'expérience des autres peuples. Souvenons-nous que c'est pour la troisième fois qu'elle essaye d'établir le régime républicain !

Nous avons sous les yeux, au delà des mers et plus près de nous, des nations qui l'ont réalisé dès leur premier essai. Inspirons-nous de ces modèles sans nous astreindre à les copier servilement. Là tous les droits sont respectés, toutes les opinions écoutées ; là les libertés sont choses vivantes, en état de se défendre elles-mêmes. Empruntons-leur le sérieux de leurs mœurs, leur forte vie municipale et provinciale, leurs innombrables écoles si libres dans leur enseignement, leur pratique assidue du droit d'association sous toutes ses formes, religieuses, civiles, politiques, économiques, et nous nous approprierons, non pas un vain reflet, mais l'âme même de leurs institutions.

Par quelle fatalité tous ces biens nous ont-ils

échappé ? Il faut bien le dire, la nation française a vécu jusqu'ici les yeux fixés sur sa propre histoire ; elle s'est obstinée à recommencer sans cesse un passé fini ! Toujours poussée, d'un extrême à l'autre, tantôt par la peur, tantôt par la témérité, elle en est encore à chercher son centre de gravité. Un terrain si mouvant n'a jamais pu offrir un point d'appui solide aux hommes qui ont cherché à créer chez nous des institutions durables. Nous affirmons cependant que la masse de la nation est saine et honnête, qu'elle possède dans son sein plus d'hommes de caractère et de talent qu'il ne ne lui en faut pour reprendre sa place parmi les peuples. Sous le coup de la terrible sommation que les événements lui adressent, la France ira d'instinct à ces hommes ; elle leur dira : marchez, je suis avec vous. Ce jour-là bien des difficultés qui semblent insurmontables se trouveront résolues.

Déjà nous voyons se produire autour de nous des sentiments de paix et de conciliation qui sont d'un bon augure pour le résultat des prochaines élections. Chacun sent la nécessité de faire trêve aux querelles de parti pour ne plus songer qu'à la patrie en péril. On comprend que la France ne peut être sauvée que par le concours de toutes les volontés, de tous les dévouements, et l'on fait volontiers abnégation de ses préférences personnelles sinon de ses principes. C'est là une vrai *trêve de Dieu*, s'il en fût jamais, et nous souhaitons, pour l'honneur et le salut de la nation, que toutes les provinces françaises montrent un patriotisme aussi intelligent que celui dont fait preuve en ce moment notre vieille Savoie.

P. LANFREY.

II

Extrait de la *Gazette du peuple* du 7 décembre 1870.

D'ici à peu de jours, les premiers corps de cette immense levée de quinze à seize cent mille hommes, qu'un récent décret vient d'ajouter aux cinq à six cent mille combattants[1] que nous possédons déjà, s'achemineront vers les camps qui leur sont destinés. Si les mobilisés répondent partout à l'appel avec la fermeté calme et résolue qu'ils ont montrée chez nous, nous croyons que la France n'aura pas à rougir de ses enfants. Est-ce à dire qu'ils s'éloignent sans anxiété? Non, sans doute; mais nous osons affirmer qu'en attribuant leurs inquiétudes à des motifs personnels, on ferait à ces braves cœurs une injure imméritée. Ils ne sont préoccupés ni des dangers qu'ils auront à courir, ni des souffrances qu'il

1. Ces lignes étaient écrites lorsque nous avons appris l'ajournement de la levée des hommes mariés. C'est une fausse mesure à ajouter à toutes celles dont nous sommes accablés.

leur faudra endurer ; mais ils songent à la situation si grave dans laquelle ils vont laisser leur pays.

Cette anxiété, qui ne la partage aujourd'hui? Voilà deux millions d'hommes armés dont l'entretien peut s'évaluer à quatre millions par jour. A qui appartient la disposition de ces forces militaires sans précédents, dont Napoléon lui-même n'a jamais rêvé d'égaler l'immensité? Elle appartient à une délégation composée de deux vieillards très respectables, mais hors d'état de porter un pareil fardeau, et d'un jeune orateur connu par de brillants succès de tribune, mais dont la capacité d'homme d'État ne s'est guère révélée que par un feu roulant de proclamations plus véhémentes que véridiques.

Et cette délégation, que nous déclarons hardiment inférieure à une telle tâche, ne communique qu'à de rares intervalles avec ceux dont elle tient ses pouvoirs. Elle agit sans les consulter, elle ne rend de comptes à personne. Elle prétend garder indéfiniment cette dictature qui n'a pas même l'excuse du succès. Eh bien, en présence d'un fait aussi extraordinaire, en présence des fautes qui s'accumulent, des désastres qui se multiplient, nous disons que les inquiétudes sont légitimes tant que la nation, personnifiée dans ses mandataires, n'aura pas pris elle-même la direction d'un pareil mouvement. Oui, la nation seule a le droit de contrôler cette effroyable consommation d'hommes et d'argent ! Elle seule a le droit de désigner les hommes les plus capables et les plus dignes de la conduire au milieu d'une pareille crise.

Les raisonnements qu'on nous oppose, pour se dispenser de la consulter, sous prétexte qu'une partie du territoire est occupée par l'ennemi, ne soutiennent pas l'examen. Le sol n'est pas, n'a jamais été la patrie. Là où se trouve le dernier foyer de la résistance, là est la patrie tout entière. On nous objecte que nous aurions une représentation incomplète. Est-ce donc une raison pour n'en avoir aucune? Appartient-il à un pouvoir sans mandat de nous dire que nos élus n'auraient qu'un mandat incomplet? Il est sans exemple dans les temps modernes qu'au milieu de pareilles circonstances, un peuple n'ait pas été admis au contrôle et au partage du pouvoir en la personne de ses représentants. Lorsque la France fit ses élections en 1792, un tiers du territoire était occupé par la révolte ou par l'invasion; personne ne songea même à faire une objection! Elle avait ses représentants en 1793, elle les avait même sous Napoléon, en 1815. L'Espagne insurgée eut ses Cortès élus pendant toute la durée de la domination française. La Pologne, en 1832, et la Hongrie, en 1848, furent représentées par leurs députés tant que dura leur lutte contre la Russie et l'Autriche. Enfin, lorsque les États-Unis élurent leur congrès à l'époque de la guerre de sécession, la moitié du territoire de l'Union était aux mains des rebelles.

Il serait facile de multiplier ces exemples. Et pour

finir par le plus frappant, Paris lui-même ne vient-il pas de faire ses élections sous le feu des canons prussiens? C'est que, dans tous les temps et dans tous les pays où a subsisté une ombre de liberté, le droit de lever le double impôt du sang et de l'argent, d'en surveiller l'emploi, d'en conférer la suprême administration, appartient exclusivement à ceux qui le payent, et on ne peut le leur ravir sans usurpation. Plus les circonstances sont critiques, plus on est tenu de consulter la nation. Les dictatures elles-mêmes ne peuvent échapper à cette loi; elles ne sont rien sans la consécration populaire. Et ce principe est si vrai que s'il ne restait plus qu'un seul département inoccupé par l'ennemi, ce serait encore un devoir sacré de l'appeler à prononcer sur son propre sort.

Voilà la vérité politique aussi bien que la vérité morale; nous défions les partisans de la dictature d'ébranler la solidité de cette simple démonstration. Si nous ne revendiquons pas plus énergiquement un droit dont personne n'a pu nous dépouiller, cette résignation ne tient pas, comme on le dit à l'étranger, à l'inertie d'une génération hébétée par dix-huit ans d'empire, elle tient uniquement aux nobles scrupules de ceux qui craignent de diviser la France devant l'ennemi. Mais il serait sage de prévoir que cette résignation aura une fin. Elle aura une fin le jour où l'on s'apercevra que loin de servir la défense nationale et la cause républicaine, elle les compromet l'une et l'autre. Il est certain en effet, que si, au lieu de cette délégation incapable que personne ne contrôle, qui entasse décrets sur décrets et contre-ordres sur contre-ordres, le pays voyait, à Tours, un gouvernement placé sous son influence directe et permanente, un pouvoir émané de la volonté nationale, il aurait à la fois plus d'élan, d'énergie et de confiance en lui-même. Tous les dissentiments tomberaient devant une telle autorité. Ceux qui partent iraient au combat avec plus d'espérance, une fois bien assurés que leurs labeurs ne doivent profiter ni à des ambitions personnelles, ni même à des ambitions de parti. O France ! nos vies t'appartiennent et nous sommes prêts à te donner notre sang, mais toi seule as le droit de marquer la mesure de nos sacrifices ! Toi seule as le droit d'en diriger l'emploi comme d'en recueillir le fruit ! Ce n'est pas nous qui nous ferons un argument de tes disgrâces pour nous dispenser de te reconnaître dans tes débris mutilés ! Pour nous, tu seras encore tout entière dans le dernier coin de terre qu'ombrageront les plis de ton drapeau. Parle donc, il en est temps, et honte éternelle sur ceux qui ne verraient dans tes malheurs qu'une occasion d'usurper un pouvoir qui n'appartient qu'à toi !

P. Lanfrey

Engagé volontaire dans la brigade de Savoie.

III

Extrait de la *Gazette du peuple*, du 4 février 1871.

AUX ÉLECTEURS DE LA SAVOIE

Électeurs de la Savoie,

Dès le lendemain de la chute de l'empire, je demandais que la nation fût consultée.

Le gouvernement lui-même semblait alors comprendre qu'il y avait là une nécessité aussi bien qu'un devoir. Il vous convia, par un décret, à élire vos représentants.

Vous savez par quelles fâcheuses tergiversations votre attente a été trompée. Vous savez aussi par quels désastres nous avons expié cette faute.

Depuis ce temps, je n'ai pas cessé de signaler l'abîme ouvert devant nous. Je n'ai pas cessé de réclamer l'application d'un principe que je considère comme l'essence et l'honneur des institutions républicaines, de rappeler que, sans libres élections, la République n'est qu'un mensonge.

Ni les injures des calomniateurs, ni les offres du pouvoir, ni la certitude de perdre des adhésions acquises n'ont pu me faire déserter ces opinions de toute ma vie.

En agissant ainsi, électeurs, c'est votre cause que je défendais ! Je m'attachais à votre droit comme au dernier espoir de salut qui nous restât au milieu de tant de malheurs. C'est devant ce droit sacré que mes contradicteurs sont forcés de s'incliner aujourd'hui en vous appelant enfin à nommer vos mandataires.

A vous maintenant de contrôler en la personne de vos élus ces effroyables dépenses d'hommes et d'argent que vous seuls fournissez et que vous seuls devez fixer, bien qu'elles se soient faites jusqu'ici sans votre aveu.

C'est là que doit être portée sans retard la lumière. J'ai vu de près tous les maux d'une guerre conduite par l'imprévoyance et le désordre. Je les ai vus et j'ai juré que si vous me donniez le droit de parler en votre nom, ces souffrances auraient une fin.

Vous voulez la paix, je la veux aussi. Je la veux en homme qui est aussi soucieux de l'honneur du pays que de ses intérêts.

Si mon passé, qui n'est pas inconnu à la France, vous paraît offrir quelques gages de cette fermeté de conduite et d'opinions que la nation doit chercher dans ses élus, nommez-moi votre représentant. Je vous promets, électeurs de la Savoie, de faire en sorte que vous n'ayez pas à rougir de votre choix.

P. Lanfrey.

IV

MANIFESTE DU CENTRE GAUCHE

Électeurs de Paris,

Nous touchons à une épreuve décisive. Le vote du 20 février aura sur les destinées du pays une influence profonde et durable. Vous ne sauriez trop en méditer le sens et la portée.

La République, qui vient d'être fondée, sera-t-elle définitivement affermie ? Nous rendra-t-elle l'apaisement, la force, la stabilité ? Ou bien la verrons-nous disparaître comme ses aînées, après avoir servi d'instrument de combat aux factions, en ne laissant derrière elle que des ruines ?

Telle est, réduite à ses vrais termes, la question qui vous est soumise ; et vous la résoudrez pour ou contre vous-mêmes, selon que vous ferez pencher la balance en faveur de la Constitution ou en faveur de ses adversaires.

Si, comme nous le pensons, vous voulez maintenir cette Constitution si péniblement conquise, le moment est venu de le prouver par vos votes. Vous n'avez qu'un seul moyen de conserver la République, c'est de vous en montrer dignes.

On reconnaîtra que vous êtes mûrs pour la liberté si vous savez la faire respecter par l'indépendance et la sagesse de vos choix, si vous prenez soin de n'alarmer aucun des grands intérêts sociaux, si vous nommez des représentants à la fois fermes et modérés.

On ne l'oublierait pas impunément; c'est cette politique de fermeté et de modération qui a fondé nos institutions, c'est elle seule qui peut les faire vivre.

Honorez-vous donc devant le monde par des choix sérieux, réfléchis, sensés, dignes d'une nation libre et de la cause que vous entendez servir. Ce n'est pas par des élections d'aventure ou de rancune que vous rendrez à Paris le grand rôle dont nos malheurs l'ont dépossédé.

Défiez-vous de ces coureurs de popularité qui vous prodiguent des promesses qu'ils ne sauraient tenir et des adulations injurieuses par leur excès même. Ils comptent trop sur votre crédulité pour n'avoir pas quelque chose à craindre de votre clairvoyance. Si vous voulez savoir qui vous trompe, observez qui vous flatte. Ne vous arrêtez pas aux programmes, regardez aux actes. Il n'est qu'un seul témoignage qui ne mente jamais, c'est celui d'une invariable probité dans la vie publique comme dans la vie privée.

Ne donnez vos voix ni à ces faux amis de la Constitution qui ne cherchent dans le droit de la perfectionner que le moyen de la détruire, ni à ces agitateurs suspects qui fomentent les haines sociales parce qu'ils en vivent, ni à ces incorrigibles sectaires qui n'invoquent la clémence que pour réhabiliter le crime !

Voilà à quelles conditions nous achèverons de relever la France, et nous rendrons à Paris un rôle, non pas diminué, mais agrandi et ennobli par nos longues épreuves.

Électeurs parisiens, le pays a déjà manifesté clairement ses préférences ; c'est d'une République sagement libérale qu'il espère sa régénération ; ne vous séparez jamais de lui. Il vous demande votre concours ; il compte sur votre patriotisme ; vous ne voudrez pas tromper son attente.

Pour le bureau du centre gauche :

RICARD, KRANTZ, SCHÉRER, FÉRAY, CASIMIR PÉRIER, PERNOLLET, LANFREY (rédacteur du *Manifeste*).

FIN DU SECOND VOLUME.

Paris. — Imp. E. CAPIOMONT et V. RENAULT, rue des Poitevins, 6.

www.ingramcontent.com/pod-product-compliance
Lightning Source LLC
Chambersburg PA
CBHW071633270326
41928CB00010B/1904
9782013018616